JN214024

サービスファースト！

生産性を高める活動ベース戦略

内田 純一 ［著］
UCHIDA, Junichi

SERVICE FIRST

中央経済社

はしがき

サービスという用語は，我が国では誤解が多い言葉である。例えば，サービスにはオマケとかタダの意味はない。英英辞典はもちろん，英和辞典を引いてもそういった意味や用例は載っていない。ところが，『大辞林』や『大辞泉』のような国語辞典を引くと，しっかりと「値引きや無料の意味もある」などと明記されている。本来の英語の意味にないにもかかわらず，日本にすっかり根づいてしまったのだろう。

ところで，近年の日本は他の先進国と比較した場合に，その生産性指標が下位のレベルにある。端的に言えば日本企業の儲ける力は弱まっている。とりわけサービス業の生産性が目立って低いことが問題視され，国レベルでその改善に向けた努力がなされているが，未だ顕著な成果はあがっていない。

こうしたサービスをとりまく日本の状況を見るにつけ，サービスに対する理解不足が，サービス産業のみならず，日本の産業全体の稼ぐ力の弱さの背景にあるのではないかと筆者には思えてしまう。実際，普段の日常生活の中で，オマケやタダの意味でサービスという言葉が使われ続けると，サービスでしっかりと対価を稼ぐことに対して，微かな背徳感を人々に与えかねない。

しかしながらサービスとは，顧客が目指す価値を顧客とともに実現するためのサポートを行う組織としての〈活動〉を意味する用語であり，明確に価値を生み出す経済行為の一環なのである。

本書はこうしたサービスに対する無理解を払拭すべく，サービスで"稼ぐ"ことに徹頭徹尾こだわったサービス経営論を紹介するものである。と言っても，何も守銭奴になれというわけではない。顧客に対して，企業が価値あるパートナーとなっていく，いくつかの方向性を示しているに過ぎない。

その方向性とは，「サービス戦略」，「サービス経験」，そして「サービス生産性」である。なぜ，この3つが記述上の大きな柱となっているのか。

現代社会は，商品がモノ単独あるいは単機能のサービスでバラ売りされるのではなく，製品とサービスを有機的に組み合わせることで，独自の顧客経験を

創造し，その魅力を引き出すことのできた製品＆サービスが成功する時代である。こうした価値に基づく商品づくりは，コンセプトを決める段階，すなわち「サービス戦略」の策定時から考慮されるものだが，そのコンセプトが埋没しないよう，ライバル企業との競争も意識して行う必要がある。その際に忘れてはならないのは，顧客の「サービス経験」をいかに独自の価値提案によって高めるかという視点である。そして，サービスが顧客との共同生産である以上，顧客を巻き込んだ形で「サービス生産性」を向上させることも課題となる。

　以上が，これら3つの論点を本書の柱として定めた理由である。

　筆者は，小樽商科大学ビジネススクールに移籍した翌年の2017年からコロナ禍に突入するまでの数年間，北海道の経済団体が立ち上げた"サービス生産性の向上"を検討する委員会にアドバイザーとして参加した。本書で「サービス生産性」を類書にないほど多面的に取り上げているのは，この委員会で実務的に多岐に及ぶ生産性課題に対峙することとなり，それらに対応するヒントをなるべく多く示したい，という問題意識がもとになっている。

　サービスに関する概説書には，定評があって優れた内容の本が既に数多く出版されている。そのようなテキストブック市場にあって，本書はサービス研究で主流のマーケティング系列の議論を網羅しながらも，類書にあまり見られない経営戦略論領域に属する説明を多く取り入れ，さらに生産性に関する議論も豊富な，サービス経営書としては非常に独自色の強い本となった。

　中央経済社の酒井隆副編集長には，本書の企画段階から力強くサポートいただき，出版まで筆者を牽引してくださったことに感謝申し上げたい。

　また，本書出版に際し，かつて筆者が専門をサービス研究にシフトさせようと独りもがいていた頃に，親身になってご助言をしてくださった多摩大学名誉教授の近藤隆雄先生に深く御礼申し上げたい。

　本書がサービスのさらなる可能性の発見や，新たなサービス発想の一助となれば，筆者としては望外の喜びである。

　2024年秋

内田純一

目　次

第Ⅱ部　サービスエクスペリエンス

Column

［図表一覧］

サービスファースト！

1　すべてがS（サービス）になる

　カスタマーファーストという言葉がよく使われるようになった。日本語にすれば「顧客第一主義」と，いきなり陳腐な言葉になってしまうが，この言葉の真の意味は，日本語とはだいぶ異なる。つまり，「お客様に寄り添う」とか「お客様は神様」といった，よくある顧客第一主義とはかなり意味が違うのである。

　どういうことか。従来型の消費者観では，企業が何らかのシーズをもとに価値を生み出したあと，顧客にそれを製品やサービスとして与えるという構図が描かれていた。しかし，カスタマーファーストでは，顧客の発想そのものをニーズとし，企業はその実現のために顧客をサポートする立場に徹するということを強く意識する。つまり，発想の起点が企業ではなく，顧客の側が〈最初〉にあるという意味でカスタマーファーストなのである。

　英語には「customer centric（顧客中心主義）[1]」という用語があるが，顧客第一主義よりは顧客中心主義の方が，カスタマーファーストの意味をよく示しているかもしれない。

　あまりに綺麗事のようで，うっかりすると読み流されてしまいそうだが，カスタマーファーストには，価値の捉え方に対する重大な発想の転換がある。今までの価値体系と何が違うのか。それは，価値を発想するのは顧客自身であること，そして顧客は製品やサービスを「消費したり，提供されたりする」受動的な存在なのではなく，顧客自身が価値を生み出し，楽しみ，ときには人に提

供する能動的な存在とみなしている点である。近年，カスタマーファーストを掲げている企業の狙いは，まさにそのような顧客の活動をサポートし，「価値を共同生産」するという企業姿勢に徹することを目指していることが多い。

　それでは，本書が掲げる「サービスファースト」とは何だろうか。一言で言えば，この世の中のビジネスを含む諸活動は，実は「すべてがサービス」なのだという意味を含め，それでいてカスタマーファーストよりも，もう一歩踏み込んだスタンスを示したい，という思いも込めている。

　本書では，近年増加しつつあるサービス型ビジネスモデルのバリエーションを数多く示すようにした。シェアリング，サブスクリプションといった最近流行のビジネスモデルから，従来はモノとして入手することが当然だった製品をサービスとして利用する（as a Service）ためのビジネスモデルまで様々な事例を紹介している。これらは実務的なサービス中心経済を示すものである。実際，我々をとりまく日常にはモノやサービスがあふれており，殿様商売は通用しない。モノもサービスも選び放題なのだから，自分の思いや価値信条を理解してくれる企業と継続的に取引したいと思っている人は多いのではないだろうか。

　一方，学術分野に目を転じてみても，今世紀になって生まれたサービス・ドミナント・ロジック（Service Dominant Logic：SDL）[2]に代表されるように，社会的交換の単位をモノ（goods）ではなく，サービスだと言い切る理論が台頭するようになってきている。なお，SDLは，上述したカスタマーファーストの立場で説明したように，顧客のことを「価値を共同生産」するパートナーとみなす観点を有している。SDLもまた，カスタマーファーストを綺麗事のままに描くのではなく，企業にとってのプロフィットの視点からも，その信頼やブランドというレピュテーション向上の視点からも，顧客中心主義が極めて現実的なスタンスであることを説得的に示すロジックを展開している。

　このように，実務的にも学術的にも，サービスが経済の中心であることについては一定の合意ができつつある。

　本書でも，あらゆるビジネスをサービスとみなした方が，現代的な（すなわち，真の意味でカスタマーファーストな）ビジネスモデルを展開しやすいということを，様々な理論と事例で議論している。そこで書名を冒頭で述べたよう

に，現時点では未だ誤解を招きやすいカスタマーファーストという用語ではなく，すべてをサービスだとみなしたビジネスモデルを展開せよ，という意味を込めた「サービスファースト！」とした次第である。

2　本書の構成

本章（01章）を序章とし，続く第Ⅰ部（02章〜06章）から，第Ⅱ部（07章〜09章），そして第Ⅲ部（10章〜13章）までの3部によって本書は成る。全体はこの13章構成である。

第Ⅰ部　サービスストラテジー

第Ⅰ部では「サービスストラテジー」にかかわる理論，考え方，枠組みなどを解説する。とくにサービスコンセプトに関する議論は，サービスストラテジーすなわちサービス事業やサービススタートアップが戦略を立てる際の第一歩となるため，製品開発論の理論も含めて02章から03章にかけて丹念に解説している。続く04章のサービス特性，そして05章のサービスの全体像（サービス〈過程／経験〉モデル）も，サービスのビジネスモデル発想に欠かせない考え方である。06章のアクティビティ戦略論は，一般的なサービスマーケティングやサービスマネジメントのテキストブックではほとんど扱われることのない競争戦略論をサービス活動の分析用に導入し，サービス戦略の立案に関する具体的ツールとして再構成している本書独自のものである。

第Ⅱ部　サービスエクスペリエンス

第Ⅱ部では「サービスエクスペリエンス」にかかわる理論や事例を紹介し，上述のサービスの全体像のうち「経験」にかかわる議論を総合的に扱っている。サービスエクスペリエンスへのアプローチは，顧客の経験を充実させようとする視点を持つため，前述した顧客中心主義の発想に属するものである。そして，サービスを通じて顧客の経験をどのようにサポートするかというパースペクティブこそが，顧客価値創造の基本でもある。そのため，第Ⅱ部の各章では，本書のサービスファーストという問題意識からは欠かせない理論，実例を紹介し

ていくが，このうち07章は顧客との共同生産概念を，そして08章では経験価値を創出するために必要な関係性のあり方を，さらに09章では経験ビジネスそのものについて説明するという流れとなっている。

第Ⅲ部　サービスプロダクティビティ

　第Ⅲ部では「サービスプロダクティビティ」すなわちサービス生産性にかかわる理論を，類書にあまり見られないような網羅的な形で取り扱っている。10章は，生産性の問題を制約条件の理論とともに扱い，誤解されがちなサービス生産性の実現方法について述べている。続く11章と12章では，生産性向上のツールを，それぞれ設計構造マトリックス（DSM）技法と，社会＝技術システム（STS）論から紹介している。サービス生産性の低さは，日本企業・産業の弱点であるとされており，重要な問題意識であるはずだが，類書において具体的なツールとともにその解決策が語られることは少ない。その意味では，11章と12章は本書のもっともユニークな部分であろう。そして13章は製品サービスシステム（PSS）論を紹介し，サービスプロダクティビティの議論とサービスファーストなビジネスモデル論とを統合する。

　以上が本書の大きな流れである。

3　サービスの舞台

　サービスの全体像を示すのによく用いられるのが，サービスという活動が展開される舞台としての“劇場”である。歌舞伎やミュージカルなど演劇の舞台には，役者（アクター）が立ち，その表舞台を前に観客（顧客）がいる。そして，舞台には暗幕や奈落，照明などの舞台装置（サービス環境）があり，観客から見えないところに舞台裏がある。役者は舞台裏から様々なサポートを受けている。ここぞという場所でスポットライトがあたり，臨場感を盛り上げる効果音やテーマ音楽が鳴り響く。このように表舞台は舞台裏のサポートがあってこそより一層輝くが，観客は役者の演技と物語に没頭しているため，舞台裏の存在を上演中に意識することはほとんどない。

　サービスにおけるフロントステージ（顧客との接点となる表舞台：顧客から「可視的」な場所）と，バックステージ（表舞台の従業員を支える舞台裏：顧客から「不可視的」な場所）との関係も，**図01-01**のように劇場とまったく同じである。このようなサービスの捉え方を，サービス生産システムという意味の「サーバクション（servuction）[3]」と呼んだり，そのまま「サービスの劇場モデル[4]」などと呼ぶ。

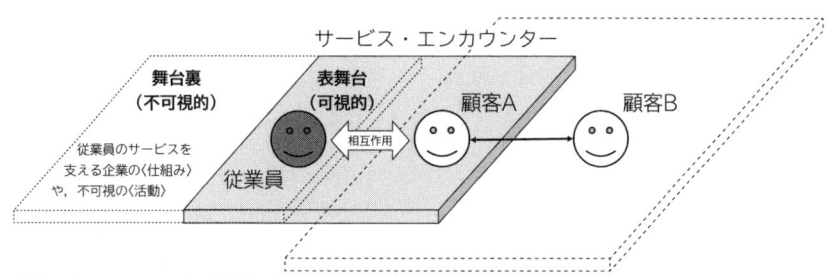

出所：Langeard, et al.（1981）とGrove, et al.（1992）を参考に筆者作成

図01-01　「サーバクション」と「劇場モデル」

　ところで，後者のサービスの劇場モデルでは，舞台装置の上に〈役者〉と〈観客〉とが並び立ち，その出会いの場である「サービス・エンカウンター[5]」において相互作用を及ぼし合う関係が想定されている。つまり，観客席で大人しく鑑賞しているというよりは，共同で舞台を作り上げる様がイメージされており，現代的なサービス像に近い。もちろん，演劇においても観客が巻き込まれるタイプの作品は多い。例えば，劇団四季による有名なミュージカル作品『キャッツ』では，舞台装置にある背景セットと，観客席ゾーンの壁面の背景との境界があいまいになっている。上演が始まるとキャスト（猫の役を演じる役者たち）は，舞台袖ではなく，客席のあちこちから現れて，壇上へと登壇する演出がなされている。これらは，あえて観客と舞台の境界をあいまいにするための工夫である。

　近年では，2024年に東京にできた新しいテーマパーク「イマーシブ・フォート東京」のように，観客が『シャーロック・ホームズ』などの名作モチーフのアトラクションに参加中，正式なキャストである登場人物たちが観客に話しか

けたり，ときには登場人物から観客が犯人に疑われたりと，完全に舞台と客席の境界が取り払われた演劇空間も出てきている。

そのため，サービスの全体像としては，一般的な演劇スタイルに近い表舞台と舞台裏が想定されたサーバクションの方を基本としながら，より「価値を共同生産する」というサービスの理念型に近い劇場モデルも念頭に置いておくとよいであろう。実際，観客と舞台の境界のないサービスも，現実にどんどん登場してきているわけであるが，そのサービス活動を裏方が支えていることもサービスマネジメントを考える立場からは忘れるわけにはいかない。

なお，図01-01は，その両者を統合した図式として示しておいた。

4　サービスマネジメント論のアクター（登場人物）たち

本章はサービスマネジメント論を扱った本の最初の章なので，本書に登場する主なアクター（登場人物）たちを紹介しておこう。これらアクターには所属組織がある場合も多いので，その点も加味しながら説明していこう。

ところで，本書の中で何度も強調されるように，サービスは「活動（activity）」のために提供され，構築されるものである。そこで活動するのは人間そのものであったり，人間の思いが込められたモノなどの人工物，ときには人間によって飼育されたペットや家畜などの生物であったりする。それでは，ここで「活動」と言った際に，活動の主体や客体にはいったい誰があてはまるのだろうか。これについて考えることがサービスマネジメントという劇場において，主役や脇役といったアクターを意識するということであり，ひいては舞台装置の裏方スタッフや，舞台を興行として成立させるためのチケット販売や会場手配など，様々な事業の担い手に思いを馳せるということにつながる。

以下では，登場人物で考える際に相応しいように，何かの物語の主人公や，主人公を支える脇役，そして彼らが壇上に上がるために様々に尽力する人々・組織のことを思い浮かべながら，アクターに関する説明を読み進めていただきたい。

アクター①　顧客

「顧客」はもっとも想起しやすい登場人物の１人だろう。一般にサービスは顧客に対して提供されるからである。顧客はある目的を持っており，その目的を叶える（解決をはかる＝ソリューション）ために，何らかのサービスを必要とする。つまり，サービスを提供されることによって，目的を果たすための活動を組み立てるわけである。すべてが自力でできるなら，サービスを必要としないことになるが，この現代社会で誰の協力も得ずに自力でできることは限られている。そう考えると，我々は生まれてから死ぬまで，様々なサービスの提供を受けて，そしてサービスを提供してくれる人物（自分以外のアクター）に対価を払うことで，人間的な活動を整えて，人生を送っていることになる。

アクター②　ユーザー

次のアクターは「ユーザー」である。ユーザーは顧客とイコールである場合もあれば，違う人物である場合もある。具体的に保育園や幼稚園の顧客は誰だろう。園児だろうか。確かに園児たちの健全な発育という活動を支援するのが保育園や幼稚園の役目だが，彼ら彼女らは対価を払ってくれてはいない。実際に対価を払うだけでなく，園児たちの健全な発育という漠然とした目標に，顧客なりの意味を見出し（例えば，英語を使った保育・幼児教育であるとか，早期英才教育であるとか），サービス選定しているのはアクター①の顧客であり，実際にサービス提供を受けるのがアクター②のユーザーである。このようなサービス契約形態が，教育だけではなく，保険契約（契約者が顧客，被保険者がユーザー）などにもあてはまる。

このように顧客＝ユーザーでは必ずしもないのであるが，厳密に顧客とユーザーを呼び分けることは煩雑であるため，本書中で「顧客」と書かれている場合，とくに断り書きがない場合は「顧客＝ユーザー」の場合だと理解して欲しい。また，ITサービスやサブスクリプションサービスのユーザーのように，顧客よりも「ユーザー」と表記することが定着している業界もあり，その場合もとくに断りがない限り，「ユーザー＝顧客」と理解して読み進めていただきたい。

なお，本章１節でも言及したように，SDLにおける基本的前提に「顧客はサ

ービスの共同生産者である」というロジックがある。このロジックにおける顧客も同様に，とくに注釈がなければ「顧客＝ユーザー」とみなすと理解がスムーズになる。

アクター③　プロバイダー

ここで言う「プロバイダー」とは，いわゆるサービス提供者のことである。単にプロバイダーと言った際に，インターネット接続事業者を思い浮かべる人も多いと思うが，あれはインターネットに接続するサービスの提供事業者（ISP）という意味で使われている。

インターネット接続に限らず，サービスを提供する事業者はすべてがサービスプロバイダーである。例えば，物流業務や倉庫業務を企業向けに提供するロジスティックス・サービスプロバイダーなど，企業のビジネス活動は様々なプロバイダーのサービスによって支えられている。

そして，プロバイダーの中にはサービススタッフとして「従業員」がいることも忘れてはならない。彼ら従業員は，主役である顧客やユーザーの活動をサポートしてくれる従者のようなものである。

アクター④　サプライヤー

上記のプロバイダーが，顧客やユーザーにサービスを提供する際に必要となる様々な事業インフラストラクチャーを提供するのが「サプライヤー」である。例えば，ISPはサプライヤーである通信キャリアから，サービス提供に必要な通信インフラ（有線ネットワークや無線局）の提供を受け，それらを包括（パッケージ化）した形でサービスとして提供している。一方，ロジスティックス・サービスプロバイダーの場合，プロバイダー自ら自社倉庫や配送トラックを保有するなどして，ロジスティックス・サービスキャリアを兼ねている場合もあるが，それだと顧客からの急速な需要増加の要求に対応できない場合もある。そこで，サプライヤーになってくれる倉庫業者や配送業者と，事前にアウトソーシング契約を交わすなどして，需要の増減に対応できるように備えているプロバイダーは少なくない。また，そもそもキャリア機能をまったく持たず（自社の配送インフラを一切保有せず），キャリアをインテグレートすることで

サービスを提供するプロバイダー企業もある。実際，ISPの多くはそのような
インテグレート機能を持つことによって，サービスプロバイダーとなっている
企業である。

アクター③＆④連合──プロバイダーが窓口となる

　このように，顧客から見れば，1つのサービスであっても，実際には多くの
サプライヤーが提供するサービスを束ねる（バンドルする）ことで，ワンパッ
ケージのサービスが出来上がっていることは多い。代表的な例がパッケージツ
アーであろう。旅行業界の場合も，宿泊サービスを提供する旅館やホテル，移
動サービスを提供する航空会社，鉄道会社，バス会社などはサプライヤーと呼
ばれている。料金システムや時刻表など，1つずつ理解した上で予約すると大
変な労力になるはずのサプライヤーごとのサービスを事前に調整するのがプロ
バイダーとしての旅行代理店であり，顧客＝ユーザーの旅行"活動"を支えてい
るというわけである。

　そして，サプライヤーの中にも，プロバイダーと同様にサービススタッフと
しての「従業員」がいる。注意すべき点は，顧客やユーザーにとっては，サプ
ライヤーの従業員と，プロバイダーにいる従業員との区別がつかないことも多
いということである。家電量販店などで，その量販店の販売スタッフに混じっ
て，家電メーカーから派遣された販売スタッフが接客をしている場面に遭遇す
ることはよくある。あの場合，サプライヤーである家電メーカーから派遣され
たスタッフの制服は，プロバイダーである量販店の販売スタッフの制服と違う
ので，区別がつきやすいが，プロバイダーが繁忙期や売上重点期間に，販売代
行アウトソーシング事業者と契約し，販売スタッフを派遣してもらっている場
合は区別がつかないし，あえてそうしている面もある。

　いずれにしても，プロバイダーはそもそも異なるサービスをバンドルして，
顧客やユーザーにまとまりのあるサービスを（パッケージとして）提供するこ
とが仕事なので，顧客側には区別がつかなくても問題ない。プロバイダーとし
てサービスの全責任を負えばそれでよいのである。

　以上がサービスマネジメントの世界の主な登場人物と，その所属組織である。

最後に，これらサービスにかかわる登場人物のことを，「ステークホルダー」と呼ぶ場合もあることを付け加えておきたい。利害関係者という意味であり，一般的に企業経営論の場合には，顧客とユーザー，プロバイダーとサプライヤーといった企業，そしてそれら企業の中で働く従業員だけでなく，株主や地域社会までも含めることがある。

　こうした役回りを意識しながら，次章から本格的にサービスマネジメントの物語世界へと入り込んで行こう。

〔注〕
1)　企業におけるあらゆるレベルの従業員が，顧客とかかわり，顧客の価値を創出しようとする顧客中心主義ないし顧客中心性 (customer centricity) に関する議論は，非常に長い歴史を有する議論である。出所：Shah, D., Rust, R. T., Parasuraman, A., Staelin, R. & Day, G. S. (2006), The Path to Customer Centricity, *Journal of Service Research*, 9 (2), pp.113-124.
2)　Lusch, R. F. & Vargo, S. L.(2014), *Service-dominant logic: premises, perspective, possibilities*, Cambridge University Press. (井上崇通監訳, 庄司真人・田口尚久訳 (2016)『サービス・ドミナント・ロジックの発想と応用』同文舘出版)
3)　サーバクションとは「service production system」からの造語で，モノ製品の生産を意味する「プロダクション」と対比される用語である。出所：Langeard, E., Bateson, J. E. G., Lovelock, C. H. & Eiglier, P.(1981), *Service Marketing: New Insights from Consumers and Managers*, Marketing Science Institute, p.15.
4)　Grove, S. J., Fisk, R. P. & Bitner, M. J.(1992), Dramatizing the Service Experience: A Managerial Approach, in Swartz, T. A., Bowen, D. E. & Brown S. W. [eds.], *Advances in Services Marketing and Management: Research and Practice*, Vol.1, JAL Press, pp.91-121.
5)　Bitner, M. J. (1990), Evaluating Service Encounters: The Effects of Physical Surroundings and Employee Responses, *Journal of Marketing*, 54 (2), pp.69-82

サービス
ストラテジー

Column①

インドの貧困との遭遇

　個人的経験談になるが，筆者は今世紀の初頭，インドのIT産業調査のために デリーとその近郊，そしてバンガロール（現在のベンガルール），ムンバイに数 週間ずつ滞在した。2003年のことである。

　デリーの旧市街を歩くと，いわゆる「物乞い」にたくさん遭遇した。当時の インド国民の３人に１人が貧困状態にあることは知っていた。とはいえ，実際 に目にした光景は，自分の持っていた貧困の概念を上回るものだった。

　具体例をあげよう。筆者がインド人の調査協力者が運転する車に搭乗したあ る日，赤信号で停車した際，どこからともなく現れた物乞いの子たちが一斉に 車窓の周りに群がって，助手席に座る私に小銭を要求した。ところが運転席に 座る調査協力者は「絶対に与えるな」と強く言う。聞けば，物乞いたちは，元 締めとなるマフィアに管理され，売上げ（物乞いで得た金銭）はすべてマフィ アに集金されてしまうらしい。裏のビジネスを成り立たせてはいけない，とい うのだ。

　成長が華々しいソフトウェア企業や，コールセンターなどのIT活用サービス （ITES：IT enabled services）企業を調査しながら，それら産業が急速に成長 する陰で，貧困問題を未だ解決できていないインドの姿を束の間，垣間見た気 がした。

　後年，インドが舞台の英国映画『スラムドッグ＄ミリオネア』（2008）を鑑賞 した。主人公はスラム出身の少年。幼い頃に親を亡くし，物乞いビジネスの元 締めのギャングに拾われた彼は，私がインドの街中で目にしたような「組織的 に管理された物乞い」で生活する。ギャングから逃れ，タージ・マハルで観光 ガイドをするなどして生き延び，やがて18歳に成長した彼は，都市部で急成長 を始めたコールセンターで働き始めるのである。映画自体も，ミリオネアクイ ズへの正答と，主人公のこれまでの生き様とがリンクしていて面白い。ただ私 は，自分の調査対象だったITES企業の１つに，もしかすると主人公のような境 遇の者が混ざっていたのかもしれない，と思えて感慨深かった。

　実際，コールセンターもそうだが，IT産業は全般的に，就職にあたって出身 カーストを問われない職業だ。スラム出身とまではいかなくとも，貧しい家庭 に育った者は今でも多く働いているはずである。

サービスは「活動」のために

1　コンセプトの重要性

　筆者はビジネススクールでサービスマネジメントを講じている他に，専門分野の異なる複数の教員と兼担する形で，事業計画を作ることを目的としたプロジェクトベースドラーニング（PBL）の講義を担当している。これは，大学院生が新規事業の策定担当者になった場面を想定しながら，ビジネスプラン（事業計画書）を構築し，スタートアップ企業の場合は出資者に，社内ベンチャーの場合であれば自社のトップに対して，プレゼンをするような形で行われる授業である。

　近年のサービス化する経済社会の動向を反映して，製品を生産することを想定したものづくりのプランよりも，新しいサービスを立ち上げるプランの方が大勢を占めるようになった。ただ，ものづくりにせよ，サービスづくり（コトづくり）にせよ，コンセプト策定がもっとも大事な作業であることは変わらない。コンセプトが定まらないままプランニングを進めると，その後の事業計画は，議論するたびにグラグラと揺らぎがちになる。具体的には，その事業が養成すべき中核的な能力と社員の技能形成，想定顧客イメージから業界内で獲得すべきポジションといった，基本戦略のすべてが定めにくくなってしまう。これはあくまでも授業を進行する上での不具合の話だが，新規創業や，社内ベンチャーの実務においても，コンセプトこそがもっとも重要であるという点は変わりないはずである。

　また，コンセプトはサービス事業が立ち上がったあとに，戦略（ストラテジ

ー）を立てるための考え方の指針にもなる。コンセプトがグラついたままだと，自社が展開しようとするサービスが，いったいどの業界と競争することになるかわからない。結果として，ユニークなサービスだと思っていても，多くの競合がひしめく環境に飛び込む結果となったり，強大な力を持つライバル企業によって事業の魅力を無効化されてしまったりするかもしれないのである。

　その意味で，サービスコンセプトの策定は，サービスストラテジー（サービス戦略）の第一歩だと言えるかもしれない。サービスの開発・設計の基本的な柱となる「サービスコンセプト」の定義については次章以降で本格的に考察していくので，本章では，まず〈コンセプト〉という用語の定義について考えていこう。これは，次章以降で見るサービスコンセプト各論の基礎となる部分である。

　ところで，コンセプト（concept）を直訳すると「概念」となる。しかし，本書では便宜上，カタカナの〈コンセプト〉と，漢字の〈概念〉とを区分けして使用することにしたい。本書では各章ごとに，様々な理論を参照しながら，サービス経営に応用可能な概念を数多く紹介するが，ここで言う概念と，コンセプトとは明確に抽象度のレベルが異なるためである。

　それでは，ビジネスで頻出する〈コンセプト〉は，学問の場で頻出する〈概念〉とは何がどう違うのだろうか。ビジネスの世界では「コンセプト」は〈日常語〉と言ってもよい頻出ワードである。英語圏では概念もコンセプトも，どちらも「concept」だが，英語話者たちは両者を文脈に応じて使い分けている。一方で，我々日本人は，便利なことに「概念」と日本語で言われれば，学問的あるいは観念的なものとして理解するし，「コンセプト」とカタカナで言われれば，前者とは違う意味を予感しながら文脈を読み取ろうとするだろう。普段は自然に使い分けられているものだが，サービスコンセプトについての細かな説明に入る前の準備体操として，ここで両者をしっかり整理しておこう。サービスの本格的な理論を紹介する前に，少しだけ理屈っぽい解説にお付き合いいただきたい。

2　「概念」

　まず，〈概念〉の辞書的意味を見ておこう。国語辞書『大辞泉』によれば，「がい-ねん【概念】」とは，「①物事の概括的な意味内容。」，「②《concept》形式論理学で，事物の本質をとらえる思考の形式。個々に共通な特徴が抽象によって抽出され，それ以外の性質は捨象されて構成される。内包と外延をもち，言語によって表される。」（デジタル大辞泉）である。

　①の説明ではいささか説明不足なので，②を見ると，英語conceptの訳語とした上で，「事物の本質をとらえる思考の形式」とある。①と②を併せ読むと「物事の本質を概括的にとらえる思考の形式」と理解することができる。これらをふまえ，筆者なりに概念に対する説明を独自に加えるとすると，概念とは，ある事柄や現象の本質を思考によって捉える際に，その焦点を合わせるためのレンズのような役割を果たすものである。

2.1　事象・現象を本質的に捉えるための概念

　それでは，概念がレンズのような役割を果たすということを具体的に見ていただくために，以下では，「貧困」という事柄あるいは現象を考えてみよう。

　今世紀に入って以降は，先進国の1つであり，かつて世界2位の経済規模を誇っていたはずの日本においても，貧困率の上昇や貧富の格差が話題である。しかし，その様相は，IT産業を中心に産業発展を遂げながらも，相変わらずの貧困問題を抱えるインドのような人口大国の状況とは違って見える。インドのように人口の多い発展途上の国では，都市部よりも農村部の貧困がより深刻であり，この点でも人口減少が進む日本の貧困状況とは同じではない。つまり，貧困であるという言説を有する点では共通していても，その実態はかなり異なる。

　こうした複雑な現実を理解するための助けとなるのが，〈概念〉である。

　しかし，貧困問題に象徴されるように，十分にその概念が検討されないまま，現実を共通の定義，測定基準で見ようとすることは多い。とはいえ，同じ測定基準（例えば，世界銀行による国際貧困ラインなど）で分類しても，同じ政策

が有効とは限らない。つまり，社会政策研究者のルース・リスターが言うように「概念を飛ばして，定義や測定基準に飛びついた場合と，測定基準を出発点にしてしまった場合，どちらの場合も，近視眼的で技術官僚的なアプローチに向かいがちになる。そうなると，貧困の広がり（ときには深さ）を示す測定にばかり目を奪われてしまい，貧困がどのように経験され，理解されているかを見過ごしてしまう」(Lister, 2021)[1]恐れがあり，本質が理解されないまま，政策手段が先走るという懸念がある。

　同一の定義，共通の測定基準は国際的な比較の見地からは重要であろう。これにより，貧困が社会問題として言説化されていない国・地域の貧困を発見できる可能性もある。例えば，日本はOECD加盟国の主要7カ国の中では，もっとも相対的貧困率が高く，先進国でありながら貧困問題が社会問題であることは明確である。しかし，それがわかったところで，有効な政策がすぐに見つかるわけではない。「貧困がどのように経験され，理解されているか」を知ること，すなわち「貧困の意味」を問い直すことが，政策的対処の前段階として必要になるわけである。そのためには何らかの概念によって，対象となる貧困を本質的に捉えるしかない。

2.2　貧困問題を捉える概念装置

　先ほど筆者が概念についての説明で述べたように，概念は複雑な現実を前に，着目すべき問題に焦点合わせをするレンズになり得るはずである。ちなみに前出のリスターは，貧困を具体的に焦点化する際の例示として，〈社会的排除（social exclusion）〉という概念をあげている。社会的排除の状態とは，何らかの理由により，個人または集団が教育や福祉や雇用の対象から切り離されたり，地域社会そのものから疎外（例えば被差別地域など）されたりといった形で排除された状況を指す。近年，政策用語として定着しつつある〈社会的包摂（social inclusion）〉の対義語となる概念である。

　原因と結果論的に見れば，この社会的排除が貧困を引き起こす場合もあれば，貧困が社会的排除を起こす場合もある。また，貧困と社会的排除との重なり合いとして説明できる場合もあるし，社会的排除の中に貧困が存在するか，あるいは貧困の中に社会的排除が存在するかといった入れ子構造で説明できる場合

もある。いずれにしろ，社会的排除と貧困の関係が密接であれば，この社会的排除を減らすための政策的努力を行うことで，貧困を撲滅することにつながる可能性が高まる。例えば，何らかの理由で現在の雇用慣行の対象外となってしまった人々の就労支援に力を入れたり，福祉の対象から漏れてしまった特殊な障害を持つ人々を対象とした福祉政策を新たに開始したりといった努力は，たとえ国ごとに状況が異なったとしても，貧困問題を縮減することにつながると考えることができる。

　つまり，社会的排除というレンズを貧困という対象に向けた場合，日本とインドの貧困の質やレベルは両国で大きく異なるものの，排除された人々を社会的に包摂する政策を打ち出せばよいという政策的示唆は同じものになると考えられるのである。

　このように概念とは，複雑な現実を捉えるための思考内容を指しており，端的に言えばレンズの焦点合わせのような役割を持つ。人文・社会科学は，複雑な人間と社会の営みを分析的に捉えようとする学問だから，そこに視角を定めるための概念が求められるのは当然とも言える。このような意味での概念をイメージ図にすると，**図02-01**の右側のようになる。社会と一口に言っても，国・地域によってまったく異なる様相を見せるが，概念というレンズを通し，焦点を合わせて見直すことで，本質的な何かを浮かび上がらせようとするわけである。

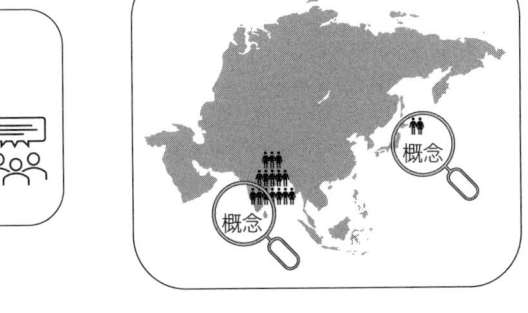

出所：筆者作成

図02-01　コンセプトと概念

蛇足になるが，かつて経済学史家の内田義彦が，社会科学の「概念装置」という造語を用い，自然科学の研究に用いる「物的装置」と対比して説明していた[2]。つまり，自然科学の研究対象を見るとき，電子顕微鏡のような物的装置を使えば，肉眼では見えない世界を認識できるが，社会科学も同様に，概念装置を脳の中に組み立てることで初めて，問題とすべき対象が見えてくるというのである。彼は観察者の目というものが，物的装置や概念装置を使うことによって拡張されていることを，わかりやすく巧みなたとえで表現していたわけである。

3　「コンセプト」

次に，〈コンセプト〉について説明する。実態としてコンセプトは，学問的に使用される〈概念〉とは，かなりレベルの異なる意味で使われている。

先ほどの概念と同様に，国語辞書『大辞泉』を参照すると，「コンセプト【concept】」に対し，「①概念。観念。」という訳語的な意味の他に，「②創造された作品や商品の全体につらぬかれた，骨格となる発想や観点。」という意味があてられている（デジタル大辞泉）。

辞書的な意味の②では，「作品や商品の全体につらぬかれた」となっているが，企業の文脈における作品や商品の生産は，従業員はもちろん，サプライヤーとの共同作業によって行われることが普通であるため，〈（顧客を含む）関係者集団の間につらぬかれた〉と言った方がしっくりとくるはずである。

なお，ここで〈（顧客を含む）〉という括弧書きを加えたのは，サービスの場合は，01章でも述べたように，顧客も共同生産者になり得るからである。

そこで，辞書的な意味の②を，本書の議論を先取りしながら，サービスのコンセプトにも適用できるものに置き換えると，以下のようになる。

> **コンセプトとは**
> （顧客を含む）ステークホルダーの間につらぬかれた，骨格となる発想や観点

上記説明にある「ステークホルダー」は，01章で説明したサービスマネジメント論のアクターたちを総称した利害関係者のことである。このような意味で

のコンセプトをイメージ図にすると，先ほど提示した図02-01の左側のように
なる。集団の間にコンセプトが周知，徹底されることにより，その骨格となる
発想や観点が集団内に浸透していく状態をイメージしてもらうとよいだろう。

3.1　ビジネスに頻出する用語としての「コンセプト」

ところで，「コンセプト」という用語はビジネスマンにとって日頃から使用
する馴染みのある単語である。「今度新しく作る商品CMのコンセプトを決め
よう」とか「今度やる企業イベントのコンセプトを考えよう」などといった仕
事上の会話を耳にすることも多いだろう。職種にもよるが，ビジネスマンがコ
ンセプトという言葉と無縁に過ごす日はないと言ってもよい。そのため，サー
ビスの議論をふまえつつ，上記のようなコンセプトの意味をあらためて提示さ
れても，多くのビジネスマンはあまり違和感を抱かないはずである。

しかし，厳密にはこうした頻出ビジネス用語と，学術的なコンセプトには大
きな違いがある。なぜなら，ここでいうCMやイベントのコンセプトというの
は，あくまでもコミュニケーション上のコンセプトであり，製品やサービス商
品のレベルとは異なるものとなっているからである。

どういうことか。コミュニケーションだけを目的としたレベルで語られるコ
ンセプトにおいては，顧客はあくまでも〈消費者〉とみなされており，共同で
価値をつくる〈生産者〉とはみなされていない可能性が高い。つまり，上記の
辞書的な説明で見たように，コンセプトが「（顧客を含む）ステークホルダー
の間につらぬかれた，骨格となる発想や観点」としては機能せず，むしろ顧客
の認識を変えることを目的として作られているかのようである。

実際，コミュニケーション・コンセプトは，製品・サービスのコンセプトに
変化がなくとも，顧客（消費者）の認識を変えるためのインパクトを狙って，
コロコロとその姿を変えてしまうことが多い。その結果として，顧客がそのコ
ンセプトに賛同できるようになるならば問題ないのだが，単に真新しさだけを
感じさせようとしているならば，それはコミュニケーション・コンセプトの枠
を出るものではなく，サービスコンセプトとは言えないだろう。

3.2　サービスコンセプトになった自治体コンセプト

　コロコロと変わるコミュニケーション・コンセプトに関する身近な例をあげよう。例えば，2011年に開始された「うどん県（香川県）」PR[3)]に代表されるような自治体が行う広告キャンペーンは，実態として県の活動自体に，ほとんど代り映えする施策や取り組みのないまま，コミュニケーション・コンセプトだけが真新しく次々と登場しては消えていく例であろう。

　一方で，同じように自治体が行う広告活動であっても，「母になるなら，流山市（千葉県流山市）」のように，自治体として子育てに適したマンションを認定する事業や，自宅から保育所までの送迎を自治体がサポートする「送迎保育ステーション」整備を行うなど，実際の行政サービスが見事に変革された例もある。流山市は市役所に全国初のマーケティング課を設置し，2010年から，首都圏の駅に「母になるなら，流山市」の大型ポスター広告を展開したが，国内に存在する全市の中で，人口増加率6年連続トップを達成した現在[4)]から見れば，単なるコミュニケーション・コンセプトにとどまらないサービスコンセプトであったことがよくわかる。

　こうしてコミュニケーションの範疇にとどまらず，サービスコンセプトとして機能しているコンセプトでは，「顧客＝ユーザー」としての市民の共同参加意識を高めることに成功している。具体的に，流山市における子育て世代の移住者の多くは，「母になるなら」あるいは「父になるなら」と，自らの役割を認識した上で，具体的な行政サービスの利用をイメージしながら流山市に転居してきているはずだからである。

　それでは最後に，前節で見た〈概念〉と同様に，レンズの例になぞらえながら〈コンセプト〉についてまとめておこう。

　〈コンセプト〉とは，手ぶれ補正機能のついたカメラで捉えた映像のように，対象をノイズなく捕捉でき，ステークホルダー間で鮮明な写像を共有できるものである。そして，そのステークホルダーには顧客が含まれており，その顧客は単なる消費者ではない。それ以外のステークホルダーと同様に鮮明なコンセプトを顧客に認識してもらうことを，サービス経営学的には狙うのである。

4　サービスの定義

　現実の産業界において，コンセプトを顧客にどのように認識・定着させるのだろうか。以下ではその実践例の1つとしてコンセプトショップの例を紹介したい。その上で，コンセプトを擦り合わせることがサービスにおいてなぜ重要なのかを，サービスの定義とともに示そう。

4.1　コンセプトの擦り合わせ——＃ワークマン女子

　最近，大手企業がコンセプトショップ（ストア）を開設することが増えてきた。コンセプトショップとは，何らかのコンセプトに沿った商品を品揃えの中心にするだけではなく，その世界観やライフスタイルを提示し，ショップ全体でコンセプトを体現する店づくりを行うものである。企業や事業のブランド・アイデンティティを表現しようとするショップも多い。コンセプトショップにおける最近の事例としては，作業服及び作業用品専門店を展開するワークマンが新たに展開する新店舗業態「＃ワークマン女子」があげられる。

　＃ワークマン女子のコンセプトは「カコクな365日を，ステキに変える。」であり，ワークマン＝作業服のイメージを突き破って，作業服を一切販売せず，女性がリラックスできるような着心地と機能性とデザイン性に優れた品揃えを訴求している。現在，ワークマン女子のプライベートブランド（PB）比率は約2割だが，この比率を5割程度まで高めていく[5]という。

　コンセプトショップが目指すのは，顧客と従業員，そして企業という三者がコンセプトを共有することである。想像していただきたい。ワークマンが仮に既存店舗であるワークマンプラスで女性向け商品の品揃えを拡充したとしよう。ワークマンプラスは全国に1,000店舗以上あり，商圏は広い。しかし，いくらワークマンプラスで女性向けの商品アイテムを負やしても，肝心の女性顧客を集めることは容易ではないだろう[6]。せっかく新たに創造されたコンセプトが，ワークマンプラス全体の中に埋もれてしまうからである。

　＃ワークマン女子の業態名には頭に「＃（ハッシュタグ）」がついているように，試着した商品や購入した商品をSNSに顧客がアップすることを想定した

店づくりを行っている。このようなコンセプトを企画したのも，日常的にインスタグラムを使う女性広報担当者である。彼女たちの企画力が前面に出て，商品政策にもその意見が反映されるからこそ，女性の顧客にとって魅力的な店舗になるし，SNS上に女性たちの気軽な写真やコメントがあふれていくのである。すなわち，辞書的な意味にもあったように「全体につらぬかれた」雰囲気を店舗から感じることができなければ，魅力的なコンセプトを言葉としていくら連呼されても，五感に訴える形で体感することはできないということである。

　#ワークマン女子の場合，企業側が創造したコンセプトは，店舗ロゴや広告，SNSなどに一貫しており，さらに顧客にも伝搬していくことで，顧客側の期待感に転化している。逆に言えば，リラックスできる服が欲しいという顧客側の新たなニーズを，企業がしっかりと認識し，自社の従業員もその認識を共有していることを伝えているわけである。

　つまり，コンセプトが骨格となって，企業，従業員，顧客にまで一貫するという認識枠組みである。仮に，企業側の意図と異なるイメージを持った顧客がいても，店舗に来店することで，「あぁ，なるほどこういうコンセプトなのか」と補正できることが，コンセプトショップの役割である。また，ショップに限らず，コンセプトはそれが掲げられることで，あらゆる関係者の認識を擦り合わせる役割を持っている。擦り合わせに使う以上，コンセプトは一貫したスタンスで広められなければならないし，簡単にブレるようなものであってはいけないということである。

4.2　人工物としてのサービス

　上述の事例説明のために「擦り合わせ」という用語を使用した。実はこの用語は，藤本隆宏らの製品開発論におけるキータームの1つである。次章では，藤本らによる製品コンセプトの議論を紹介し，擦り合わせについてはそこで詳述する。他方で彼らはサービスについても製品の延長上に定義づけているので，ここではそれを前もって参照しておこう。

　西尾久美子と藤本隆宏（2009）[7]によれば，ものづくりの本質は，モノを加工・変形することではなく，〈設計情報〉をモノに作り込むことである。そして，その設計情報は，上流（発信側）から下流（受信側）へ至る過程で，「開

発，生産，販売，消費」といった4つの〈場〉を通過し，人工物としての「物財」の姿を徐々に現し，どう利活用するかのイメージも具体化してくる。なお，ここで言う設計情報には2種類が想定され，「構造設計情報」と「機能設計情報」とに分かれる。前者が物財の形状であり，後者が物財によってもたらされる「ふるまい」にあたる。自動車で言えば，セダンタイプやワンボックスタイプといった形状は構造設計で決まり，走行時の速度や乗り心地の快適さは機能設計で決まる，ということである。

　また彼らは，物財の生産過程と，サービスの生産過程を以下のように対比[8]している。

- **物財：**
  「構造設計」が耐久的なモノに転写された（有形の）人工物
- **サービス財：**
  「機能設計」が非耐久的なエネルギーに転写された（無形の）人工物

　このうち，物財の方は，構造設計を耐久的なモノに転写する際の安定化機構である生産オートメーション技術が進展しており，当初の設計上のアイデアを具体化（有形化）する際に外れ値を起こすことが少ないと推測できる。つまり，生産ラインが工業化されている。

　一方のサービス財では，機能設計を非耐久的なエネルギーに転写する。「非耐久的なエネルギー」の代表格は人間である。つまり，人間そのものをサービス・オペレーションという人為的に作られた（無形の）人工物[9]へと組み込むことで，サービス生産のための能力を確保するわけだが，それは生産オートメーション技術に比べれば，不安定な機構になりがちである。

　このように，物財とサービス財を位置づけることで，ものづくりのフレームワークをサービスに応用できるというのが西尾・藤本のロジックである。

4.3　サービスを定義づける「活動」

　前述の製品開発論的なサービスの捉え方は抽象的だが，次章で展開される製品コンセプトについての説明箇所を読めば，きっと鮮明に理解できるだろう。先取り的に結論を言えば，物財を生むものづくりにおいては，構造設計情報を

開発過程と生産現場でブレなく徹底させるために，製品コンセプトが設計図通りに再現されるよう，これを現場に徹底させる役回りを演じるマネージャーが存在している。とはいえ，前述の通り，生産オートメーション技術という〈耐久的なモノ〉が介在するため，その機構は比較的安定している。

　一方で，サービス財を生むサービスの現場では，一部にサービス工業化の進んだ業種もあるが，それでも人の役割は製造業に比べて大きく，コンセプトを現場に徹底することは非常に難しい。そればかりか，サービス生産過程に顧客がいる場面も想定され，組織としての強制力が働かない対象にもコンセプトを徹底させなければならないことになる。つまり，サービス・オペレーションは，本質的に不安定な機構であり，そこにサービスの本質がある。

　サービス経営学者の近藤隆雄によるサービスの定義[10]を引用しておこう。

　　サービスとは，人，モノ，情報といった特定の対象に働きかける価値生産的な変換の活動またはプロセスそのものである。

　近藤による定義を，先に見た製品開発論的な説明と比べれば，よりわかりやすくなるだろう。近藤による「人，モノ，情報といった特定の対象」とは，製品開発論における「耐久的あるいは非耐久的なモノあるいはエネルギー」のことであり，同様に，「価値生産的な変換の活動またはプロセス」とは，主体による目的を持った〈設計情報〉の〈転写〉のための活動またはプロセスということである。ここで生産過程を意味するプロセスだけではなく，「活動」が含まれているのはなぜか。それは，製造業における〈耐久的なモノ〉の代わりを，人間による〈活動〉が代替しているからである。すなわち，上述の「非耐久的な〈エネルギー〉」とは，〈活動〉に他ならない。

5　サービス活動の態度変数

　サービスを活動と定義した場合，いわゆる「接客態度」や「礼儀や言葉遣い」の問題をどう扱えばよいだろうか。日常会話では「あの人はサービスが良い」とか「サービス精神にあふれている」などと使われることもあるが，これらはサービスの定義が活動であるという考え方からすると，活動そのものの質

や成果とはやや異なる次元で使われていることが多い。例えば，ホテルやレストランの従業員が，活動としてのサービスはそつなくこなしてくれたけれども，黙々と作業するだけで，顧客の目を見て話してくれなかったとか，言葉遣いが乱暴だったという印象を人が持つ時，サービスにおける〈活動〉と〈態度〉とを別に見ている可能性がある。

　こうしたサービスに不可欠な接客態度や礼儀や言葉遣いの問題を，サービスマネジメント論では，サービス活動に影響を与える「態度変数」として扱う[11]ことが多い。実際，接客サービスの現場において，**図02-02**のように従業員の態度は，業種によって求められる水準にもばらつきがあるし，重視される度合いも異なる。同じサービス業態であっても，国によってサービス時の従業員の態度も異なり，文化的土壌に大きく左右されるものとなっている。

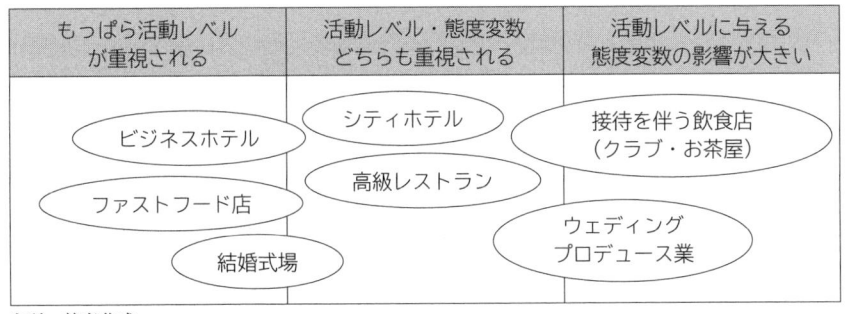

もっぱら活動レベルが重視される	活動レベル・態度変数どちらも重視される	活動レベルに与える態度変数の影響が大きい
ビジネスホテル ファストフード店 結婚式場	シティホテル 高級レストラン	接待を伴う飲食店（クラブ・お茶屋） ウェディングプロデュース業

出所：筆者作成

図02-02　態度変数の重視度の違い（ホスピタリティ産業の例）

　確かに，接客態度や礼儀や言葉遣いは高い水準で提供されるに越したことはないだろうが，企業努力が向けられる方向性として，あまりに過剰にサービス時の態度ばかりにこだわることも考えものである。業種によっては無意味になる場合もあるし，文化的土壌や顧客と企業との関係性のあり方によっては，慇懃無礼に受け止められかねない。

　いずれにしろ，サービスは活動であるという立場からは，業種や業態，そして対峙する顧客との関係性に応じた適切なレベルに，「態度変数」を操作することが望ましいと言える。

〔注〕

1) Lister, R. (2021), *Poverty*, Polit.（松本伊智朗監訳，松本淳・立木勝訳（2023）『新版 貧困とはなにか―概念・言説・ポリティクス』明石書店）

2) 内田義彦（1985）『読書と社会科学』岩波新書，pp.102-209.

3) 2011年から開始された「うどん県，それだけじゃない香川県」PR事業は，香川県出身の俳優である要潤氏（うどん県の副知事という架空の役を演じた）を起用した動画広告の作成のほか，関連イベントの実施，観光地スタンプラリーなどの事業を行った。担当したPR会社は地方発のブームを仕掛けることに定評のあるTMオフィスである。なお，香川県では2004年から香川ブランド戦略推進事業の一貫として，地域資源と県名とを結び付けるPR活動を行っており，このタイミングで作られた「かがやくけん，かがわけん」のキャッチフレーズはその後も引き続き県ロゴにタグラインとして表示されている。

4) 『日本経済新聞』，2023年6月12日付朝刊記事「人口増加率首位の千葉・流山市，おおたかの森の先にらむ」を参照。

5) 『日経MJ』，2023年12月23日付記事「＃ワークマン女子，路面店拡大 来秋48店に倍増」を参照。

6) ただし，人口5万人以下の地方小都市向けの店舗業態「ワークマンプラスツー」では，既存のワークマンプラス商品とワークマン女子，ワークマンシューズの品揃えを足し合わせてコンパクトなスペースで展開している。同社は人口5万人以下の地域では，単独業態店舗では集客しにくいと見ており，過去にこうした立地条件のワークマンプラス店舗を約50店撤退させた経験がある。出所：『日本経済新聞』，2023年12月20日付会員限定記事「ワークマンが地方新型店 作業服〜女性向けまで1カ所で」。

7) 西尾久美子・藤本隆宏（2009）「「ものづくり」視角によるサービス現場の分析：花街と自動車工場の比較を通じて」，『組織科学』，42(4)，pp.62-76.

8) 西尾・藤本（2009），前掲論文，p.65.

9) サービスを人工物と見る立場は，多くの工学者に共有されたものである。例えば，東京大学人工物工学研究センターは，センター内に価値創成部門，認知機構部門，実践知能部門の3つの部門を設置しており，このうち価値創成部門では広義のサービスエコシステムの設計についての研究がなされており，数人のサービス研究者が所属している。

10) 近藤隆雄（2012）『サービス・イノベーションの理論と方法』生産性出版，p.21.

11) 近藤隆雄（1999）『サービス・マーケティング：サービス商品の開発と顧客価値の創造』生産性出版，pp.81-84.

製品コンセプトとサービスコンセプト

1 製品開発論に見る「コンセプト」の役割

　サービスコンセプト策定が，サービス設計・開発の実務においてもっとも重要な作業であるということは，多くの論者に共有されているものの，サービスコンセプトそれ自体に関する理論的な説明がなされることは少ないという指摘（Goldstein, et al., 2002)[1]がある。一方で，コンセプトに関する議論は，サービス経営論よりも製品開発論に一日の長があり，製品コンセプトに関する議論にはそれなりに蓄積がある。そこで，本章では，製品開発論においてコンセプトがどのように議論されてきたのかについて簡単に紹介した上で，サービスコンセプトの理解や，その策定に必要な用語や考え方について説明しておこう。

1.1 製品コンセプトの定義

　〈コンセプト〉をメーカー企業が製品開発に導入する場合には，〈製品コンセプト（product concept）〉と呼ぶ。製品コンセプトの定義には様々なものがあるが，ここでは，これ以降にも何度か参照する製品開発論についての説明箇所でも引用する，キム・クラークと藤本隆宏による説明[2]を引いておこう。

> 製品コンセプトとは，メーカーがユーザーに対して，よい製品とはこういうものから成り立っていますよ，と伝えるメッセージ

> まず製品プランナーによって考え出され，製品の企画書や設計図面の形で明確化され，最終的には製品そのものとして具現化される

　つまり，製品コンセプトは，ユーザー（ここでは顧客とイコール）に対して発せられるものであると同時に，製品の作り手であるプランナーやそれ以外の製品化スタッフ（すなわち従業員）にも共有されるものだと理解できよう。

　それでは以下に，製品コンセプトを関係者間で共有することで，実際の企業としての強みを得る過程について，日本の自動車産業の場合を念頭に置きながら把握していこう。

　日本の自動車産業は，1980年代から90年代にかけて，「日本の1割産業」と呼ばれており，実際にこの時代，日本の製造業生産額の10〜15％を自動車が占め，また全産業の設備投資額の10％を占めていた。国際的な競争力については，1990年代の北米での日本の乗用車販売シェアは30％前後，EU全体で10％前後，欧州の非自動車生産国ではほとんどの国で30％前後，東南アジアでは50-90％と圧倒的な強さであった[3]。

　それでは，その強さの背景には何があったのか。それは，生産活動（組立生産性や組立品質など）が強いというだけでなく，製品開発活動（開発生産性や開発リードタイムなど）の強さに秘密があった。そして，この製品開発活動の強みの原動力となったのが，02章のコンセプトに関する解説で述べた「一貫したコンセプトを，ブレなく関係者間で共有できた」ことだったのである。

　1980年代後半に調査されたクラーク＆藤本（1991）の日本と欧米との自動車産業比較研究によれば，コンセプト作成開始時点から新車販売までの開発リードタイムは，日本車平均が約4年，アメリカ車平均が約5年であった。開発生産性（一開発プロジェクトあたりの所要工数）についても，日本と欧米の平均格差は約2倍であった。あらゆるレベルで日本企業の開発スピードが早く，生産性も高かったのだという[4]。藤本（2003）[5]によれば，日米の開発スピード競争は，1990年代の前半にはアメリカ企業が追い上げたものの，後半に入ると情報技術を活用した日本企業が再び差を拡げたという。

1.2　コンセプト・チャンピオンとしての重量級PM

　それでは，いかなる仕組みと機能がこのような開発生産性の高さと開発リードタイムの短さを実現したのか。クラーク＆藤本（1991）が指摘したのが，日本の自動車メーカーに見られる強力なプロジェクトリーダーとしての「重量級

プロダクトマネージャー（PM）」の存在である。

　重量級PMは，製品コンセプトを社内に理解できる言葉かビジュアル化された形で創造し，製品設計や製品実物への翻案を自らの力で推進する。重要な点は，重量級PMは，開発部門のみならず，生産部門，さらには営業部門にまで至る広い範囲の部門間調整に乗り出す責任者である点である。また，その責任期間は，コンセプト策定段階から，市場に導入するまでの長期間に及ぶ。

　重量級PMは各部門の連絡係となるリエゾン（L）との間で連絡を取る（間接的コミュニケーション）だけでなく，現場レベルの技術者とも直接頻繁に連絡を取る（直接的コミュニケーション）という点で，単なる調整役とは異なる。しかも，独自のマーケット情報収集機能を持ち，マーケティングの専門部署に任せっぱなしにせずに，自ら顧客とつながろうとする特徴を持っており，単なる開発部門の代表者にとどまるものではなく，製品全体をまとめあげ，コンセプト策定段階から市場に出すまで，強力に引っ張っていく存在（だから「コンセプト・チャンピオン」と呼ばれる）である。

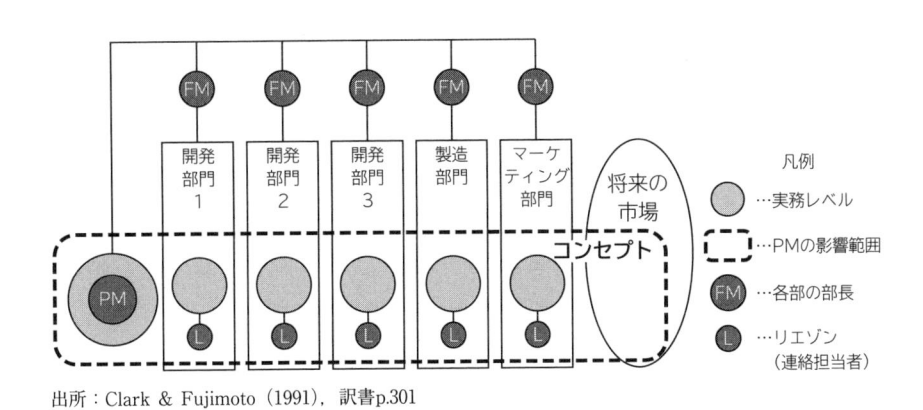

出所：Clark & Fujimoto（1991），訳書p.301

図03-01　コンセプト・チャンピオン型組織

　図03-01における太い点線を見てほしい。これはコンセプト・チャンピオンたる重量級PMの影響範囲を示しており，3つの開発部門にまたがるだけでなく，製造部門とマーケティング部門にもその影響力が及ぶことがわかる。その際，複数の開発現場，製造，そしてマーケティング部門をつらぬくのが〈コン

セプト〉である。重量級PMは，各部門において常に，このコンセプトのもとで開発・製造・営業活動が行われているかをチェックし，ときには現場にそのコンセプトを浸透させるために自ら調整役を買って出るのである。

　そして，前述したように，各部門には部門を超える連絡係としてリエゾンが置かれているが，重量級PMは常に，現場レベルの技術者と直接つながり，連絡を取り合う関係性を築いている。なお，相手が製造部門であったりマーケティング部門であったりしても，リエゾンを飛び越え，さらには各部門の長であるファシリティ・マネージャー（FM）をも飛び越えて，製造や営業の現場と重量級PMとが直接つながれるようになっている。

　なお，重量級PMの市場への対峙法にも特色がある。前述の通り，彼ら重量級PMは，独自のマーケット情報収集機能を持つが，それは図03-01の右側にあるように，〈将来の市場〉を見据えてのものとなっている。彼らはコンセプト・チャンピオンとして，常に未来志向で，市場先取り的なコンセプトの創造を行っているわけである。

1.3　製品アーキテクチャとコンセプトとの関係

　それでは，なぜこのような重量級PMの役割が，日本の自動車産業の国際競争力の高さにつながるのだろうか。その理由は，系列取引を含めた擦り合わせ型（インテグラル型）の生産方式を管理する上では，重量級PMのように，細かく，他分野横断型で管理するマネジメント機能の方が効果を発揮したからであろう。なお，擦り合わせ型の対極にある生産方式が組み合わせ型（モジュラー型）である。以下では，両型を比較できるよう整理しておく。

　　【組み合わせ型（モジュラー型）アーキテクチャ】
　　・接合規格（インターフェース）が事前に標準化
　　・部品ごとに単独の機能と，部品間の対応関係が1対1になるよう配分
　　【擦り合わせ型（インテグラル型）アーキテクチャ】
　　・接合規格（インターフェース）を製品ごとに細かく調整
　　・製品の機能が複数の部品にわたって複雑に配分

　これらのうち，どちらを採用するかを，製品〈アーキテクチャ〉の選択と呼

ぶ。あくまでも大雑把な分類だが，日本の自動車産業は擦り合わせ型アーキテクチャであり，アメリカ自動車産業は組み合わせ型アーキテクチャである。

　一般に組み合わせ型を採用した場合，製造部品の多くが，PCにおけるUSB等の接続端子や，バスの接合規格（インターフェイス）のように，国際標準化ないしはデファクト化されているものが中心となってくる。そのため，能力の高いマネージャーが各部署を巡回しなくとも，製品開発には大きく影響はしない。

　ところが，擦り合わせ型を採用した場合，標準的な規格部品を使用するわけではなく，製品ごと（自動車の車種ごと）に，緻密な調整を接合箇所に対して施す必要がある。擦り合わせ型では重量級PMのように，広域にわたる製品知識を持ち，市場の動向まで理解したマネージャーがどうしても必要となるのである。

1.4　サプライヤー・システム全体に及ぼす影響

　日本の小型車は小さなボディに効率よく部品を詰め込み，同時に部品間の最適化をはかって軽量化も実現するような製品なので，この擦り合わせ型のメリットをよく活かしている。さらに重量級PMは，緻密な調整作業だけでなく，製品コンセプトを各部署に説いて回りながら，調整作業時に妥協が入り込むことなく，全工程に当初のコンセプトを徹底させる努力をする。ときにはコンフリクトを引き起こしながらも，当初に発想した製品コンセプトを実現しようと努力し続けるという重要な役割があるのである。

　ところで，重量級PMは，完成車メーカーだけではなく，サプライヤー企業にも存在することが日本の自動車産業の強みであった。前出のクラーク＆藤本（1991）の研究によれば，日米の自動車メーカーの取引形態と関係性を比較した場合，米国の部品サプライヤーは製品開発力が弱く，自動車メーカーの仕様通りに部品設計するだけで短期契約ベースであるという。一方，日本の部品サプライヤーは製品開発力が強く，自動車メーカーと共同で，部品設計をするところからサプライヤーがかかわることが多く，長期契約ベースすなわち系列取引を行う。このときに重要な役割を果たしたのが，サプライヤー側にいる重量級PMである[6]。

　日本車のように製品アーキテクチャが擦り合わせ型である場合，通常は部品カテゴリーごとに2〜3社の一次サプライヤーが受注することになる。このとき，メーカーからサプライヤーには藤本（2003）[7]が言う「まとめてまかせること」が「長期継続取引」を前提にして行われており，そのために，特定部品の詳細設計をサプライヤーに一任した上で，メーカーには単体部品として納入させるのではなく，サブアッセンブリーと呼ばれる集約部品として納入させるようになる。つまり，サプライヤーにおいて重量級PMが成立する理由は，メーカー側の製品コンセプトを十分に理解できるプロダクトマネージャーが，系列的な取引慣行のもとで育ち，さらにある程度まとまりのある集約部品の開発を任されてきたがゆえに開発能力を高めていき，カテゴリーによってはメーカー側の技術力を凌駕することになったことにある。

　日本の自動車産業の強みは，完成車メーカーだけでなく，サプライヤー・システム全体で実現していたと言えるだろう。

2　コンセプト・コンポーネント

　製品開発のコンセプトは，生産現場の反対や営業部門の意向によって捻じ曲げられないよう，強い意志で守った方がよい。各部署からの要望を受け入れて，機能面で妥協すれば，革新的な製品にはならないし，営業サイドからの様々な要求により，あらゆる顧客ターゲットのニーズを満足させようとすれば，結局は誰にとっても魅力のない製品になってしまう。重量級PMは調整者ではなく，「コンセプトの守護者」[8]なのであり，コンセプトが常に調整に優先することを肝に銘じなければならない。

　こうした考え方を補強するように，開発初期のコンセプトを変えず，開発チーム内でそれを明確化することが，製品開発を成功に導くという点について実証した研究結果も数多く提出されている[9]。

　ただし，一度決めたコンセプトは絶対に変えない方がよいのか，というとそれは違う。開発段階の初期に，独自のマーケット調査能力を持つ重量級PMが，しっかりと市場と対話し，計画立案を精緻に行いながら，コンセプトを洗練させた場合であれば，そのままコンセプトを変えずにプロジェクトを完遂できる

かもしれない。このとき，簡単な木製モックアップのようなプロトタイプが用意済みであれば，社内調整も要領よく進められるだろう。しかし，そういった模範的な過程を経て生み出されるコンセプトばかりではなく，生煮えコンセプトの状態で見切り発車せざるを得ない場合もあるだろう。

　また，製品開発プロジェクトの途中で起こりがちな出来事としては，技術の突然の陳腐化や，市場ニーズの急激な変化が予想される。業界全体で開発競争が繰り広げられているような変化の激しい市場の場合，こうしたことは容易に起こり得る。この状況で当初のコンセプトにしがみつくことは得策ではないだろう。

　本節と次節では，コンセプトの転換（コンセプト・シフト）が望ましいケースや，それによってもたらされる製品開発プロジェクトへの影響について，先行研究をもとに見ていこう。

　ビクター・P・シーデルの研究（Seidel, 2007）[10]は，変化の早い業界の急進的な製品開発プロジェクトを行った6つの製品開発事例についてのインタビュー調査を行って，コンセプト・シフトのあり方について，興味深い示唆を紡ぎ出している。彼の研究では，コンセプトを「コンポーネント」と呼ばれる単位で捉えている点が特徴的である。通常，コンセプトは「言葉によるストーリー」，「言葉によるメタファー」，そして「物理的プロトタイプ」などの形式で表出される。これらはそれぞれ，製品コンセプト体系を構成する個々のコンポーネントとして機能する。

　彼が分析した研究開発プロジェクトのうちの1つである，eBook（電子書籍）プロジェクトでは，米国カリフォルニア州に本社を置く企業[11]が当初，コンシューマー向けに「10時間のフライトの間，乗客が読書を続けられる」というストーリーと，「It's a book!（まさに本そのもの！）」というメタファー，そして木製のモックアップをプロトタイプとする3つのコンポーネントからなるコンセプト体系を定義していた（**表03-01**の列①）。さらに，コンセプトを精緻化する段階では，プロトタイプとして端末の操作を定めた「UI（ユーザー・インターフェース）ガイドライン」を追加している（**表03-01**の列②）。

表03-01　eBookのコンセプト・コンポーネント

	①コンセプト体系定義	②コンセプト精緻化	③コンセプト転換	④コンセプト実行
コンセプト・コンポーネントの構成	[コンポーネント1]**言語的ストーリー：**飛行機内の読み手	[コンポーネント1]**言語的ストーリー：**飛行機内の読み手		
	[コンポーネント2]**言語的メタファー：**「It's a book!」	[コンポーネント2]**言語的メタファー：**「It's a book!」	[コンポーネント2]**言語的メタファー：**「It's a book!」	[コンポーネント2]**言語的メタファー：**「It's a book!」
	[コンポーネント3]**プロトタイプ：**木製モックアップ	[コンポーネント3]**プロトタイプ：**木製モックアップ	[コンポーネント3]**プロトタイプ：**木製モックアップ	[コンポーネント3]**プロトタイプ：**木製モックアップ
		[コンポーネント4]**プロトタイプ：**UIガイドライン	[コンポーネント4]**プロトタイプ：**UIガイドライン	[コンポーネント4]**プロトタイプ：**UIガイドライン
			[コンポーネント5]**言語的ストーリー：**新聞配達員	[コンポーネント5]**言語的ストーリー：**新聞配達員

出所：Seidel（2007），Table 2 を翻訳・加筆

　以下ではこれら3つのコンポーネントについて詳しく見ていこう。

2.1　ストーリー

　上記のコンポーネントのうちストーリーについては多くの説明は必要ないだろう。消費者が新たな魅力をもたらしてくれるはずのeBookを手にし，大西洋横断など長時間のフライトでも，その間，ずっと読書の楽しみが得られ，自分が喜んでいる光景が目に浮かべられるように，ストーリーに描いているのである。確かに，従来だったら10時間もの読書時間に対応しようと思えば，何冊も書籍を機内に持ちこまなければならず，旅の荷物が増えて気が重くなるだろう。

2.2　メタファー

　次のメタファーというコンポーネントは，比喩やたとえによって，新たな楽しみとしてのeBookを定義づけている。ストーリーにすると，ワンシーン，ワンカットくらいのシチュエーションを思い起こさせねばならないが，何かにた

とえれば一言で説明できることがある。メタファーの狙いはまさに，新たな楽しみを既存の何かにたとえ，隠喩することで強い説明力を得ることである。ここで使われた「It's a book!」というメタファーは，Kindleや楽天koboのようにいくつかのブックリーダーが存在[12]する現在から見れば，何を当たり前のことを，と思われるかもしれない。しかし，新しい価値概念が初めて世の中に登場する場合は違う。例えば，このeBookをあくまでも「超小型の携帯情報端末です！」とか「ページめくりボタンがついたタブレット型コンピュータ！」などと，隠喩せずに直喩で示そうとしたら顧客はどう思うだろうか。どちらも技術力は示せるが，そこに自分の生活シーンをなぞらえることはできないだろう。新製品を世に問う場合，技術の素晴らしさを訴求して成功することはまずない。必要なのは生活者に自分の生活シーンが劇的に変わることを伝えることである。その意味で，「It's a book!」は，新製品が何やらコンピュータの入ったデバイスの形を借りながらも，あくまでも「本」なのだということを，一瞬で理解できる点で優れている。そして，普段自分が楽しみとしながらも，本の重さにはいつも悩まされている読書が，あの小さな超小型端末で代用でき，しかも数十冊の本を入れて持ち運べ，いつでも読めるのか，という驚きとともにその価値を伝えるには，都合がよいメタファーになっているのである。

2.3　プロトタイプ

プロトタイプというと３Dプリンターで出力した簡易の模型のようなものを思い受かべられがちである。eBookプロジェクトでも当初は木製モックアップを作った。製造業における多くの試作品がそうであるように，このモックアップは製品イメージの社内共有を促進するツールとされたはずである。

次に，プロジェクトが用意したのが，端末操作の手順，画面デザイン，タッチ操作のフローなどを細かく示したUIガイドラインである。このUIガイドラインは，もちろんアプリやWebサイトによりサービスを提供するようなeコマースや，動画配信サブスクリプションであれば，プロトタイプとしてかならず用意されるものだが，製造業でも作られることが多い。開発の進行具合にもよるが，通常はハードウェア設計とともにソフトウェア開発が同時進行しており，木製モックアップにシステムは組み込まれておらず，使い心地がわからないか

らである。このような操作性を伝えるための，詳細なUIガイドラインもまたプロトタイプの一種なのである。

3　コンセプト・シフト

　前節で見たeBookのケースを引き続き見ていこう。

　コンセプト体系が決まり，順調に開発が進行している最中であったが，プロジェクトが進行するうちに肝心の書籍コンテンツが出揃わないことがわかってきた。さて，それではこのカリフォルニア州の企業はどうしたか。消費者向けではなく，法人向けにコンセプトを変更したのである。具体的なターゲットは，新聞配達員を中心としたデリバリー・パーソンに絞られた。彼ら配達・配送員向けに，「毎朝最新の購読者情報に基づき配送ルートを送り届ける携帯情報端末」というストーリーへと転用がはかられたのである（表03-01の列③）。そして，このままのコンポーネント構成でコンセプト実行段階に突入している（表03-01の列④）。

　この研究における発見は大きく2つある。第1に，置き換えられるコンポーネントは，以前のものと同じ形式をとることである。eBookの場合であれば，転換の前後において「言語的ストーリー」の形式でコンセプト・コンポーネントが置き換えられている（表03-01ではコンポーネント1が，コンポーネント5に置き換わっている）。仮に，メタファーやプロトタイプの形式でのコンポーネントが環境や状況の変化によって使えなくなれば，やはり同じ形式のコンポーネントが置き換えられるということになる。ちなみに，同じ形式をとった方が都合がよい理由は次の点とも関連しているので後述する。

　第2の発見として，「二重コンセプト（dual concept）」を維持する方法の活用の有効性があげられる。つまり，eBookの場合であれば，置き換えられた過去のストーリー形式によるコンポーネント1を捨てずに据え置き，新たに作られたストーリーと併用される（二重コンセプト状態）ということである。

　この二重コンセプトが採用される意図については，前述した製品コンセプトによる「部門を束ねる役割」を思い起こすとわかりやすい。つまり，もともとの製品コンセプトを参照可能な状態に置くことで，各部署のプロジェクト参加

者たちが，技術的な連続性や開発意図を理解し続けることができるし，プロジェクトマネージャーとの連絡体制もそのまま継続させられるメリットがある。仮に過去のコンセプトを消去してしまうと，どのような経緯を経て現状の製品開発が行われているかの開発履歴を知らないプロジェクト参加者が発生しかねない。そうなると議論の逆戻りを起こしてしまう可能性もある。何より，eBookの場合では，コンシューマー向けのコンテンツさえ出揃えば，当初のコンセプトを復活させられる状況にあったはずである。だとすると，過去のコンセプトを履歴として残し，新旧が対照する形で参照可能なように二重コンセプトとしたまま，同じコンポーネントを採用した方が合理的ということになる。

　以上のように，〈急進的な（radical）〉開発プロジェクトの場合は，コンセプト・シフトがあり得ることをあらかじめ織り込んでおく必要がある。これは，自動車産業のように車種が変わっても，コンセプト・コンポーネントのいくつかは受け継がれ，踏襲されることも多い，〈漸進的な（incremental）〉研究開発との大きな違いである。つまり，漸進的イノベーションを志向する場合は，コンセプトの守護が望ましく，急進的イノベーションを志向する場合は，コンポーネント形式を意識しながらコンセプトの転換を行い，必要に応じて二重コンセプトも活用しながら，コンセプト・シフトを実行してくことが望ましい。ただし，後者の場合であっても，社内政治の力学でコンセプトを捻じ曲げることがあってはならない点は同じである。コンセプトは，開発途上においては社内やサプライヤーの開発方向性のベクトル合わせに大いに利用されるとはいえ，究極的には顧客のためにあるものだからである。

4　サービスコンセプトの定義

　前節までに製品開発論におけるコンセプトの考え方については，一通り説明してきた。本節では，いよいよサービスコンセプトについての定義を確認していくこととする。

　とはいえ，サービスコンセプトの意義や役割は，製品コンセプトにおけるそれと基本的には変わらない。すなわち，顧客に届けようとする価値を開発プロジェクトの早い段階（ファジー・フロントエンド）で，わかりやすい〈ストー

リー〉に言語化し，加えて効果的な〈メタファー〉を用い，そしてプロトタイプを用意して関係者を統一のコンセプトに導く。もちろん，これらのコンセプト・コンポーネントを統合的に扱うためのコンセプト体系を定めておくことが理想である。さらに，そのコンセプト体系が組織の論理で妥協案に堕すことがないように，コンセプト・チャンピオンがしっかりと守護する。また，環境や市場の変化による影響が大きければ，コンセプト・シフトを検討し，ときには二重コンセプトを利用するなどして，それまで組織内部や関係者を束ねてきたコンセプトの一貫性を損なわないように工夫する，といったようにである。

　こうした意義や役割が製品コンセプトには期待されていたわけだが，サービスコンセプトにもほぼ同様のことが期待されている。

　しかし，製品とサービスとではコンセプト策定にあたって大きく異なる点もあるはずである。ここでは，製品コンセプトとどこまでが同じで，どこからがサービスコンセプトならではのものなのかについて説明していこう。

4.1　構成要素がバンドルされたサービスコンセプト

　サービスコンセプトについて，最初の包括的な定義づけを行ったのは，W・アール・サッサーらの著書（Sasser, et al., 1978）[13]であった。

　彼らは，以下のようにサービスコンセプトを定義している。

> サービスコンセプトとは，顧客に販売されたグッズ（モノ商品）とサービス商品の構成要素のバンドルについて考慮し，顧客にとっての各構成要素の相対的な重要性を際立たせること

　上記のサッサーらの定義に「構成要素のバンドル」とあるのは，引き離し難い組み合わせのことである。似たような示し方としては，デビッド・A・コリアーによる，〈顧客便益パッケージ〉という説明もある。これは，サッサーらの定義が提供者側の目線であったものを，顧客目線でパッケージの効用を説明することの重要性について言及したものとみなせる（Collier, 1994）[14]。

　また，スーザン・マイヤー・ゴールドスタインらは次のように定義している（Goldstein, et al., 2002）[15]。

いかなるサービスを，どのように顧客に提供するのかの決定がサービスコンセプトである。また，設計者はサービスコンセプトの様々な要素を特定し，顧客のニーズと照らし合わせながら提供できるように設計する

　この説明は単なる定義というより，サービスコンセプトが，その後のサービス・デザインの基礎となり，決定したコンセプトをもとにサービス設計が行われるということを示している。

　この理解は，サッサーらの定義にある「グッズ（モノ製品）とサービス商品」の部分の意味についての理解を促進するものでもある。サッサーらもまた，商品の根幹たるサービスだけでなく，物的要素としてのグッズも考慮対象に含めたサービスコンセプトの全体構図をイメージしているのである。

4.2　サービスコンセプトの「プロトタイプ」

　前述のサッサーらの定義は抽象度が高いものの，時代の変化とともにあてはまる例を適切に想定すれば，現在でも有効なサービスコンセプト定義になっている。しかも，サービス経済化が進んだ現在では，サービスの構成要素が複雑な商品も多いため，パッケージを緻密に構築するという定義に違和感はない。しかし，サービスを設計する立場の従業員や，既にそのサービスを熟知している顧客にはそれでもよいのだが，サポート部門の従業員や，これからそのサービスを購入しようとする顧客には，あまりに複雑な文言が並んでいたり，観念的過ぎたりするサービスコンセプトでは響かない。

　そこで登場するのが，3節における〈コンセプト・コンポーネント〉の解説でも登場した「プロトタイプ」のサービスコンセプトへの適用である。

　サービスコンセプトは「プロトタイプ」である，と思い切った定義づけを行ったのは，ボー・エドバードソンとジャン・オルソンである（Edvardsson & Olsson, 1996）[16]。彼らの定義をまとめたものを以下に記しておく。

サービスコンセプトとは，サービスのプロトタイプである。つまり，コア（core）サービスとその他のサポート（supporting）サービスが，顧客ニーズにどう作用し，顧客をどう満足させるのかについて提供者側が事前に詳細な記述（description）を用意し，顧客に伝達するものである

　このエドバードソンとオルソンの定義にある「サポートサービス」という用語は，簡単に言えばコアとなるサービスを支えるサービスである。なお，こうしたサービス分類については次章で扱う。

　ここでエドバードソンとオルソンは，顧客が持っている〈一次ニーズ〉には，コアサービスで応え，顧客が持っている〈二次ニーズ〉には，サポートサービスで応えよ，とも指摘している。彼らの一次ニーズと二次ニーズという顧客ニーズの捉え方は，顧客がサービス商品の購買を決定するまでに，競合の動きや景気動向など，様々な外的影響によって変わりうること，そして，第三者の助言や口コミを目にして，自分のニーズそのものが揺らぐという，内的影響による心変わりの可能性を加味した考え方である。だからこそ，自らのうつろいやすいニーズをすくいあげるサービスがどれだけ用意されているかの「詳細な記述（description）」が必要だという考え方である。

　製造業においても，木製モックアップばかりがプロトタイプではない。生産された結果のイメージを共有する際には，手にとることのできるモックアップは最適だが，生産工程内部，すなわち過程のイメージを共有するには，詳細が示された製造〈ガイドライン〉を用意することが実用的である。この点については，前述のeBookの事例において，UIガイドラインがプロトタイプとして用意されていたことを思い起こしていただくとよいだろう。

　同様に，サービスコンセプトのプロトタイプとは，パッケージに含まれるコアサービスとサポートサービスとが，どの顧客のどのニーズ（一次ニーズと二次ニーズを含む）に対して，いかなる手段で満たそうとしているかを，詳細なガイドラインとして示すということである。

　すなわち，5W1Hで言えば，Who（誰）の，What（どのニーズ）に，How（いかなる方法）で応えようとするかのプロトタイプを，サービスコンセプトで示せ，ということである。

　このような定義づけは，1.1の冒頭で紹介したクラーク＆藤本（1991）による製品コンセプトの説明を思い返してみるとわかりやすいのではないだろうか。彼らは，製品コンセプトとは第1に「メーカーがユーザーに対して，よい製品とはこういうものから成り立っていますよ，と伝えるメッセージ」であり，第2に「まず製品プランナーによって考え出され，製品の企画書や設計図面の形

で明確化され，最終的には製品そのものとして具現化される」としていた。こ
こまでの説明でわかるように，サービスコンセプトには，この定義がそのまま
あてはまる。しかし，まだサービスコンセプトの特質を半分程度しか表現しき
れてはいない。つまり，サービス提供者側は顧客に対して，パッケージがどの
ような要素から成り立っていて，顧客のニーズにそれがどう対応するのかを詳
細に示すことが必要である。そして，考え出されたコンセプトは，企画書やデ
ザイン図の形で明確化され，最終的にはサービス商品として具現化されなけれ
ばならない。

　ここまでは製品にもサービスにも同じことが言えるが，サービスコンセプト
の場合は，これだけでは足りない。何が足りないのか。それは，サービス商品
の場合には，顧客が〈結果〉だけでなく，〈過程（経験）〉にもコミットすると
いう点である。

　そのため，製品生産の工程でプロトタイプとして利用されるガイドラインは，
生産にかかわるメーカーの人間のためのものであったが，サービス生産の過程
を示す詳細な説明が書かれたディスクリプションは，顧客参加による共同生産
のためのガイドラインでもある，ということが言えるのである。このことは，
サービスとはあくまでも〈活動〉である，という性質から生じる定義づけの前
提である。この点こそが，サービスコンセプトと製品コンセプトとの大きな違
いなのである。

4.3　「メタファー」に語らせる——SASの「真実の瞬間」

　前項で〈プロトタイプ〉が登場したので，コンセプト・コンポーネントを構
成する残りの2要素である〈メタファー〉と〈ストーリー〉についても見てお
こう。いずれも言語的なコンセプトの伝達手段である。

　まずは「メタファー」について，非常に有名かつ古典的な事例であるスカン
ジナビア航空システム（SAS）の1980年代初頭のV字回復劇を見てみよう。
1981年に同社社長に就任したヤン・カールソンは，就任後ほぼ1年で同社に累
積していた赤字800万ドルを一掃し，7,000万ドルの黒字に転換させた。この企
業改革プロジェクトのコンセプトとして使用されたのが，「真実の瞬間
（Moment of Truth）」である。言うまでもなく，これは闘牛のメタファーであ

る。闘牛の真髄とは，円形の闘技場で，闘牛士と興奮した牛とが向かい合ったのも束の間，突進する牛の背にある急所を剣で突き刺す一瞬にこそある。この瞬間，針の穴を通すがごとくの精巧な技で，しかもすべての行為が終わるまでの十数秒は，まさに全集中の瞬間である。

近藤隆雄（2004）[17]によれば，この真実の瞬間というメタファーに対しては，世の中に大きな誤解もあるという。航空便の機内で，客室乗務員が一人ひとりの顧客と接点を持つ時間は僅か15秒ほどである，この約15秒間の顧客と接する時間（真実の瞬間）が顧客満足を左右する，という情報が一人歩きし，最初の15秒の態度つまり第一印象がサービス満足度を決める最大要因であると，誤解されてしまっているというのである。

第一印象が大事なのは確かであろう。しかし，それでは単に第一印象の重要性を強調したに過ぎず，真実の瞬間というメタファーで示すほど，大げさなものではない。むしろ，このメタファーは，近藤（2004）が示すように，サービスコンセプトの変換（コンセプト・シフト）を目指して立てられた3つの目標（①「ユーロクラス」の導入，②組織風土の改善，③離発着時間の厳守）を達成するために，象徴的役割を果たしたところに意義がある。

上記の①にあるユーロクラスとは，エコノミーとファーストクラスの中間クラスである[18]。もともとSASは普通の航空会社であったが，この改革プログラムのタイミングでビジネスマンにターゲットを特化し，ビジネス顧客に向けたサービスコンセプト体系の作り直しを図った。また，②の組織風土の改善は，現在でいうところの組織開発研修のような，全従業員対象の2日間の集合訓練研修とその後のフォローアップ研修からなっている。これにより，社員の意識改革が図られ，結果として実現できるようになったサービス高度化の象徴として，③の離発着時間の厳守を掲げたのである。

サービスはターゲットが明確であればあるほど，相手の期待に応えられるという性質を持つ。万人向けの航空会社ではなく，ビジネスマン向けに特化しているからこそ，ユーロクラスが魅力的なシート設定になるのだし，離発着時間の厳守は忙しいビジネスマンにこそ求められるニーズである。この時代の客室乗務員という職業[19]は既に憧れの職業ではなくなっており，人材を引き止めておくことが難しかったが，そのような状況の中で，組織開発の訓練が行われ

るからこそ，客室乗務員にとって働きがいのある会社となり，さらにサービス
向上にも真剣に取り組むようになるのである。

　以上のように，これら①から③までが有機的に結びつき，サービス改革が実
現できたわけである。こうした改革を進める上で，協力者となったのが，博士
号を持つ経営コンサルタントであったリチャード・ノーマンである。彼の1978
年の発表論文[20]に登場した「真実の瞬間」という言葉が，ヤン・カールソン
率いる革新プロジェクトのメタファーとして使われ，やがてカールソン自身の
著書のタイトルになると，社内だけでなく，スカンジナビア諸国を中心とした
ヨーロッパ全体に知れわたるコンセプト・コンポーネントになったわけであ
る[21]。

4.4　「ストーリー」が紡ぐ組織文化——メイヨー・クリニック

　コンセプト・コンポーネントのうち，〈ストーリー〉は文字通り，物語の創
出である。製品コンセプトにおけるストーリーがそうであったように，サービ
スコンセプトのそれも「顧客の視点で紡がれた物語」でなければならない。と
はいえ，従業員側の視点を無視するということではない。むしろ，サービスの
ストーリーはいかに組織内に根づき，それが組織文化を構成する源として機能
するかにかかっている。なぜなら，製造業と異なり，サービス企業・組織にお
いては，多くの従業員が顧客との接点（タッチポイント）を持っており，その
ストーリーを体現する機会が多いからである。

　組織内部にストーリーを徹底し，それが外部に口コミとして伝搬していくサ
イクルを構築したサービス組織で，もっとも有名なものとしてはアメリカのロ
チェスターに本部を置く「メイヨー・クリニック」の名前があがるだろう[22]。
この非営利法人は3つの都市に病院を開設し，約4万人のスタッフを抱えてい
る。まず彼ら彼女ら医師，看護師，そして事務スタッフらに，患者第一主義
（ペイシェントファースト），つまりメイヨーにとっての「顧客第一主義」のス
トーリーが，徹底して浸透しており，患者のニーズを最優先する治療方針がつ
らぬかれている。その結果，高い評判を得ており，患者をして「これ以上の治
療は他の病院では望めない」と言わしめる。そして，誰かにメイヨーでの治療
体験を話したくなり，それが多くの口コミ評判となって，さらにメイヨーの名

声を高めていく。メイヨーでは「デスティネーション医療」のストーリーも掲げられているが，まさに患者が，治療のためだけに遠方からロチェスターのほか2つの都市にあるメイヨー・クリニックを目的地とした旅に出かけてくる状態になっている。

　メイヨーは外部への広告はほとんど打たない。しかし，医療の質に関するストーリーが，世の中にどう広がっていくかには気を配っており，「能力を示して信用を勝ち取る」という方針が組織内に徹底している。医療従事者のような専門職は，自らの技術・スキルが向上することで自己効力感を高める。そのため，この方針があることで結果的に，医療従事者に働きたいと思わせる魅力的な職場になっており，メイヨーの医師の自己都合退職率はわずか2.5％にとどまる。メイヨーの組織文化が合わない人は数年またずにメイヨーを離れるが，一生働き続ける従業員がほとんどである。こうして高い技術に裏付けられた患者第一主義が，メイヨーの神話，数々の伝説的エピソードを世に広めているわけである。

　メイヨーから学べることは多いが，とりわけストーリーのコンセプト・コンポーネントとしての扱いは模範的だと言える。メイヨーの患者第一主義，デスティネーション医療，そして能力を示して信用を勝ち取るといった治療方針は一般の医療組織の常識を覆すものであり，これらのストーリーは組織文化を醸成する上でも重要な拠り所となる。一般に内部のストーリーを外に広めることは，広告コミュニケーションによるが，メイヨーでは口コミが中心となり，しかもその1つひとつの逸話は，メイヨーが持つストーリーと矛盾せず，まるで大きな物語の中の小エピソードのような全体構成になっていることが，サービス・ブランドを高める上では理想的なのである。

　コンセプト・コンポーネントとしてのストーリーとは，自らが主人公になれる物語の組織的な創出に他ならない。

〔注〕

1)　Goldstein, S. M., Johnston, R., Duffy, J. & Rao, J. (2002), The service concept: the missing link in service design research? *Journal of Operations Management*, 20, pp.121-134.
2)　Clark, K. B. & Fujimoto, T. (1991), *Product Development Performance: Strategy, Organization, and Management in the World Auto Industry*, Harvard Business School Press.

（田村明比古訳（2009）『製品開発力：自動車産業の「組織能力」と「競争力」の研究　増補改訂版』ダイヤモンド社），p.60.

3)　自動車産業の発展史については，藤本（2003）を参考にした。出所：藤本隆宏（2003）『能力構築競争』中公新書.

4)　Clark & Fujimoto (1991), op. cit. の実証研究による。ただし，リードタイムの長さと開発生産性の数値は，プロジェクト内容修正後のもの。

5)　藤本（2003），前掲書.

6)　サプライヤー側にいる重量級PMの役割・機能については，佐伯（2013）に詳しい。出所：佐伯靖雄（2013）「トヨタ・グループの委託開発業務と組織間関係の分析」，『名古屋学院大学論集 社会科学篇』，49(4), 97-124.

7)　藤本（2003），前掲書.

8)　Clark & Fujimoto (1991), op. cit. (訳書), p.310.

9)　代表的なものに，Khurana & Rosenthalによるファジー・フロントエンド（FFE）理論を用いた一連の実証研究がある。FFEとは研究開発の前段階（アイデア段階，コンセプト策定段階）のことで，この時期に，市場対話，コンセプト評価，計画立案を精緻に行い，コンセプトを明確化することで，研究開発を成功に導けるという。出所：Khurana, A. & Rosenthal, S. R. (1997), Integrating the fuzzy front end of new product development, *Sloan Management Review*, 38(2), pp.103-120.

10)　Seidel, V. P. (2007), Concept shifting and the radical product development process, *Journal of Product Innovation Management*, 24(6), pp.522-533.

11)　Seidel (2007) には企業名が明示されていないが，カリフォルニア州マウンテンビューに1997年に設立され，1999年に電子書籍リーダー「Rocket eBook」を発売したNuvoMedia社であろうと推察される。Rocket eBookは，ペーパーバック本と同じ寸法で設計されており，まさに本そのものであった。

12)　アマゾン社のKindleの販売開始は2007年，カナダのKobo社（2012年より日本の楽天の子会社）によるKobo eReaderの発売は2010年である。これに対し，eBookの事例は1990年代後半の出来事を描いていると思われる。

13)　Sasser, W. E., Olsen, R. P. & Wyckoff, D. D. (1978), *Management of Service Operations*, Allyn and Bacon.

14)　Collier, D. A. (1994), *The Service/Quality solution: Using Service Management to Gain Competitive Advantage*, Irwin.

15)　Goldstein, et al. (2002), op. cit.

16)　Edvardsson B. & Olsson, J. (1996), Key concepts for new service development, *The Service Industries Journal*, 16, pp.140-164.

17)　近藤隆雄（2004）『新版サービス・マネジメント入門』生産性出版, p.154.

18)　1970年代までは多くの航空会社にはファーストクラスとエコノミークラスの区分しかなく，中間クラスの設定はなかった。スカンジナビア航空が導入後，ヨーロッパの多くの航空会社が導入するきっかけを作ったクラス分け基準である。中間クラスという意味では，今で言うビジネスクラス的位置づけだが，現在のスカンジナビア航空の名称区分ではビジネス，プレミアムエコノミー，エコノミーの3クラスに分かれているように，ビジネス客

にターゲットをシフトさせた上での中間クラスであった。なお，ビジネスクラスを最初に導入した航空会社は1978年のフランスのエール・フランス，アメリカのパン・アメリカン航空（ただし，当初は「クリッパークラス」と呼んでいた）である。

19）SASが客室乗務員たちを中心に，組織風土改善に成功できたのは，ビジネスマンにターゲットが絞られ，リピート顧客が中心となったことで，関係性をベースとするサービス提供にシフトできたからではないか。逆に，一見顧客ばかりだと，接客従事者は疲弊するのであろう。

20）Normann（1991）には，「真実の瞬間」というメタファーの発案経緯が書かれている。出所：Normann, R.（1991）, *Service Management: Strategy and Leadership in Service Business*, Wiley.（近藤隆雄訳（1993）『サービス・マネジメント』NTT出版），（訳書），p.28.

21）このメタファーがそのまま書名になったヤン・カールソン著『真実の瞬間（Moment of Truth）』が世界的に売れ，多くのビジネスマンに読まれたことも大きい。訳本は日本でも出版され，サービス関係のビジネス書の中でもっとも売れたものの１つである。出所：Carlzon, J.（1987）, *Moments of Truth*, Ballinger Pub Co.（堤猶二訳（1990）『真実の瞬間』ダイヤモンド社）

22）メイヨー・クリニックの事例については，Berry & Seltman（2008）を参照した。出所：Berry, L. L. & Seltman, K. D.（2008）, *Management Lessons from Mayo Clinic: Inside One of The World's Most Admired Service Organizations*, McGraw-Hill.（古川奈々子訳（2010）『メイヨー・クリニック：奇跡のサービスマネジメント』マグロウヒル）

第 | 04 | 章

サービス特性

1 心の中のサービス

　前章までの説明で，サービスコンセプトにかかわる議論はほぼ紹介できた。
その上で本章では，サービスの持つ特性を意識した上で，サービスコンセプト
を策定する方法について説明していくことになる。

　サービス特性に関する説明に先立ち，いったん前章までに展開したコンセプ
トの議論を整理するために，サービスコンセプトの包括的な定義をまず提示し
ておこう。これは，英国のグラハム・クラーク，ロバート・ジョンストン，そ
してマイケル・ショルバーによる共著論文（2000）[1)]にて提案されたものであ
る。彼らの定義は「心の中のサービス」と名付けられており，前章までに紹介
したような，サービスにおける 3 つのコンセプト・コンポーネント（プロトタ
イプ，メタファー，ストーリー）の役割を包含したものになっている。その定
義の大きな特徴としては，提供側の〈オペレーション目線〉と顧客側の〈顧客
目線〉を対等に見ている点である。

1.1 サービスコンセプトとは「心の中のサービス」

　まず，彼らは，「サービスコンセプトは，顧客，従業員，そして当該組織を
とりまくステークホルダーにとっての〈心の中のサービス（service in the
mind）〉を表すものである」とその役割を提示した上で，次のような定義づけ
と，個別要素についての説明を加えている。

　サービスコンセプトとは，サービス事業の本質を要約した全体像であり，さらに，サービス個別要素である，価値，形態・機能，経験，そして結果といったものを，あたかも1枚の「絵（picture）」として，あるいは一連の「ステートメント」として捉えたものである

- **価値（value）**：顧客が，そのために喜んで支払うもの
- **形態・機能（form and function）**：サービスの形態，および運用方法
- **経験（experience）**：顧客が認識する経験
- **結果（outcomes）**：顧客と組織にもたらされる便益

　クラークらは，この「心の中のサービス」が，いったい誰にとってのものかという点について，顧客だけでなく，従業員，そして当該サービス組織のあらゆるステークホルダーにとってのもの，としている。

　これは前章4.1で紹介したコリアーの定義が，あくまでも顧客目線で「顧客便益パッケージ」と名付けていたのとは異なり，サービス提供時のオペレーション目線にもこだわったものである。

　前章で見た製品コンセプトの説明においても，生産過程においてコンセプトを守護する機能がプロダクトマネージャーには必要とされていた。もちろん，製品コンセプトそのものは，顧客のニーズや便益に対応したものだが，生産段階における製品コンセプトは，やはり従業員が参照するためのものである。ときには，自動車産業における系列的取引のように，製品アーキテクチャを同じくするサプライヤー企業との間に，製品コンセプトを共有することも考えられる。その意味では，製品コンセプトは，顧客と従業員，そして当該組織をとりまくサプライヤーを含む三者のものであると言っていいだろう。よって，従業員やサプライヤーにとって受け入れ難い製品コンセプトは，たとえ顧客の便益になるものであっても，採用できない。サービスコンセプトの場合も製品コンセプトと同様に，サービスをバックグラウンドで支えるオペレーション組織においては，サプライヤーなど外部の企業がアウトソーシング機能を提供することで，内部機能を代替していることが普通である[2)]。つまり，サービスコンセプトの場合もまた，製品コンセプトと同様に，従業員，そしてサプライヤー，さらには（顧客が共同生産者である場合は）クライアントも含む，すべてのス

テークホルダーによって共有されるべきものなのである。もちろん，ステークホルダーには含まない顧客，すなわち単なるユーザーにも，サービスコンセプトが浸透していれば，なお望ましいと言えるであろう。

　次に，冒頭のクラークらによるサービスコンセプトの定義「心の中のサービス」に話を戻そう。彼らの定義ではサービスの全体像の共有だけでなく，サービス個別要素についても重視している点に注目して欲しい。つまり，クラークらのサービスコンセプトの定義では，マクロな全体像としての「絵」と，ミクロな個別要素としての「ステートメント」とが，一連の定義の中に両方備わっているのである。

　大きな絵としての全体イメージと，ステートメントによる詳細な明確化という2つの見方によって，同一のサービスコンセプトが表されている場合，顧客の多くは，その全体像を「絵」的イメージで捉えることが多い。とはいえ，顧客にも様々な捉え方をする層がいるので，中にはステートメントを完全に理解するタイプの共同生産者としての自覚が強い顧客もいるだろう。この点は，従業員や当該組織のステークホルダーにとっても同様である。つまり，同一のコンセプトがそれぞれの立場，保有する知識の違いによって，都合のよい形で認識される。それでいて，その〈焦点〉がずれることはなく，同一のコンセプトがそれぞれの「心の中のサービス」として認識されるように導くことが，サービスコンセプトのあり方だとクラークらは定義づけているわけである。

　上記で焦点という写真のピント合わせの比喩を使ったが，クラークらも，内部機能（従業員，オペレーション協力組織，共同生産者としての顧客）それぞれが，サービス全体における自らの役割と貢献を確認する際に，サービスコンセプトがレンズ及びフィルターとして作用すると述べている。ここでレンズあるいはフィルターが調整するのが，前述のサービス個別要素の4点すなわち，価値，形態・機能，経験，結果である。調整は通常，競合サービスを比較の遡上にあげながら行われることが多い。競合の持つ個別要素とあえて焦点をずらすことで，サービスコンセプトが際立つからである。

　つまり，こうした焦点合わせ（明確化），あるいは焦点ずらし（鋭角化）は，サービスコンセプトを組織内で擦り合わせたり，対外的に際立たせたりするのに役立つ。そして，前章で述べたコンセプト・シフトを実現する方法論の1つ

にもなり得るということである。

1.2　サービスコンセプト・プロファイリング

　ところでクラークらは，前述の焦点合わせと焦点ずらしのためのツールとして，「サービスコンセプト・プロファイリング」という手法を提案しているので，図04-01に紹介しておく。これはクラークやジョンストンが在籍していた英国ウォリック大学出身研究者であるテリー・ヒル[3]が発表したコンセプト・プロファイリングのための枠組みを，クラークらがサービスコンセプト用に改変[4]したものである。

　左列のブリティッシュ・エアウェイズ（以下，BAW）はその名の通り，英国を代表する航空会社でフルサービス・キャリア（FSC）である。一方の右列にあるイージージェット（以下，EZY）は格安航空会社として初めて，大々的にインターネット経由の直販チャネルでの販売を行い，破格の運賃を実現して成長した英国発のローコスト・キャリア（LCC）である。

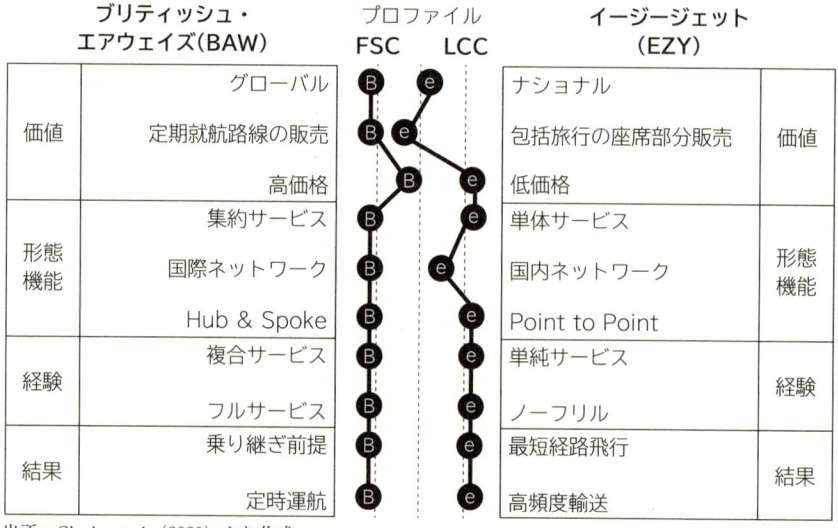

出所：Clark, et al.（2020）より作成

図04-01　サービスコンセプト・プロファイリング

　BAWのコンセプトは，相互接続された国際ネットワークと，国内便では主要目的地をハブとし，それ以外の都市をスポークに見立てた運航体制と定期航空路線が主であり，様々なクラスの乗客に，複合サービスを提供する。他方，EZYのコンセプトは，ロンドン便以外の人気の目的地を二地点間の直行便でつなぎ，（付帯サービスのない）ノーフリルの格安旅行を提供する。

　ただし，BAWの折れ線を見ると，FSCにおける通常プロファイルから，価格の面で離脱することがあることが示されている。これはBAWが変動運賃も導入しており，需給バランスによって価格を上下させるイールドマネジメントを活用していることを示す。

　また，同様にEZYでも，LCCの通常プロファイルから外れた箇所がいくつかあることがわかる。これは，EZYは海外にも進出しており，ナショナルな航空会社というより，国際ネットワークを有し，しかもLCCでありながら英国最大の航空会社になっていることから理解できよう[5]。

　このプロファイリング手法は，競合に対する自らのサービスコンセプトを，理解するために役立つほか，差別化のために，あえてエッジを効かせたコンセプトに変更する際にも役立つ。サービス個別要素のうち，とりわけ〈形態・機能〉は，自社の保有資源や開発済みのスキルを示しており，コンセプト・シフトが可能かどうかについての考慮要素として見ることもできよう。

　それでは，ここまでの議論を踏まえつつ，サービスの備える特性を理解した上で，サービスコンセプトを策定するための準備作業に入っていこう。

2　サービス特性

　物的存在である製品とは異なり，サービスは〈活動〉そのものであるという点で，サービス商品はサービスであるがゆえの機能と役割を備えている。サービスコンセプトの効果的な策定のためには，こうしたサービス特性を十分に理解しておく必要がある。

　そこで本節では，サービス特性について，それが語られた時代性を意識しながら現代的なサービス特性を明らかにすべく，史的な流れを意識しながら説明していこう。

2.1　工業化を範とした議論は時代遅れ

　サービス経営学は経営学史的には，1960年代に嚆矢となる論文[6]が発表されて以降，しばらくは後続する研究が現れず，製造業向けの経営研究が順調に発展する中，やや遅れをとりながら1970年代後半になって，北米[7]と北欧[8]でほぼ同時期に一気に研究蓄積が進んだものである。そのため，サービス経営学の黎明期には製造業と対比させる形でサービスの特徴を説明しようとする研究が多かった。その影響からか，工業化メリットを十分に享受できないサービス業は，工業に比べて遅れた特徴を持つかのように位置づけられているきらいがあった。サービスは工業化すべきとしたセオドア・レビットのような主張[9]はその最たるものであった。

　レビットの論文では，ファストフードの代表格であるマクドナルドにおいて工業的な生産性が追求されている[10]ことを例示し，サービス業において顧客に価値を届けるプロセスである「サービス・オペレーション」を，製造業の生産ラインのごとく進化させるよう求めているのである。

　しかし，このような考え方ではサービス本来の価値が損なわれてしまう可能性がある。ファストフード的に生産性を追求しながら，安定した品質のサービスを世の中に届けることは確かに重要だが，すべてのサービスに対して一律に工業化を求めてしまえば，後述するサービス特性のほとんどを工業化の障害とみなしてしまう可能性がある。実際にはこのサービス特性の中にこそ高い付加価値の源泉があるのに，工業化の敵だからとそれを潰してしまえば，利益の出やすい特性をみすみす取り逃がしてしまうことになるのである。

　本書全体の議論を先取りするならば，サービスこそが顧客価値創造の本質であり，すべての経済はサービス経済である。製造業が生産するモノはそのサービス経済における価値創造のための道具にほかならない[11]。我々の身の回りにある商品は，製造業が作る製品を含めて，すべてがサービスのために存在するものなのである。

　そのため，サービスのすべてを工業化すべき対象とみなしてしまうと，サービス特有の付加価値の源泉に目を瞑ることになってしまう。このように，サービス経営学が十分に発展している現代から見れば，1980年代までの製造業を模

範としたかのような議論には留意が必要なのである。

とはいえ，本書も製造業における製品コンセプトから解説を始めているように，製造業とサービス業を対比することで，よりサービス商品の本質がはっきり見えてくることも事実である。次に紹介する〈サービス特性〉に関する議論についても同じことが言えるだろう。

2.2 サービスの4特性（IHIPパラダイム）

それでは，サービス特性とはどのようなものだろうか。サービス特性に関するもっとも古典的な議論[12]では，サービスには4つの特性があるとされた。すなわち，無形性（intangibility），異質性（heterogeneity），不可分性（inseparability），消滅性（perishability）である。そして，それらの頭文字をとって〈IHIP〉と略記された形で，後続の研究者らが執筆したサービス経営学のテキストに長年引用されてきた[13]。あまりに広く普及したため，IHIPパラダイムとも呼ばれていた[14]。

しかし，このうち「不可分性」については早くから，サービス全般にあてはまる特性ではないという批判があった。実際，同じ飲食サービス業界であっても，店内飲食が基本のレストランでは，生産と消費が分かち難いという不可分性は認められる。ところが，最近のファストフード店のように，事前にスマホからオーダーして，店頭でテイクアウトする場合には不可分性はほとんど認められない。

とはいえ，不可分ではないものの，スマホでオーダーする時点でサービス事業者と顧客には接点（タッチポイント）が生まれており，距離的に二者が離れていても，ハンバーガーや牛丼が生産されている時間（リードタイム）を共有している。その後に顧客は，店舗カウンターで調理完了後に包装された食事を受け取り，まるでメーカーから配送された製品を検品するかのように，手元のスマホで受領ボタンを押すわけである。注文から受け取りまでの間，二者には一貫して（電子的な）接点があり，トランザクションが継続している。

上記は最近の事例であるが，1980年代には不可分性を「同時性（simultaneously）」と捉え直す見方（Berry, 1980）[15]がされるようになっていた。とりわけ，顧客とサービス提供者が出会う場所としてのサービス・エンカウンター

(Bitner, 1990)[16]の概念が定着すると，より「同時性」を強調した方が，サービス特性をうまく表現できると考えられるようになった。

　例えば，レイモンド・フィスクらによって編纂されたサービス・マーケティング論の入門テキスト[17]では，冒頭部の章でサービス特性が**表04-01**の左側の順にまとめられている。彼らのテキストでは，〈無形性〉の次は，不可分性ではなく〈同時性〉であり，〈異質性〉のあと最後に〈消滅性〉が来る4特性に置き換わっている。

　一方クリストファー・ラブロックとヨッヘン・ウィルツによるサービス・マーケティングのテキスト[18]では，IHIPについては言及せず，サービス商品とモノ商品とを比較した上での相違点を8点抽出している。ただ，IHIPに触れていないものの，8点の相違点は，4特性を発展的に捉えたもののように見える。そこで，彼らが4特性と並べて表記していたわけではないが，表04-01の右側には，4特性にもっとも関係がありそうな相違点を横に並べて整理しておいた。

表04-01　サービスの4特性とモノとの8相違点

サービスの4特性 (Fisk, Grove & John, 2004)		モノとの8相違点 (Lovelock & Wirtz, 2007)
無形性	サービスは，実物を見たり触ったり，手に持ったり，それを棚の上に置いておくことはできない	・無形要素がサービス価値を生む ・可視化が難しく不確実性が高い
同時性	ほとんどのサービスについて，生産と消費が同時に起こる	・顧客が共同生産者となる ・顧客がサービス経験を左右する ・サービスには在庫がない
異質性	サービス業にとって，成果品質を標準化することは難しい	・インプットとアウトプットの変動が大きい（生産性向上によるコスト削減が難しく，ミスをなくすことも難しい）
消滅性	ほとんどのサービスは，消費のために貯蔵しておくことができないし，用意した提供能力も無駄になってしまう	・オンライン・チャネルが存在する ・時間が重要な要素である（顧客は待ち時間を嫌い，時間効率を求める）

出所：Fisk, Grove & John（2004），訳書p.14および，Lovelock & Wirtz（2007），訳書p.18より作成

　なお，不可分性と同様に，「消滅性」についても，情報技術が発達した昨今の場合，保存できるサービスや，蓄積できるサービスというものが想定できる

ようになり，必ずしもあてはまらない（Lovelock & Gummesson, 2004）[19]と考えられるようになってきている。表04-01における消滅性の箇所の右側でも，オンライン・チャネルが存在するということが，これまで貯蔵できないとされてきたサービス特性のあり方を変える可能性があることを示唆している。例えば，Netflixなどの動画配信サービスのサブスクリプションビジネスは，いつでも好きなだけ動画を楽しむことができるため，貯蔵できないことはデメリットにならない。また，これは〈同時性〉にもかかわるが，配信ビジネスには在庫の概念もない。あるのは新作の供給を常に続けていくことである。

　また，ホテルの空室は，確かに提供能力の浪費であり，従業員が暇になり，宿泊ルームはホコリが積もるだけで，その提供能力と収容キャパシティを貯蔵できないという意味では〈消滅性〉を有するが，最近のマーケティング・オートメーション技術の進歩により，レベニューマネジメントが普及し，宿泊単価を需要に応じて自在に変動させることで機会損失を最小化できるダイナミック・プライシングが可能になった。さらに，自社の需要動向に限らず，他者の値付け動向も収集して，AIが最適な値付けを提案するサービス[20]が開始されるなど，需要を平準化させることは，以前よりも容易になった。

　〈消滅性〉についてさらに付言すると，用意した供給能力が無駄になるのが提供者側だとすれば，顧客の側にも，サービス提供時に待たされれば，時間が無駄になるというデメリットがある。近年は顧客側に時間効率（タイムパフォーマンス）を意識する傾向が強くなっており，サービス提供側は顧客の時間を無駄にしないということを心がけた方がよい。かつて調剤薬局と言えば，待たされる業種の筆頭であったが，最近は処方箋を病院からアプリ等で送信し，準備ができるとアラートを鳴らすこともできるようになった。患者はこれまでのように混雑した薬局の待合室で待つのではなく，買い物でもしながらアラートが鳴るのを待てばよくなったのである。こうした事例は，顧客のタイパを意識した新しいサービス創出事例だろう。

2.3　サービス特性を前向きに捉える時代へ

　このような大きな変化は，〈消滅性〉だけでなく，他のサービス特性にも現れている。基本的にはかつてデメリットとされていたことを，メリットとして

転換させる考え方の変化である。

　具体的に，〈同時性〉については，近年は顧客とサービス従事者が同じ場所にいなければいけないという後ろ向きな捉え方ではなく，一緒にいるからこそ顧客を〈共同生産者〉に仕立てられるという，前向きな認識に変わっている。近年，流行し始めている没入型のテーマパークは，顧客にもテーマパークの演者になってもらい，自らキャストになる楽しみを提供している。かつてキャストの踊りを眺め，乗り物に乗せられることが中心だったテーマパークは，顧客自身が経験を主体的に創造するものへ進化しているのである。

　また，〈異質性〉についても，かつては標準化が難しく，製造業的な大量生産メリットが得られないという意味では，後進性の象徴だった。しかし，実際には均一なサービスを提供するよりも，顧客ごとに異質なサービスを提供する方が付加価値は高まる。考えてみれば，誰にとっても同じサービスが提供されるならば，それはモノ製品で言うところのコモディティに限りなく近くなる。散髪の例で言えば，QBハウスは早くて安く，しかも出張先や旅先の駅前にある支店に行ってもいつもとほぼ同じ散髪技術を提供してもらえるという意味では標準化されている。しかし，人によっては馴染みの理容室や美容室に通い続け，自分のことをよくわかっている理髪師・美容師に散髪してもらうことを，たとえ料金がQBハウスより高額であろうとも選ぶ。そこには，自分によく似合う髪型を提供してくれるという，前向きな意味での〈異質性〉がある。

　高付加価値サービスにおいては，顧客ごとに異なるニーズに応え，継続的な顧客との付き合いにより，顧客自身も気づいていないようなサプライズ感あふれる歓びを提供することにも意義がある。さらに付け加えれば，こうした異質性を包含したサービス提供に対応した国際標準としてサービスエクセレンスの規格[21]も登場しており，標準化すら異質性の対立軸ではなくなっている。

　最後に，〈無形性〉については，従来のモノ製品とは違って，購入前にその品質や機能を確認することが難しいことが弱点とされてきたが，近年のマーケティングの定石では，単発的な取引よりも，継続的な関係性が重視されるようになり，問題にならない場合も増えてきている。そしてモノ製品ですら，有形の要素よりも，無形部分のソフトやヒューマンな関わりを重視するようになり，無形性にこそ高付加価値が宿るということが広く理解されてきているように思

われる。先取りになるが，13章の製品サービスシステム（PSS）などは，有形と無形の長所をそれぞれ活かす取り組みである。この無形性に関しては，次節でも引き続き議論していく。

　ここまで，IHIPとその改変版について説明し，モノとの相違点についても解説してきたが，いずれにしろサービス特性の考え方は，モノ経済的な思考方法の産物である。製造業的思考にどっぷり染まっている世代の人々には示唆的であるが，世の中がすっかりサービス経済化した時代に生まれた若い世代には不要な考え方となってきているのかもしれない。

3　無形要素と有形要素からなるパッケージ

　現代では無意味になりつつあるサービス特性の議論だが，そこに登場した〈無形性〉の問題は，その対局にある〈有形性〉とともに，サービスコンセプトの構成要素を考える際のヒントになる。ここでは，有形要素と無形要素からなるサービス構成要素と，サービス構成要素のチェックに使えるマーケティング・ミックスの拡張版について紹介する。

3.1　サービスの分子モデル

　サービス構成要素の捉え方として，もっともよく知られているのが，シティバンク社の幹部で同社のマーケティング責任者だったリン・ショスタックによる1977年の論考[22]である。彼女はこの時代のサービス業が，製品マーケティング的な発想に支配されていることを歯がゆく感じ，独自の視点を持つ必要性を感じていた。そこで彼女はIHIPにおける「無形性」を否定するのではなく，それを受け入れるための枠組みとして，**図04-02**のような「サービスの分子モデル」を提案した。ここでは左側にエアライン業界が，右側に自動車業界が，それぞれ有形要素と無形要素を組み合わせて商品化していることが描かれている。興味深い点は，自動車業界を製造業と切り分けるのではなく，有形要素が優位のサービス業として対置させていることであろう。

　ちなみに，分子構造のように有形要素と無形要素が組み合わさって成立する商品（product）を囲むように，価格（price），販売流通（distribution＝

place），そしてもっとも外側に市場ポジション（market position＝promotion）
があり，三重の被膜で覆われている。つまり，分子モデルが意識しているのは，
いわゆるマーケティングの4Pである。

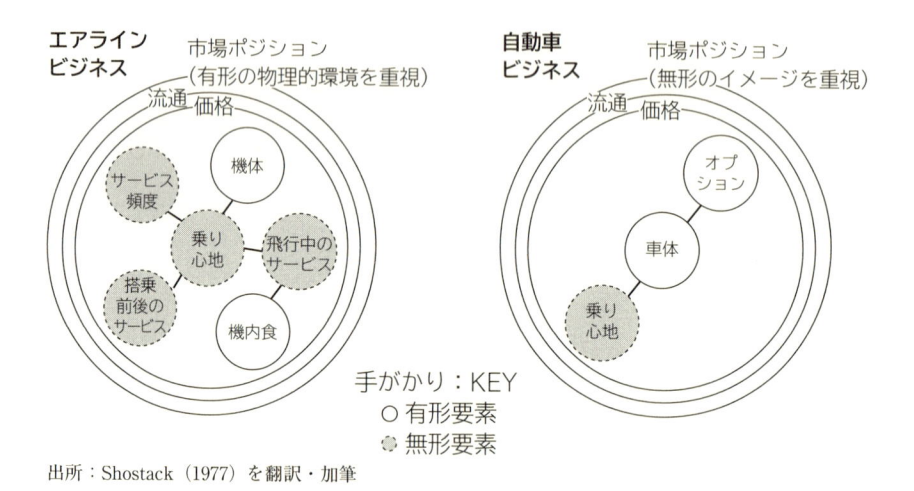

出所：Shostack（1977）を翻訳・加筆

図04-02　サービスの分子モデル

　図04-02においてもっとも外側にある市場ポジションの各文言を比較して欲し
い。自動車ビジネスでは「無形のイメージを重視」なのに対して，エアライ
ンビジネスでは「有形の物理的環境を重視」と書かれている。これは中心（コ
ア）にある要素が目に見えないか，目に見えるかで変わってくるのだと理解で
きよう。つまり，商品のコアとなる要素が不可視ならば，有形の物理的環境が
重視され，同様にコア要素が可視ならば，無形のイメージが重視される。それ
ぞれに応じたプロモーション戦略を採用することで，市場において自社ならで
はの地位を獲得し，事業基盤を安定させようとするのである。
　確かに，自動車のCMや広告はイメージ重視である。車の性能や機能を細か
く説明するより，乗り心地をイメージで表現した方が顧客に受け入れられやす
いのであろう。一方で，エアラインの場合，その乗り心地を決めているのは，
機体の性能や機能ではない。目に見えない無形要素からなるサブ的なサービス
が組み合わさり，ワインや機内食が美味しいとか，客室乗務員によるサービス

回数が多いとか，場合によっては搭乗前や後の地上業務のサービスがどうであったかまでが加味されて，総合的な乗り心地として評価されるのである。

　一般に，サービスの無形要素が多いほど，サービスの特性や品質を知るための手がかり（KEY）となる有形要素を多く提供しなければならなくなる。確かに，エアラインビジネスの場合もファーストクラスのCMや広告などでは，フルフラット化するシートを導入したとか，提供される機内食の豪華さだとか，有形要素（物理的環境）を目立たせながら商品の良さが語られるという傾向が強い。ショスタックによれば，当時の米国の航空会社のサービスはほとんど差がないが，物的証拠を詰め合わせた〈パッケージ〉の仕方が，差別化の決め手になっていると述べている[23]。

　ちなみに，彼女が上で言及したパッケージという用語は，後に「サービス・パッケージ」というサービス経営学用語として定着し，コアサービスと，その他のサービス要素（05章参照）とを組み合わせたものを指すようになる[24]。実務的にはコアサービスとサブサービスと言われることも多いが，サブサービスを機能別に細分化して捉えるために，03章4.2でも言及した「サポートサービス」という呼び方もある。とはいえ，本質的にこれらは同じものを指していることが多い。

3.2　7Pあるいは8P

　上でプロモーションの話題が出たついでに，マーケティング・ミックス（いわゆる4P）の拡張版について紹介しておく。

　有名な4Pのマーケティング・ミックス諸要素とは，前項で述べた製品政策（product），価格政策（price），広告・販促政策（promotion），チャネル・流通政策（place）のことであり，標的市場に対して，これら4つの諸要素間の整合性のとれたマーケティング・ミックス政策を実行することを理想とするものである。自社が有するシーズをもとに作った製品を市場に普及させようとする〈シーズ志向〉や，市場ニーズを探り，求められる製品を作ろうとする〈ニーズ志向〉をもとにしたマーケティングにおいては，参考にできる考え方である。これらは，いずれの志向性であっても，結局はモノ製品（product）を中心に全体のマーケティング政策をフィットさせていこうとする枠組みである。

　これに対して，サービス・マーケティングの場合は，productとしてのモノ製品が，無形のサービス商品へと，ただ単純に置き換わったわけではない。前述のショスタックが言うように，サービス商品は，有形要素と無形要素を含めたパッケージであるから，product中心に4Pを考えるアプローチは使いにくい。なぜなら，productそのものが顧客にとって見定めにくいからである。そのため，製品版の4つのPに加え，さらに3〜4つの要素について考えなくてはならないという考え方をするのが拡張マーケティング・ミックスである。

　拡張マーケティング・ミックスについては，7Pとして示す論者[25]と8Pとして示す論者[26]という2つの流派があり，最後の8つ目以外はほぼ共通しているので，**表04-02**に8Pを一覧にしておく。

　ただし，7Pにしても8Pにしても，チェックリストとして利用するのはよいが，構成要素をただ考えるだけでは商品を設計したことにはならない。クラークら[27]が指摘するように，マーケティング・ミックスのような断片的なアプローチでは，サービスの持つ複雑さを表すことはできない。そのため，7Pか8Pで構成要素を考えたところで，サービスの全体デザインの基礎として，あとは組み立てればよい，というように便利には使えない。とくに，拡張マーケティング・ミックスにおける〈プロセス〉については，次章で述べるように，サービス〈過程／経験〉モデルの流れの中に位置づける必要性があり，それぞれを断片的に発想してもほとんど意味をなさないからである。

　とはいえ，チェック項目として利用することで，サービスならではの考慮点を見落とさないメリットはある。例えば，4Pにおけるpriceの対応項目である〈価格とその他のコスト〉については，いわゆるコスト・パフォーマンスだけでなく，そのサービスにたどりつくまでの交通費，所要時間などのコスト＆タイム・パフォーマンスが重要であることをよく示している。そのため，2.2で紹介したホテルのレベニューマネジメントのように，機動的な値付けで需要を喚起することも必要になる。単純な原価計算による値付けでは通用しないわけである。

　また，拡張マーケティング・ミックスにオリジナルな項目である〈物的環境〉は，前出の分子モデルにおける有形要素の役割に関しての再確認になるだろう。すなわち，サービス商品が無形であるがゆえに，顧客にとってつかみど

表04-02　拡張マーケティング・ミックス（8 P）

サービス商品 (product elements)	顧客価値を提供し，顧客ニーズを満たすサービスコンセプトを策定するため，コアサービスと補完的サービスを組み合わせる
場所と時間 (place & time)	サービス特性に応じて，頻度と提供速度を決め，物的チャネルか電子的チャネルかを選択し，直接的あるいは間接的に顧客に提供する
価格とその他のコスト (price & other user outlays)	サービス価格は，顧客がそのサービスを手に入れる際に要する時間的コスト，そして需要と供給量なども考慮して決める
プロモーションと教育 (promotion & education)	顧客や潜在顧客に対し，サービスの便益に関する情報や助言を提供し，利用メリットを知らせつつ，特定時期に行動に移すよう働きかける
サービス・プロセス (process)	顧客が「共同生産者」になれるよう，サービス過程での顧客参加を見据えてサービスを設計し，顧客の経験価値を創出することを目指す
物的環境 (product elements)	サービス提供場所の外観，内装，機器，制服，アメニティなど，すべての視覚的要素を使って，顧客のサービス理解を促進する
ヒト (people)	顧客が他の顧客のパフォーマンスに作用すること，従業員が顧客参加を促すこと等をふまえ，サービスに必要な人間関係を整備する
生産性とサービス品質 (productivity & quality)	サービス生産性向上とサービス品質向上を同時に行う（それらの改善は，顧客目線で行い，必要な要素をカットしないように気をつける）

出所：Lovelock & Wirtz（1999）を参考に，筆者加筆

ころのないものであるならば，有形要素で支える必要があるということである。具体的には，サービスコンセプトの策定時に〈物的環境〉の項目をチェック項目のような形で利用するとよいだろう。例えば，サービスの良さが無形要素であるために顧客に伝わりにくいのであれば，その無形要素を支えるために，有形要素が効果的に組み合わされているかどうかがポイントになる。あるいは，顧客のサービス認識の手がかりになるような形で，有形要素が使われているかを，顧客の視点にたってチェックしてみるというように使うのもよいだろう。

4　苦情対応における有形的対応と無形的対応

　ここでは無形要素と有形要素にまつわる番外編として，クレーム受付など苦情マネジメントを想定した場面について述べておきたい。

　コールセンターのような問い合わせ対応部門は，苦情やトラブルを受け付けた後，解決策を顧客に提示するまでの一連の対応を，責任を持って最後まで行う。

　その対応で顧客を満足させるためには，企業として何らかの「解決策」のバリエーションを想定し，各解決策を形態別に分けて用意しておくことが望ましい。こうした解決策の形態について，ベルンド・スタウスとウォルフガング・シーデル[28]は，**表04-03**のように形態を３つに分類している。

表04-03　苦情対応の様々な形態

	経済的対応	有形的対応	無形的対応
具体例	返金	交換	説明／情報（提供）
	割引	修理	謝罪
	損害への弁償	異なる商品	その他
		ギフト贈呈	：コミュニケーションによるすべての顧客志向の活動

出所：Stauss & Seidel（2004），訳書p.124より作表

　表の中央の「有形的対応」では，交換，修理，異なる商品，ギフト贈呈が具体的な対応策となる。右の「無形的対応」では，説明／情報（提供），謝罪といった言葉による対応が中心となり，その他のあらゆる無形の「コミュニケーションによるすべての顧客志向の活動」がこの範疇に入る。

　一般的に顧客は，表の左の経済的対応の中の「弁償」や，有形的対応によって「交換」あるいは「異なる商品」（別の品物）を得ることを好む性質があるという。ここで気をつけなければいけないのは，苦情の申立者の満足感は，対応が「公平」か「公正」に扱われているかを感じ取れるかどうかでも変化する

ということである。つまり，経済的対応により弁償をしてもらった場合でも，高い額が弁済されるほど良いというわけではない。むしろ，それにより苦情の申立者が得をしていたとしても，不公平感を抱き，それが不信感につながってしまうこともある。

　その一方で，無形的対応の中の「謝罪」については，顧客の要求が無視され，謝罪だけで済まされてしまった，というような印象を顧客に与えたときに，その不信感は一気に高まる。これは無形的対応が悪いというわけではなく，顧客のニーズが謝罪要求ではなく，他の経済的対応か有形的対応にあることを担当者が汲み取れなかったことが問題なのである。また，応対した担当者の側の「謝罪してやり過ごそう」という意思がすけて見える場合や，適切な権限委譲がなされておらず，顧客の真の要求がわかっていても，担当者の裁量ではどうしようもできず，やむなく謝罪せざるを得ないケースなども不満につながる。このような状態では，いかに礼儀正しく，丁寧に応対・謝罪されたところで顧客の不満足感は拭えない。

　一方で，経済的対応や有形的対応が常に顧客に喜ばれるとは限らない。例えば，企業や製品のファンの中には，親切心で企業に意見してくる場合がある。そのような顧客に経済的対応や有形的対応で応えてしまえば，「単なるクレーマーとして扱われた」と悲しい気持ちにさせてしまうかもしれない。

〔注〕
1) Clark, G., Johnston, R. & Shulver, M. (2000), Exploiting the Service Concept for Service Design and Development, in Fitzsimmons, J. A. & Fitzsimmons M. J. (Eds.), *New Service Development; Creating Memorable Experiences*, Sage Publications, pp. 71-91.
2) 代表例がフランチャイズ・システムである。例えば，マクドナルドの場合，日本マクドナルド社をフランチャイザーとし，同社とは別法人のフランチャイジーが全国各地にある。それらは20年契約のフランチャイズ・システムを構成する。そこでは，日本マクドナルドの用意したサービスコンセプトとオペレーション手法を全面的に採用・展開されることになる。
3) Hill, T. (1994), *Manufacturing strategy,* 2nd ed., Irwin.
4) 筆者が訳出する際に，言葉を補ったほか，図を見やすくするため，さらに改変を加えている。
5) 図04-01の包括旅行に関する価値言及は，現在ではあてはまらない。確かに1980年代以降に，包括旅行（パッケージツアー）用の運賃契約の座席部分のみを販売することで格安

航空運賃を実現していた時期があるが，現在はすべて自社便であるためである。

6）　Regan, W.（1963）, The service revolution, *Journal of Marketing*, 27（3）, pp.57-62.

7）　Sasser, W. E., Olsen, R. P. & Wyckoff, D. D.（1978）, *Management of Service Operations*, Allyn & Bacon.

8）　Grönroos, C.（1978）, A Service-Orientated Approach to Marketing of Services, *European Journal of Marketing*, 12（8）, pp.588-601.

9）　マーケティング学者として著名なセオドア・レビットが1972年に，サービス業に対して製造業の論理を取り入れることを主張した。出所：Levitt, T.（1972）, Production-line approach to service, *Harvard Business Review*, 50（5）, pp.22-31.

10）マクドナルドのサービス・オペレーションは，創業者たちの手により，設立当初から生産性の高い製造工場を模範として設計されている。このことがよく描かれている映画として，『ファウンダー：ハンバーガー帝国のヒミツ』（2016年・アメリカ）がある。

11）Lusch & Vargo（2014）によるサービス・ドミナント・ロジックの基本的前提3「グッズはサービス提供のための伝達手段である」などを参照のこと。出所：Lusch, R. F. & Vargo, S. L.（2014）, *Service-dominant logic: premises, perspectives, possibilities*, Cambridge University Press.（井上崇通監訳，庄司真人・田口尚史訳（2016）『サービス・ドミナント・ロジックの発想と応用』同文舘出版）

12）Regan（1963）, op. cit.

13）例えば，Sasser, et al.（1978）, op. cit.

14）Benoit, S.（2010）, Characteristics of services: a new approach uncovers their value, *Journal of Services Marketing*, 24（5）, pp.359-368.

15）Berry, L. L.（1980）, Service Marketing is Different, *Business*, 30（3）, pp.24-29.

16）Bitner, M. J.（1990）, Evaluating Service Encounters: The Effects of Physical Surroundings and Employee Responses, *Journal of Marketing*, 54（2）, pp.69-82.

17）Fisk, R. P., Grove, S. J. & John, J.（2004）, *Interactive Service Marketing*, 2nd ed., Houghton Mifflin Company.（小川孔輔・戸谷圭子監訳（2005）『サービス・マーケティング入門』法政大学出版局）

18）Lovelock, C. & Wirtz, J.（2007）, *Services Marketing: People, Technology, Strategy*, 6th ed., Prentice-Hall.（白井義男監修，武田玲子訳（2008）『ラブロック＆ウィルツのサービス・マーケティング』ピアソン・エデュケーション）

19）Lovelock, C. & Gummesson, E.（2004）, Whither Service Marketing? In Search of a New Paradigm and fresh perspective, *Journal of Service Research*, 7（1）, pp.20-41.

20）AIプライシングをホテル向けに提供する企業・サービスとしては，大規模ホテル向けのメトロエンジン株式会社の「メトロエンジン」，中小規模ホテル向けにはハルモニア株式会社の「MagicPrice」がある。

21）ISO 23592（サービスエクセレンス─原則及びモデル）およびISO/TS 24082（サービスエクセレンス─卓越した顧客体験を達成するためのエクセレントサービスの設計）。

22）Shostack, G. L.（1966）, Breaking Free from Product Marketing, *Journal of Marketing*, 44, pp.73-80

23）Shostack（1966）, ibid., p.78.

24) Sasser, et al. (1978), op. cit.

25) Booms, B. H. & Bitner, M. J. (1981), Marketing Strategies and Organizational Struc-ture for Service Firms, in Donnelly J. H. & George, W. R. (Eds.), *Marketing of Services*, American Marketing Association, pp.47-51.

26) Lovelock, C. & Wright, L. K. (1999), *Principles of Service Marketing and Management*, Prentice Hall.

27) Clark, et al. (2000), op. cit.

28) Stauss, B. & Seidel, W. (2004), *Complaint Management: The Heart of CRM*, South-Western Pub. (近藤隆雄監訳 (2008)『苦情マネジメント大全』生産性出版), (訳書), pp.112-115.

Column ②

カスハラ撃退のためのコンセプト明示

　近年，顧客による従業員に対する悪質クレームや暴言，長時間の拘束，土下座の要求などの，カスタマーハラスメント（カスハラ）が社会問題化している。カスハラは主に，接客最前線にいる従業員に向けられ，その心を大いに疲弊させるだけに，その対処・対策は，サービス企業にとって喫緊の課題だ。

　2024年は多くの企業で，カスハラ対策方針が策定されたり，カスハラ防止マニュアルが整備されたりするなど，具体的な取り組みが増えた年だった。そんなカスハラ対策元年の今，筆者がしきりに思い出す事例がある。ある中価格帯の航空会社が，自社の顧客対応姿勢を明示するため，機内のシートポケットすべてに「サービスコンセプト」と題したペーパーを収めた，十数年前の出来事だ。

　それには以下のように書かれていた（抜粋・要約して提示）。

　「お客様に対しては丁寧な言葉使いを客室乗務員に義務づけておりません」

　「客室乗務員のメイクやヘアスタイルは自由にしております」

　「客室乗務員は保安要員，接客は補助的なもの」

　「機内での苦情は一切受け付けません」

　結果，この取り組みは，SNS上で大きな批判を浴び，同社はこのペーパーを程なく回収することになってしまう。

　しかし，これほど的確なコンセプト提示例はないと筆者は思うのだ。上記のサービスコンセプトには，会社から従業員に対する「職務要求」が的確に示されている。つまり，同社は言葉遣いや外見について職務要求には含めていない。逆に言えばフルサービスの大手航空会社は通常，言葉遣いはもちろん，頭のてっぺんから爪の先に及ぶ細かな規定すなわち職務要件を有している。換言すれば，大手航空会社における「接客」は，コアサービスを直接支える重要なサブサービスだが，同社は「補助的」なものとして扱うと宣言しているのだ。

　職務要求がないのだから，従業員の「接客がなってない」とか「爪が汚い」などのクレームにさらされる筋合いはない。そう考えたからこそ，同社はサービスコンセプトの明示によって，純粋にサービスの姿勢を伝えようとしたのであろう。従業員を守ろうとする企業として，毅然とした対応をとったわけであり，炎上事例と切り捨てるべきではない，と筆者は思うのだ。

第 05 章

サービス〈過程／経験〉モデル

1 様々なサービス要素

　前章では，無形要素と有形要素というもっともわかりやすいサービス要素区分について説明したが，サービスにはもっと多彩なサービス要素区分がある。実際にサービスプロバイダーによって顧客やユーザーに対して，サービス価値の提案が行われる際には，1つのサービス・パッケージの中に，様々な価値を備えたサービス要素がバンドルされている。サービスの中核となるコアサービスと，そのコアサービスを支える〈サポートサービス〉という用語は03章4.2でも登場したが，その役割は実際には多様であり，一口にコアサービスを支えると言っても，様々なやり方がある。そこにはどのような区分があるかを本章で紹介していこう。

1.1 明示的サービスと暗黙的サービス

　03章4.1におけるサービスコンセプトの定義づけに関する説明箇所でも登場したサッサーらは，サービス商品を「明示的サービスと暗黙的サービス」に分けて考えていた[1]。

　このうち，〈明示的サービス〉の方は，そのサービスが解決しようとする顧客ニーズであるので説明の必要はないだろう。明示的サービスは多くの場合，コアサービスそのものである。ここで特徴的なのは，明文化されない〈暗黙的サービス〉という顧客の潜在的なサービスニーズへの対応である。

　つまり，彼らの言う明示的サービスとは，サービス商品が直接言及する便益

のことであるが，暗黙的サービスの方は潜在的であるため，その便益について
あえて言及しないことも珍しくない。

　具体的に例をあげよう。小学生や中学生に林間学校と称してキャンプ場で野
外学習させるような体験型サービスは，その名称から読み取れるように，子ど
もたちに自然との触れ合いという普段の生活では得られない体験をさせること
が明示的なサービスである。運営元は教会であったり，NPOであったりする。
しかし，実はその裏には，子どもの両親を束の間，子育てから解放し，リフレ
ッシュさせるという隠された目的がある。アメリカのテレビドラマや映画など
を見ていると，サマースクールやサマーキャンプと称される林間学校や臨海学
校に，幼稚園児から小中学生，高校生までの子どもを参加させ，その間に大人
たちが，子連れでは行けない高級レストランでの食事を夫婦だけでみずいらず
で楽しんだり，家で夜にワインをゆっくり楽しんだりするシーンがよく登場す
る。これはアメリカ社会の中で，サマースクールにおける暗黙的なサービスの
存在が広く了解されている[2]ということであろう。

　上記の場合，明示的サービスをコアとして，暗黙的サービスはサブとして，
同一のサービス・パッケージにインクルードされていることになる。

　しかし，暗黙的サービスは，正式なサービスとして提供システムを整備しな
くてよいわけでは決してない。この点は強調しておかねばならないだろう。

　つまり，暗黙的であろうと，企業側が認識しているサービスならば，その価
値を実現するための正当な〈サポートサービス〉として，サービス体制を整備
しなければならないということである。このサマースクールやサマーキャンプ
といった野外アクティビティサービスにおける〈暗黙的サービス〉が，仮に両
親のリフレッシュにあるならば，そのことは明確にサービス提供者側が理解し
た上で，両親の連絡先を把握し，緊急時の連絡フローを組織内で共有するなど，
具体的なサポートサービスの1つとして，非常時の対応も準備しておかなけれ
ばならないものとなる。そうしないと万一，野外活動中に事故が起こった際に，
両親と連絡が取れないということが頻発してしまう可能性がある。

　つまり，暗黙的サービスは明文化されなかったとしても，明示的サービスを
支えるためのサポートサービスの1つとして，正式にサービス提供システムを
整備する必要はある。

もし仮に，その暗黙的サービスがもっぱら顧客側の勝手な憶測にもとづいており，企業側が公式にサービス活動として整備しないのであれば，顧客側が暗黙的サービスと認識している状態を放置しては危険である。その場合，企業側は直ちに誤解を解くためのコミュニケーション行動をとるべきであろう。

1.2 「約束された」暗黙的サービスと「意図せざる」暗黙の約束

前項では，堂々と提供価値の１つであることが掲げられる明示的サービスに対し，普段は陰に隠れているが，人によっては暗黙的サービスの方に期待してサービスを購入する現実があることについても説明した。とはいえ，上述の通り，暗黙的サービスの扱いには十分な注意が必要である。それは「約束された」暗黙的サービスと，「意図せざる」暗黙の約束（implicit promise）とが，顧客やユーザーにとっては見分けづらく，誤解を招きやすいからである。

例えば，近年の日本企業がカスタマー・ハラスメントの増加に悩まされているのは，過去の景気が良い時代に高いサービス品質を享受してきたことを，顧客側が「約束された」暗黙的サービスであるかのように誤解していることが背景にあると思われる。つまり，現代と違って人手は豊富で，その割に高い基礎能力を持った人材が大量に，あらゆるサービス業に（時給が低くとも）従事していた幸せな時代に，落ち着いた高質なサービスを味わった顧客層が，その過去の記憶を忘れないまま，現代のサービスにそれを求めている可能性がある。この顧客層は，過去に実現されていたサービス品質が今日，なかなか実現されないことに苛立ち，不満を募らせ，やがて爆発して猛烈なクレームを浴びせてきているのかもしれない。

とはいえ，それは本当にサービス企業によって，顧客に対して明確に提案がなされ，従業員に対して「職務要求」した結果として実現したサービスであったのだろうか。過去を振り返ってみても，それは人口動態的な条件に恵まれ，高い能力を持つ人材がたまたま多様なサービス業に供給され，比較的質の高いサービスが「意図せざる」形で実現されていたに過ぎないはずである。

しかし，過去の実績をもとに，そのようなイメージが残っていて，現代の顧客が誤解する可能性が高いならば，企業側が率先して補正しなければならない。昔のイメージが良いということは，一見すると現代の企業にとって良いことの

ように思われるが，そのイメージをもとに顧客が不満に思うサイクルに陥ってしまっては元も子もない。誤解は解消すべきである。

　このような考え方は，関係性マーケティングにおける「約束の概念（promise concept）」に基づいている[3]。企業側の意図せざる形で〈暗黙の約束〉が広まってしまっているのであれば，それを補正することは企業がブランド力を維持する上でも重要なことである。

2　「サービスの花」と2種類の補完的サービス

　コアサービスを支えるサポートサービスの概念に似たものとしては，補完的サービス（supplementary services）という考え方がある。そして，この補完的サービスはさらに2つに分かれ，「促進型（facilitating）サービス」と「強化型（enhancing）サービス」として，それぞれがコアサービスを支える。その支え方のバリエーションの幅を示したのが，クリストファー・ラブロックとヨッヘン・ウィルツによる「サービスの花」という考え方である（Lovelock & Wirtz, 2007）[4]。これはコアサービスを花芯に見立て，補完的サービスを花びらに見立てたような形で図05-01のように示される。

　この花びらは，〈情報〉を起点とし，時計回りに顧客が遭遇しそうな順番に並んでいる。以下では，促進型の4つ（情報，受注，請求，支払い），強化型の4つ（相談，ホスピタリティ，安全，例外的対応）の順に見ていこう。

2.1　促進型サービス

情報

　まずは，コアサービスを補助するために必要な「促進型」のサービスについて説明する。その1つ目である「情報」とは，企業が顧客に提供する情報のことである。一般にサービス提供にかかわる事前の情報提供は，サービス施設の場所や営業時間といった「アクセス情報」と，変更事項や禁止事項など「注意喚起情報」とに分かれる。価格情報を示すことが集客につながる場合は積極的に提供するし，混雑状況を表示することが顧客の利便性につながる場合はこれも提供する。

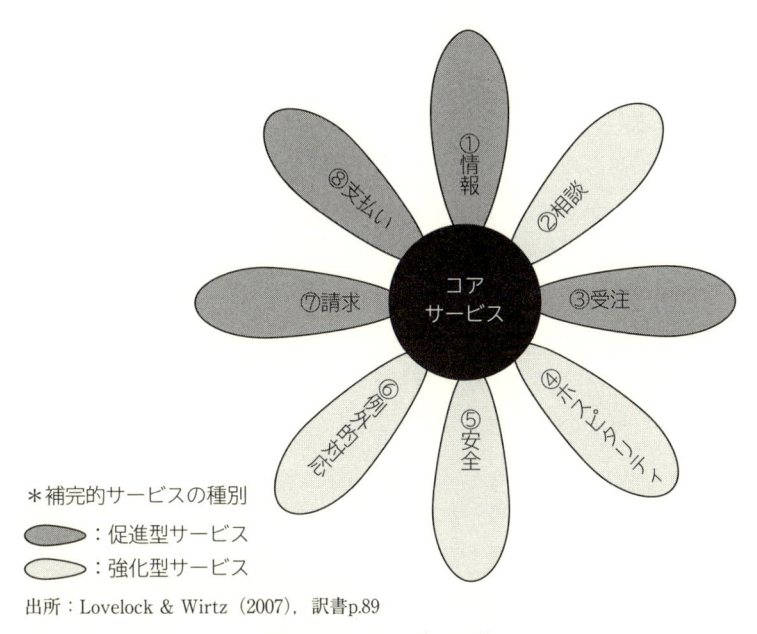

＊補完的サービスの種別

🔵：促進型サービス
⚪：強化型サービス

出所：Lovelock & Wirtz（2007），訳書p.89

図05-01　サービスの花

　従来，情報を提供することの最大の目的は，サービス〈利用前〉の事前情報の提供にあったが，スマートフォンの普及により，サービス〈利用中〉も適宜，進捗状況や待ち時間を示すなど，顧客の便益向上のために使われるようになっている。もちろん，適切に情報提供されることで，問い合わせ対応が減るという事業者側のメリットもある。サービスの〈提供後〉にも顧客とのタッチポイントを維持するために，情報提供を継続することも，メールマガジン配信の形で一般化している。このように情報は，促進型サービスとしてコアサービスを支えるものである。

受注

　顧客にとってのサービス購入決定は，企業側にとってのサービス「受注」である。予約という仮注文の形を取ることもある。なぜこの受注がコアサービスを促進型で補完するかというと，顧客側が注文し，受注に至るプロセスがわかりやすいとか，素早いといったことが顧客便益につながるからである。例えば，航空券の手配は一昔前まで旅行代理店の窓口で口頭で伝えるか，申込用紙に記

入し，それを窓口担当者が専用端末で空き状況と突き合わせながら購入手配するものだった。しかし，現在はインターネットで空き状況を自分で調べ，座席予約までできる。

　同様の進化はあらゆるサービス業に見られ，マクドナルドのモバイルオーダーシステムなど，かつては店舗のカウンターに並んで購入しなければならなかったものが，先に座席を確保し，座ったまま手元で注文したあと，店員が座席まで運んできてくれるようになっている。

　これらの事例はいずれも顧客の便益だけでなく，事業者側の業務負担も軽減していることに注目したい。以上のように受注はコアサービスを支える促進型サービスになり得るのである。

請求，支払い

　顧客に支払いを促す「請求」も，コアサービスを支える促進型サービスとなり得る。この請求は，それによって発生する「支払い」とセットで説明しよう。

　これらについては，支払いのために並ばされる苦痛を思い描けばわかりやすい。ビジネスホテルなどで増えてきたファストチェックアウトは，追加料金が発生しない料金体系の導入でも実現できるが，追加料金の請求情報をスマートフォンに送り，そのままスマホ上の決済機能を使って支払いを済ませるシステムの導入によって実現している例もある。いずれにしろ，請求と支払いにおける新たなサービスの導入は，顧客の利便性を高め，同時に事業者側の業務負担も高められるものになり得る。

　また，シティホテルなどではチェックイン時にクレジットカード情報をホテル側に渡し，デポジットとして支払いを保証することが昔から行われている。レンタカーを借りる場合にも同様にクレジットカード情報を登録する仕組みがあり，仮に当初プラン以上の支払いが発生していることが後から発覚しても，追加で請求しやすくなっている。これらはどちらかというと事業者側の利益の確保のために存在する商慣行だが，顧客の側が都度請求の煩わしさから逃れるために同意するならば促進型の補完サービスと言えるかもしれない。

　なお，支払い部分のみの進化は，コンビニやスーパーのレジにおけるセルフ・レジの導入や，近年は顕著になった電子マネーによる決済導入に典型的である。タクシーなどへの電子マネー決済導入は，小銭を持っていなくても気軽

にタクシー利用が促されており，文字通りの促進型サービスになっている。

2.2　強化型サービス

相談

　ここからは強化型サービスの説明である。強化型の名にあるようにコアサービスを増幅する役割を持つサービスである。ここで最初に見る「相談」は，「情報」に似ているが，情報の提供がコアサービスの利用を促進するに過ぎないのに対し，美容室やエステサロンにおける事前カウンセリングがそうであるように，コアサービスそのものを変容させる可能性があるのが相談である。顧客の好みに関するデータや，皮膚・毛髪の健康状態などのデータは保有していればいるほどカウンセリングの質は高まるため，顧客との継続的な関係性を基盤とするサービスになりやすい。「情報」が発信型だとすれば，「相談」は顧客データの吸収型と言えるだろう。

ホスピタリティ

　「ホスピタリティ」には単なる接客態度の巧みさだけでなく，アメニティを充実させるなどといった設備的なものも含まれる。まず，企業が思い描くホスピタリティを，言葉や態度で示すということは，02章5節で説明した「態度変数」がサービスに作用することを示す。そのため，コアサービスの持っている「事実情報」が強化される可能性が高まる。例えば，高齢者専門の青梅慶友病院では，患者を「○○様」と呼ぶことが徹底されている。これは通常の病院とは異なり，「自分の親を安心して預けられる施設」というコンセプトを持つ青梅慶友病院の姿勢を，一層際立たせる効果を持っている。

　また，同病院では，入院患者はパジャマを着用せず，病院が患者一人ひとりに用意した（患者に似合いそうな服を見立てた）洋服を着ているし，院内食堂はまるで高級レストランのようにシェフが料理している[5]。同病院は医療機関としての優先事項を「生活・介護・医療」の順としている。つまり，生活がコアであることをアメニティで示しているわけである。

安全

　サービス業には高信頼性組織が多く，エッセンシャルワーカーも多く従事している。例えば，交通サービスのような業種では，最大限に顧客に訴求すべき

は利便性であり，「安全」はことさらに訴求されるものではないであろう。しかし，安全性は仮に訴求されなくとも，活動システム全体の中に必ず含まれていなければならないものである。

　そして，安全そのものが重要な意味を持つサービスもある。例えば，託児所サービスや，高齢者見守りサービスなどは，セコムなど外部の専門業者のセキュリティ・プランが含まれていることが，購買を決定づける要因として意識されるようになってきた。

　また，大和ハウス工業の展開するダイワハウス賃貸住宅では「セキュリティ賃貸住宅」のコンセプトをCM等で前面に出して訴求している。いまや安全は，コアサービスを支える強化型サービスになり得るのである。

例外的対応

　通常のサービス，すなわち次節で後述する定常状態を外れる対応一般のことを包括して「例外的対応」と呼ぶ。もちろん，ローコストのオペレーションによる割安なサービスをウリとする場合には，例外的対応を一切しないということも選択肢の1つではある。しかし，積極的にこれに対応していくことで，サービス企業としての名声を高める場合もあるし，何より予想外の対応というのは，事前に断ろうが突発的な事故のように混入を防げないものもあるため，基本的には企業はその備えをしておくしかない性質のものである。

　このサービス対応は4タイプに分かれる。第1に，「特別リクエスト」がある。近年の例としては，飲食業界におけるイスラム教徒に対するハラル対応[6]などがあげられる。第2に，「問題解決」がある。事故・遅延など交通機関において発生する問題と，それにともなって発生する遅延証明書の発行業務などを思い起こすとわかりやすい。第3に，「苦情・提案への対応」があげられる。これはクレーム申し出のための窓口を用意したり，提案のための目安箱を設置するなどで対応することが多い。第4に，「被害補償」がある。これは保証期間中の修理はもちろん，事業者側に責任のあるリコールなどもあり得る。第3と第4がミックスした形でクレームに対する金銭的補償を考慮しなければならない事態も考えられる。

　いずれにしても，例外的対応はあまりに多いようであれば，例外ではなく通常手順の一部として対応すべき場合があるし，例外的対応を求める顧客が一部

に偏るようであれば，別のサービスをオプションとして設ける手段もある。こうした切り分けを見極めるスキルも必要となるだろう。どのような対応・手段をとるにせよ，例外的対応力の高さを安定して維持できることは，コアサービスの供給そのものが安定するため，強化型サービスとしては内外に誇れるものになる。

　以上が，「サービスの花」の8要素の概要である。

　もちろん，どのような状況でもコアサービスを支えるのがこれら8要素というわけではない。また，コアサービスにとにかくたくさんの補完的サービスをつけることが正しいわけでもない。

　しかし，企業が提供するサービスの内容によっては，8要素のいずれかを組み入れることでコアサービスを促進・強化できることは間違いない。また，事業開発担当者が，サービス提供に必要な活動システムを整備するにあたり，どのような業種にも一般的に必要な要素として整理されたサービスの花を，チェック項目のように使うこともできるはずである。

3　状況適応的サービス

　前述したラブロック＆ウィルツによる「サービスの花」のうち，「安全」と「例外的対応」に関連する議論として，近藤（1999）[7]による，状況適応的（コンティンジェント）サービスの考え方を紹介したい。

3.1　状況に応じたサービス：帝国ホテルの災害時対応

　サービス・パッケージは，コアサービスといくつかのサポートサービス（サブサービス）から構成されており，このサポートサービスに，補完的サービスの区分である「サービスの花」の8つの要素が取り入れられていれば，その全体はコアサービスに対する促進要素と強化要素を兼ね備えた，理想的なサービス・パッケージになるだろう。とはいえ，それはそのサービスが安定的に提供されている状態においてである。サービスにおけるこの安定稼働状態を「定常状態（steady state）」と呼ぶ。サービスはその顧客への提示にあたり，定常状

態を前提としている。よって，サービス・パッケージとして商品化され，広告などで周知される内容は「定常的サービス」であると言える。

　一方で，前出の「安全」と「例外的対応」の要素に対する説明でも触れたように，定常状態は，気候変動や地震などの天災によって「安全」が突発的に脅かされることが避けられない。また，天災が「例外的対応」を求めることもある。近藤（2012）では，2011年3月11日の東日本大震災の発生時に，東京の帝国ホテルが，地震によって首都圏の交通機関が止まってしまった影響で，大量に発生した帰宅難民に対し，ロビーを開放して水や食料を配り，毛布を貸し出して，定期的に情報提供したエピソードを紹介している[8]。この企業行動により，2,000人もの帰宅難民に暖かい毛布が与えられ，水と保存食が配布された。これにより，名門・帝国ホテルはその名声をさらに高める結果となったのも当然である。

　帝国ホテルが災害時に実践した活動を，企業社会責任の発揮と位置づけることもできるだろう。しかし，サービス基盤の考え方に立つと，同社は突発的な出来事を機に，〈サービス供給能力〉を，通常業務から別の社会的活動へと機敏な適応力で振り向けた，という説明ができる。さらには，同社が日頃から突発的な出来事に備え，それに対応できるサービス供給能力を保持していた，という説明も可能である。

　確かに，いくら社会的使命感が高い企業であっても，あのような未曾有の災害下で瞬時に2,000人分の毛布，食料を用意できるものではない。実際，帝国ホテルでは2005年から事業継続計画の一環として震災対策マニュアルを作成し始めていた[9]。同社は1995年の阪神淡路大震災を経験した関西のホテルマンにヒアリングを行い，神戸にある「人と防災未来センター」で学んだ内容を取り入れながら，震災対策マニュアルを完成させていたという。そして，その2年後に東日本大震災に直面し，それらの準備が生かされたわけである。

　この帝国ホテルの事例のように，あらかじめ定常状態から外れる事態を想定し，従業員が臨機応変なサービス供給能力を持てるように訓練しておくことは企業として重要である。そこで，近藤（1999）は，このようなサービス提供のあり方を，「状況適応的（コンティンジェント[10]）サービス」と呼び，定常業務サービスと対比させ，その存在を他の補完的サービスから際立たせているの

である。

　ところで，臨機応変な柔軟性の高い対応は，権限委譲（エンパワーメント）された従業員によって担われる[11]傾向があることも申し添えておきたい。なぜなら，こうした突発的事態に直面した従業員は，定常状態を逸脱した状況（当然，通常顧客の苦情対応なども発生）下で，従来の業務にない活動を取り入れ，従来の業務範囲を超えて社内を調整し，新たな活動に向けた構造を創始しなければならないため，権限なしではどうにもならないからである。

3.2　ヴァリアンス（変異性）の統制

　上で登場した〈定常状態〉という言葉は，社会＝技術システム論（socio-technical system theory，略称STS論）で使われる用語である。かつて流行したSTS論は，すべての生産システムは，技術システムと社会システムとから構成されると考え，工場生産システムに代表される技術システムと，従業員集団に代表される社会システムとの同時最適化を目指した実践理論であった。

　STS論が隆盛する契機になったのは，1970年代に深刻化した労働疎外の社会問題化である。すなわち，技術システムが備える変換活動（原材料のインプット後，変換され，アウトプット化される一連の流れ）が順調に活動できるよう，社会システム側が3種の境界管理活動（作業活動，保全活動，統制活動）を行うというSTS論の発想が，労働者のQWL（Quality of Woking Life）を高め，労働疎外を解消する方法論として浮上したのである[12]。

　当時，STS論を実務に取り入れたのは，その時代を象徴する製造業（ボルボ，P&G，GE等）であった。

　技術システムは，いかに堅牢性の高い生産システムであろうと，様々な「変異性（variance）」が外的あるいは内的にもたらされる。具体的には，前述の天災などの外部要因による変異性もあれば，労働疎外がもたらす人災など社会システムの内部に起因する変異性もある。こうした変異性を統制するのが，前出の境界管理活動である。

　この境界管理活動のうち〈作業活動〉は，技術システムとしての生産システム稼働に直接かかわるものである。これは工場の現場作業員を思い描けばわかりやすい。

　次の〈保全活動〉は，原材料，労働力，機械・工具などの諸資源の確保と維持を担う。これは次章で紹介するマイケル・ポーターによるバリューチェーンにある主活動・支援活動のうち，支援活動が想定する「人事労務管理，技術支援，調達活動」のイメージに近い。

　最後の〈統制活動〉は，同様にバリューチェーンの支援活動が想定する「全般管理」のイメージに近いだろう。

　これら3つの境界管理活動によって，定常状態が保たれるわけである。

　もちろん，バリューチェーンの議論とSTS論には何のつながりもないが，主活動たる活動システムを，支援活動が支えているバリューチェーンの構図は，STS論と共通する視点である。

　翻ってサービスの生産システムの場合にも，製造業と同様の技術システムが存在しており，社会システムの内部にいて，それらを統制する人間の負担は，製造業以上に重い。よって，働き手の労働疎外の問題も，様々なサービス業において深刻化している。

　ラブロック＆ウィルツによる「サービスの花」における「安全」と「例外的対応」は，もっぱら外的な要因が想定されていたが，昨今問題となっているカスタマー・ハラスメントのように，外的な要因がきっかけとなって，従業員の心身の健康が損なわれるという内的な要因へと変異性が作用している事態は，組織にとって見過ごせないものになりつつある。

　こうした変異性に対して，状況適応的に対応する姿勢はサービス業ではとくに必要である。サービス業が働き手の職務充実と，顧客価値の実現とを同時に求める産業である以上，技術システムと社会システムとが互いに相手の要求に応え，同時最適化をはかっていこうとするSTS論の視点は依然有効であると思われる。

　なお，STS論を応用した活動システムの分析技法は06章で詳述する。

4　サービスの全体像

　ここでは，サービスの全体像をモデル化した図式をサービス〈過程／経験〉モデルとして示す。このモデルは，前章で見た分子モデルや7Pあるいは8P

の考え方をふまえたものでもある。

4.1　サービスにおける「共同生産」

　IHIPは現代では古くなった考え方とはいえ，モノとサービスを対比することで，サービスに特有の問題を考えることができることも確かである。前章における有形要素と無形要素の観点も，IHIPの「無形性」から連想される見方であるが，かつて製造業に比した場合の弱点とされた目に見えない無形要素の問題は，目に見える有形要素とパッケージ化することで，その弱点は解消できることもある。それだけでなく，コアサービスに差がなかったとしても，様々な有形・無形要素の組み合わせのオリジナリティにより，サービス・パッケージが差別化され，高付加価値化できる可能性をも示唆される。

　サービスの高付加価値化という点では，IHIPの〈不可分性（同時性）〉から導かれる「顧客との共同生産」を検討することも重要である。04章2.2の表04-01の右列に書かれているように，製造業においては通常は顧客と共同生産することはない。もちろん，製造業においても，研究開発に顧客（ユーザー）の能力・意見を反映しようとする「ユーザー・イノベーション」や，最近では「クラウドソーシング」の活発な取り組みが見られるものの，それらはほとんどの場合に研究開発段階において顧客ニーズを知るためであったり，部分的なスキルを提供するものであったりと，生産過程のすべてに関与するわけではないだろう。

　しかし，サービスの多くは，やろうと思えばサービス生産過程のすべてに顧客関与を求めることも不可能ではない。サービスは生産と消費が同時に起こる〈同時性〉があるゆえ，サービス従事者と顧客が同じ場所にいることが多い。あるいは，04章2.2でも述べたように，二者が距離的には離れていてもタッチポイントは保ちつづけ，生産者側はリードタイム，顧客側は待ち時間という形で時間を共有していることは少なくない。近年は，このタッチポイントを戦略的に用い，顧客との共同生産をサービス進化のために活かすことが，サービス経営の大きな課題となっている。

4.2 「結果」と「過程」

　共同生産に参加することが，顧客にとってサービス商品を受け取った〈結果〉よりも，しばしば重視される場合があることは，サービスの便益を考える上で重要なポイントである。またしても製造業との比較になるが，モノ製品の場合には，何らかの品物を購入した際には，購入前に期待していた通りの便益が得られることが最大の関心事であろう。つまり，モノ製品では〈結果〉にしか関心がないことがままある。

　しかし，サービス商品の場合はどうか。例えば，美容室で髪を切ってもらった結果としての髪型は重要には違いないが，美容室で過ごす時間が快適であることは同じように重要である。しかも，美容師に対して適切なリクエストができた結果としての仕上がりであれば，顧客はさらに満足するであろう。つまり，結果だけでなく〈過程〉も大事なのである。

　この例のように，〈過程〉が重要視されるサービス商品は，人と人のかかわる頻度の高い〈ハイ・コンタクト〉なサービスに多いとされている。その代表例は，前述した例で言えば，美容・理容，レストランなどがあげられる。他にも医療や金融（とくに投資アドバイザー利用など），教育（とくに保育）などもハイ・コンタクトである。これらのサービスでは，サービス従事者と顧客の接点が長く維持されており，顧客側がサービス提供時に主体的にかかわろうとすればするほど，それぞれのサービスの質が高まる傾向にある。例えば，病院で医師に対し，自分の病状を的確に説明できる患者の方が，口下手な患者よりも適切な治療を受けられる可能性が高い。同様に，教育の場合も，ただ受動的に授業を聴いている生徒より，質問する生徒の方が教育効果は高まるというように，である。

　一方，〈ロー・コンタクト〉なサービスでは，人と人とがかかわる頻度は低い。例えば，ドライ・クリーニング，トリミング・ペットサロン，車検・自動車整備，通信教育などは，顧客とサービス従事者の接点は，発注時と受領時といったような最初と最後の段階のみに限られている。そのため，〈過程〉にはほとんど介入できず，共同生産の余地もほとんどない。このような生産過程にほとんど顧客がかかわらない形態は，顧客がメーカーから製品を取り寄せると

きの状況とあまり変わらない。つまり，〈過程〉の部分が見えず，ブラックボックスになっているのである。

4.3　サービス〈過程／経験〉モデル

図05-02は，ロバート・ジョンストンら英国の研究グループが整理したサービス・オペレーションの模式図である[13]。この図は製造業やICTビジネスに典型的な「インプット→〈過程〉→アウトプット」の図式，いわゆる入出力モデルを，サービス事業向けに拡張したもの[14]である。製造業の生産を単純な入出力モデルにあてはめた場合，〈過程〉の部分に顧客はまったくかかわらない。つまり，原材料をインプットし，生産現場において変換し，市場にアウトプットするのは，すべて生産者である。しかし，サービスはこの〈過程〉に顧客が能動的に（場合によっては受動的に）かかわるものであり，サービスごとにそのかかわり方が異なっている。具体的には，ロー・コンタクト・サービスであれば，製造業と同様に，顧客はほとんどかかわらない。一方で，ハイ・コンタクト・サービスであれば，顧客は能動的にかかわることを厭わないし，サービス提供者側もあの手この手で顧客参加を惹起しようとする。

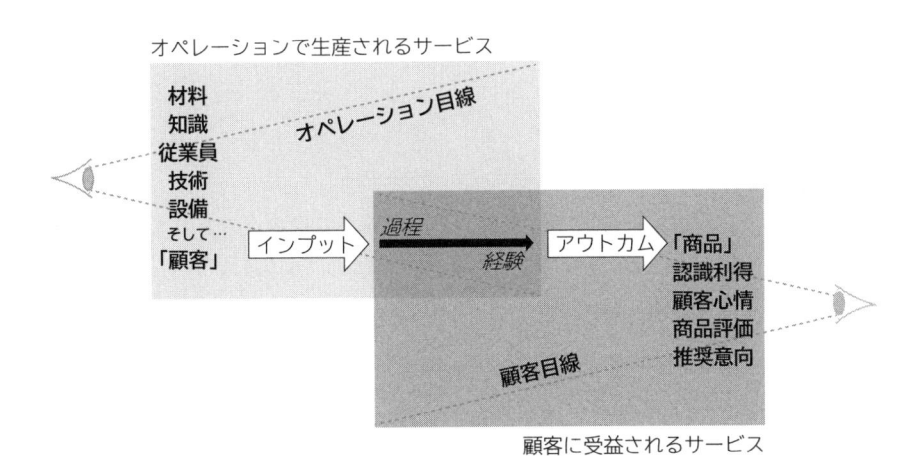

出所：Johnston, et al.（2020）を翻訳

図05-02　サービス〈過程／経験〉モデル

　なお，彼らが提示する図05-02では，入出力モデルにおける過程の部分は，サービスを受け取る側にとっては，〈経験〉となることが図の中央に反映されている。また，アウトプットの部分は〈アウトカム（成果・結果）〉と言い換えられている。このような操作化によって，様々なサービス形態を示せるモデルとなっている。

　図05-02の左側の〈インプット〉として，材料や知識，従業員，技術，設備とともに，「顧客」が投入されていることに注目してほしい。顧客の立場からはあまり意識されることは少ないが，サービス・オペレーションを主催する側から見れば，顧客はサービスを生産する過程の中に，様々な素材とともに投入される，もっとも重要な要素になり得るのである。なお，念のために述べておくとここでインプットに投入される顧客は，「ユーザー」ともイコールである。

　前述したロー・コンタクト・サービスに該当するドライ・クリーニング，トリミング・ペットサロン，車検・自動車整備，通信教育といった業種の場合は，顧客が〈過程〉に投入されることは少ないだろう。ロー・コンタクト・サービスの受益者としての顧客は，基本的にはオペレーションが施された成果物としての〈アウトカム〉を中心とした「商品」を得ることになる。

　一方，ハイ・コンタクト・サービスの場合，〈過程〉に投入された顧客は，自ら能動的にオペレーションに参加することとなる。ここでハイ・コンタクト・サービスの受益者としての顧客は，アウトカムを得る〈過程〉に参加しており，そこでの〈経験〉の質によっても，顧客満足感が左右されることになるのである。この場合，〈経験〉も商品の一部になっていると言えるし，サービスの種類によっては，観劇やテーマパークでの没入体験のように，経験の比重が大きく，ほぼ経験するためのサービスといったものもあるだろう。

　このとき，顧客自身にはオペレーションに参加しているという自覚がないこともある。その意味では，図の左側にある〈オペレーション目線〉を持っていない場合がほとんどであると言える。その代わり，図の右側にある〈顧客目線〉は，オペレーション参加中の中央部にまで眼差しが行き渡っており，その間にオペレーション側の一部に踏み込んだ〈経験〉を得ているわけである。

　なお，アウトカムとして出力されるのは，成果物としての「商品」であるが，サービス特性に関する説明箇所で確認したように，この商品には無形性という

性質がある。そのため，メーカーが生産する製品が固有の性能を持ち，モノそのものの良し悪しという機能的な情報で明確に評価されるのに対して，サービスでは，得られた便益が主観的に判断されることになる。これが図のアウトカム部分にある〈認識利得〉である。

4.4　顧客の推奨意向を喚起する

　図05-02の右側のアウトカムは，そのときの〈顧客心情〉によっても変わる。そして，サービスのアウトカムを得る過程及び結果は，そうした情緒的な感情にも影響されながら，〈商品評価〉が形成されていく。評価の良し悪し次第では，顧客は誰かにこのサービスをおすすめしようという気になるかもしれないし，絶対に人にはすすめるものかと思うかもしれない。これが〈推奨意向〉であり，サービス商品においては，この意向をいかに喚起するかが問われる。

　とりわけ，ハイ・コンタクト・サービスに該当する美容・理容，レストラン，医療，投資アドバイザー，教育・保育といった業種の場合，オペレーションに参加した顧客は，オペレーションが生み出した成果としての「商品」にプラスして，オペレーションの一部に参加した〈経験〉をも得ることになる。そして，オペレーション側との顧客接点が長くなる分だけ，アウトカムとしての認識利得，顧客心情，商品評価，推奨意向は豊富な情報に彩られてリッチになる。情緒的な情報も多く付与されるのである。機能的な面だけでなく，情緒的な面にお金を払ってもよいと顧客が思える可能性が高まるという意味では，ハイ・コンタクト・サービスの方がロー・コンタクト・サービスよりも高付加価値化させやすいのは当然である。

　ところで，ここで登場した〈経験〉の要素は，オペレーション側が戦略的に演出することももちろん可能である。顧客が味わう経験を，一人ひとりにとって忘れられない感動体験（万人に対して共通の感動体験ではない！）になるよう導くことは，極めて現代的なサービス・マーケティング課題である。

〔注〕
1)　Sasser, W. E., Olsen, R. P. & Wyckoff, D. D.（1978），*Management of Service Operations*, Allyn and Bacon.

2)　近藤隆雄（2004）『新版 サービス・マネジメント入門』生産性出版，p.43.

3)　Grönroos, C. (2007), *Service Management and Marketing*, 3rd ed., John Wiley & Sons. （近藤宏一監訳，蒲生智哉訳（2013）『北欧型サービス志向のマネジメント』ミネルヴァ書房），（訳書），p.233.

4)　Lovelock, C. & Wirtz, J. (2007), *Service Marketing: People Technology, Strategy*, 6th ed., Prentice-Hall.（白井義男監修，武田玲子訳（2008）『ラブロック＆ウィルツのサービス・マーケティング』ピアソン・エデュケーション），（訳書），p.89.

5)　テレビ東京系列2013年6月20日放送「カンブリア宮殿」特集内容より。ちなみに料理は，食事制限のある患者に対応しながらも，食事の楽しみを提供できる工夫が凝らされている。

6)　イスラム教徒（ムスリム）は，宗派にもよるが，神（アッラー）に許された食べ物「ハラルフード」を食す。豚肉やアルコールを含む食べ物は食さないし，原材料の選定や，調理場などの製造環境にも細かな規定がある。事業者にとって非常に対応が難しいだけでなく，ムスリムが旅行者として外食先を求める際も選別に苦労するため，インドネシアで開始された「ハラル認証」を得たレストランがムスリム旅行者に選ばれる傾向がある。

7)　近藤隆雄（1999）『サービス・マーケティング』生産性出版，pp.122-127.

8)　近藤隆雄（2012）『サービス・イノベーションの理論と方法』生産性出版，pp.214-215.

9)　長山清子（2011）「なぜ帰宅難民2000人を無料収容したのか」，『PRESIDENT』，2011年5月30日号，pp.72-73.

10)　コンティンジェントという用語は，組織論において環境ごとに効率的な組織構造が異なることを理論的に示した「コンティンジェンシー理論」を連想させる。状況適応的サービスについての記載のある近藤の文献（近藤，1999：近藤，2012）ではとくに注意書きがなされていないが，学説史的には，〈伝統的管理論→人間関係論→動機づけ理論→近代管理論〉といった具合に発展する組織論において，その次に登場するのがコンティンジェンシー理論とSTS論である。2つの理論は別のものだが，伝統的管理論に見られる技術決定論的な視点を否定しつつ，技術または技術体系を研究対象に入れている点では共通した視点を有している。参考文献：近藤隆雄（1976）「社会体系と技術体系」，『組織科学』，10(4)，pp.46-56.

11)　近藤（2012），前掲書，p.215.

12)　近藤（2012），前掲書，p.274.

13)　Johnston, R., Shulver, M., Slack, N. & Clark, G. (2020), *Service Operations Management: Improving Service Delivery*, 5th ed., Pearson Education.

14)　Johnston, et al. (2020) の初版は2001年で，現時点での最新版は第5版（2020年刊）であるが，このサービス入出力モデルはその間に少しずつ改訂が重ねられている。引用したのは，2020年版（第5版）のものである。なお，訳出にあたり，直訳では意味が通じない箇所があり，なるべく著者らの意図にそうよう言葉を補って意訳している。

第 | 06 | 章

サービスのアクティビティ戦略論

1 競争戦略はポジショニング戦略だけではない

　新たなサービスをデザインしたり，サービスによってビジネスをプランニングしたりする際には，コンセプト発想は必要な作業である。既に，コンセプト体系を構成する各コンポーネントについては03章で紹介したが，コンセプト内容そのものをどう定めるかについてはまだ説明していない。コンセプトの依り代となる容れ物はわかっていても，"御神体"となるサービスコンセプトは，一体どのように定めればよいのだろうか。果たして，サービスコンセプトを定める戦略論のようなものは存在するのであろうか。

　戦略論と言えば，競争戦略論を創始したマイケル・ポーターがよく知られている。しかし，彼の理論の中でよく知られたポジショニング戦略論よりも，言及されることが少ない「アクティビティ戦略論」の方が，サービスマネジメントに向いた戦略ツールである。そこで本章では，ポーターの競争戦略論のうち，アクティビティ戦略論に焦点をあてる。アクティビティ戦略論については，ポーター自身の著書にも記述が少ないのみならず，経営戦略や競争戦略にかかわる教科書や学術論文においても解説されることが少ないが，本書では，筆者が考案した独自のマトリックス型ツールとともに，サービスマネジメントに有用なフレームとして再構築して紹介する。

　ポーターの戦略論の書籍ほど愛読された本はない。1980年刊行の『競争の戦略』と1985年刊行の『競争優位の戦略』は，商学部・経営学部の3－4年次生，そしてビジネススクール1年生の必読書と言える。とはいえ，それらの著書は

いずれも膨大なので，両方の著作のエッセンスだけを抽出して理解している人も多いかもしれない。

　彼のツールは，その考案時期により大きく三分される。1つ目は業界における自社の位置取り（positioning）を決めるという，ポジショニング・ツールである。これは「5つの競争要因（5 force）」，「（3つの）基本戦略（generic strategy）」の2つが知られている。

　2つ目は自社の活動（activity）をどのように維持していくかという，アクティビティ・ツールである。これは「バリューチェーン（value chain）」がよく知られている。

　しかし，ポーターのツールのうち，もっともサービス向きなのは，前掲の2冊には未掲載の「活動システムマップ（activity system map）」であり，それによって活動方向性が規定された企業の位置取りとしての「（3つの）戦略ポジショニング（strategic positioning）」である。これが三分されたツール群のうちの3つ目であり，ポジショニングとアクティビティの両視点を併せ持っている（**表06-01**参照）。

表06-01　ポーター理論の分類

発表年	分析の視点	ツール名	ツールの狙い
1980	ポジショニング	5つの競争要因	業界内における利益配分の力学を知り，自社進出時に利益が得られるかどうかを知る
		3つの基本戦略	自社の生存のための戦略的な位置づけを決める（基本となる3戦略から選ぶ）
1985	アクティビティ	バリューチェーン（価値連鎖）	企業の様々な活動が利益を生み出す過程を連鎖的に捉える枠組み。企業内は，主活動と支援活動に分かれ，価値システム全体の中で企業活動を行う
1996	アクティビティ＋ポジショニング	活動システムマップ	複数の活動の相互依存関係を決め，トレードオフにある要素を取捨選択し，全体をフィットさせる
		3つの戦略ポジショニング	自社事業が活動のベースとし，活動継続の指針とする（3ポジションから選ぶが重複もあり得る）

出所：筆者作成

　表06-01のうち上で取り上げた３つのツールは，戦略論の一般的教科書において必ずと言ってよいほど取り上げられているものである[1]。一方，下の２つのツールすなわち「活動システムマップ」と「３つの戦略ポジショニング」については，ほとんど紹介されることがない[2]。しかし，この２つのツールから，サービス経営論にとっての重要な示唆が得られると思われるので，本章では以降の節において，この隠れたポーター理論についても順をおって説明していくことにする。

2　アクティビティ戦略論——バリューチェーン

　ポジショニング戦略論で一世を風靡したポーター理論は，次にアクティビティ戦略論を掲げる。本節では，この系統に属す理論を紹介する。位置取りを発見する側面が強かったポジショニングとは異なり，アクティビティには企業ごと，事業ごとに創意工夫の余地があるものである。

　ポーターの最初の著書『競争の戦略』で展開されたポジショニング理論は，ポーターのもともとの専門であった産業組織論におけるS-C-Pモデル[3]を反転させたものである。独占禁止法の対象となる業界・企業を見つけるマクロな枠組みを，企業行動というミクロなレベルに適応させ，「競争のない」ポジションを見出すという発想の大転換であった。

　一方，ポーターが1985年に刊行した『競争優位の戦略』は，産業組織論ベースではなく，当時のマッキンゼーを中心とした戦略コンサルティング・ファームが顧客に価値を届けるまでの一連の機能を分析するためのツールとした「ビジネスシステム」に着想を得たものである[4]。

　図06-01は，主活動と支援活動に活動の流れを二分している。主活動の各機能についてはマッキンゼーのビジネスシステムと類似した形態をしており，事業が各機能に分かれ，一連の連鎖構造になっていることが直感的にわかる図となっている。一方，支援活動については，主活動の全体ラインをスタッフ側から支える構図となっており，一般的企業のバックオフィス部門の機能があてられている。

　このバリューチェーンの活用目的は主に２つあるので，順に説明しよう。

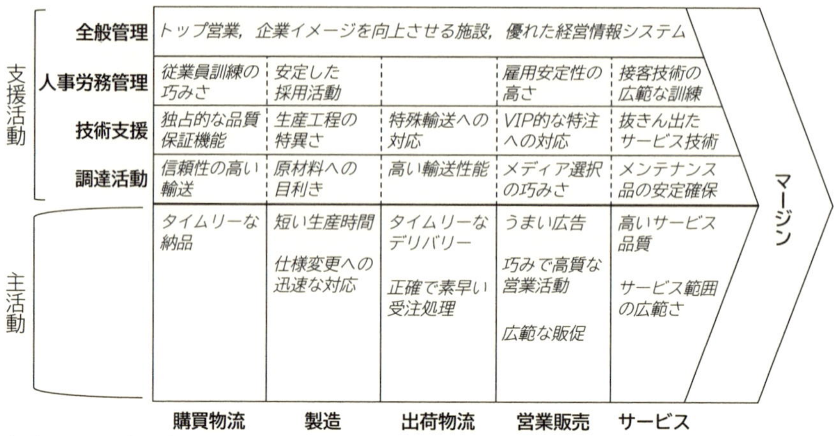

		購買物流	製造	出荷物流	営業販売	サービス	
支援活動	全般管理	トップ営業，企業イメージを向上させる施設，優れた経営情報システム					マージン
	人事労務管理	従業員訓練の巧みさ	安定した採用活動		雇用安定性の高さ	接客技術の広範な訓練	
	技術支援	独占的な品質保証機能	生産工程の特異さ	特殊輸送への対応	VIP的な特注への対応	抜きん出たサービス技術	
	調達活動	信頼性の高い輸送	原材料への目利き	高い輸送性能	メディア選択の巧みさ	メンテナンス品の安定確保	
主活動		タイムリーな納品	短い生産時間 仕様変更への迅速な対応	タイムリーなデリバリー 正確で素早い受注処理	うまい広告 巧みで高質な営業活動 広範な販促	高いサービス品質 サービス範囲の広範さ	

出所：Porter（1985），訳書p.154の図を改変して作成

図06-01　バリューチェーン基本形

　1つ目の使い方は「コスト優位」の実現である。もっとも右側に書かれた「マージン」とは，企業が獲得する利ざやのことであるが，ポーターはバリューチェーン全体の活動システムを記述することで，コスト分布を見ることができるようにしている。つまり，バリューチェーン分析により，利益源泉がどの活動にあるのか，そして利益圧迫要因がどの活動にあるのかを突き止めるために使う。同じ業界においても，バリューチェーンが異なれば，得られる「マージン」が違ってくるということである。

　ちなみに，バリューチェーンは，活動基準原価計算（Activity Based Costing：ABC）のルーツであるとも言われている[5]。ABC論者でもっとも世に知られているのは，ロバート・S・キャプランとロビン・クーパー（1998）[6]であろう。なお，サービス業において原価計算を行うためには，ABCの考え方は非常に参考になるものである。

　バリューチェーンの2つ目の使い方は，「差別化の源泉」を決めることである。ポーターの3つの基本戦略のうちの「差別化」は，「製品差別化」として矮小化されて理解されることが多かった[7]。しかし，差別化はバリューチェーンのどの機能においても作り得る。特定の機能における優位性を特化して磨くことで，差別化の源泉とするわけである。なお，ポーターの著書では製造業向

けに書かれている箇所が多いが，本書ではサービスにも代表的な差別化源泉を選択して，図06-01に斜字で記しておいた。

　ところで，バリューチェーンが描くのは企業内部の活動だが，１つの企業のバリューチェーンは，垂直的に見れば，川上におけるサプライヤーのバリューチェーンと，川下における買い手及び中間チャネルのバリューチェーンとの間に位置する。水平的に見れば，同業者のバリューチェーンが存在しており，これらが業界や経済全体の〈価値システム〉を構成する。

　ポーターの『競争の戦略』は，ほぼ大企業に向けて書かれた本であったが，こうした価値システムの観点があるため，『競争優位の戦略』においては，大企業に協力する中小企業の観点に立脚した場合にも，一定の示唆を得られる内容となっている。

　このように，バリューチェーンを提唱した同書は，前書で展開された静的な分析的アプローチではなく，継続的な活動に着眼点を移行させている。それゆえ表06-01において，ポジショニング戦略ではなく，アクティビティ戦略に分類したのである。

　なお，同書は，バリューチェーンの解説だけでなく，価値システムの中で想定されるあらゆる戦略をまとめている。例えば，垂直的な関係性においては，バリューチェーンが機能するような垂直の連結関係[8]を場合に応じて想定している。

　また，水平的な関係性においては，相互関係の活用戦略を多方面に考案し，ときには業界をあげて参入障壁を高めたり，提携によって自社の影響範囲を広めたりといった，ありとあらゆる戦略を想定している。ポーターが前書で展開した５つの競争要因や３つの基本戦略と組み合わせて使用する方法も示されているため，膨大な記述量の書物となっている。

　このようにポーターの競争と競争優位に関する戦略は奥が深いため，本節における紹介は，アクティビティ戦略の核心的ツールであるバリューチェーンの紹介だけにとどめておくことにした。

3　アクティビティ＋ポジショニング①
──活動システムマップ

　ここで紹介する「活動システムマップ」と，「3つの戦略ポジショニング」
は，ともにポーターにより，1996年にハーバード・ビジネス・レビュー誌上で
発表された考え方である。これまでの彼の議論は『競争の戦略』と『競争優位
の戦略』といった，いずれも大部の著書を通じて，説得的な議論が展開された
のに対し，この考え方の発表媒体はそれほど長くない記事の一編に過ぎない。

　これまで製造業向きにロジックを構築してきたと思われるポーターだが，こ
の論文では，取り上げる事例をサービス業から選び，ツールそのものがサービ
ス業に取り入れやすいものになっているという意味では，競争が激しいサービ
ス業界が注目すべきツールセットであると言える。

3.1　活動システムマップの利用法

　活動システムマップのツールの利用方法としては，まずは自社が構想する活
動システムを「活動システムマップ」に書き起こすことから始める。このとき，
個々の〈活動〉は自社が実現したい価値について，次の2つの手段のいずれか
で行うことを考慮する。

　　①　競合他社とは〈異なる活動〉を行う（BE UNIQUE）
　　②　競合他社と同じ活動を，〈より優れて〉行う（BE THE BEST）

　このいずれかの手段を取ることが戦略ポジショニングになるわけである。こ
うしたポジションをとる狙いは，業界が1つのベストプラクティスを目指して
同質的な競争を繰り広げて，消耗戦に突入している状態から離脱することにあ
る。ポーターは，「戦略は他者と異なる活動に宿る」としているが，彼はバリ
ューチェーンと同様に活動を基盤としたロジックを展開した上で，その活動の
独自性が，戦略的なポジション取りにつながると説いているわけである。いわ
ば彼が展開した2つのロジックである「アクティビティ戦略論」と「ポジショ
ニング戦略論」とを，ここで再結合しているのである。

　なお，活動システムマップの作り方の説明にあたり，ポーターは自著[9]においてイケアを例にしている。ただ，だいぶ昔のものであるため，ここでは後年になって，ポーター直々に指導を受けたジョアン・マグレッタによるポーター戦略の解説本[10]に掲載された新しいバージョンを引用することにする。なお，マグレッタの著書にはポーター自身が目を通し，監修役を買って出ているという。同書はいわばポーターお墨付きのエッセンシャル・ガイドブックである。

3.2　活動システムマップの具体例——イケアの場合

　イケアは，2001年に日本に二度目の進出[11]を果たした。スウェーデン発祥の企業であり，その家具のデザインは，イケア社内でデザインされた北欧調のハイセンスなもの（イケア・スタイルと呼ぶ）でありながら，低価格なのが特徴である。なお，低価格が実現できる理由もまた，様々な活動の組み合わせから生み出されている。そのような活動間の関連性を表現するツールが「活動システムマップ」である。

　具体的にイケアは，顧客が自分自身で組み立てることを想定した家具を扱い，その部品がモジュラー化されている（共有部品が多い）ために低価格であること，郊外型の大型店舗に顧客が車で乗り付けて購入することを想定し，すぐに手に入り，かつ配送コストがかからない（その分，即時満足につながる）こと，などを実現するための活動を行っている。こうした活動は全体で「BE UNIQUE」なポジションに結実しており，日本市場ではニトリと多くの顧客セグメントで競合するものの，そのビジネスモデルはニトリが自社で製造するSPA[12]なのに対して，イケアが自社デザインを長期的な関係性を持つサプライヤーから製造委託・調達することを主とするなど，大きく異なっている。

　イケアのビジョンは「より快適な毎日を，より多くの方々に」となっているように，ターゲットはかなり広いが，その価格帯と，広大な店内に託児所やレストランが整備されていることからもわかるように，若い客層から支持されている企業である。

　それでは図06-02にマグレッタによる2011年版のイケアの活動システムマップを載せておく。

　なお，図06-02上にある数字は，あとで活動システムマップの書き方を解説

するために，筆者が加筆したものである。

　この活動システム図でまず注目してほしいのが，3つある黒丸部分の「価値提案（value proposition）」である。この3つの黒丸はそれぞれ，「低価格（low price）」，「イケア・スタイル（IKEA style）」，「即時満足（instant gratification）」と書かれており，イケアの企業としての活動姿勢を短い言葉で表現している。さらに，この黒丸のテーマを囲むように，いくつもの「活動」を意味する白丸が周りに配されている。

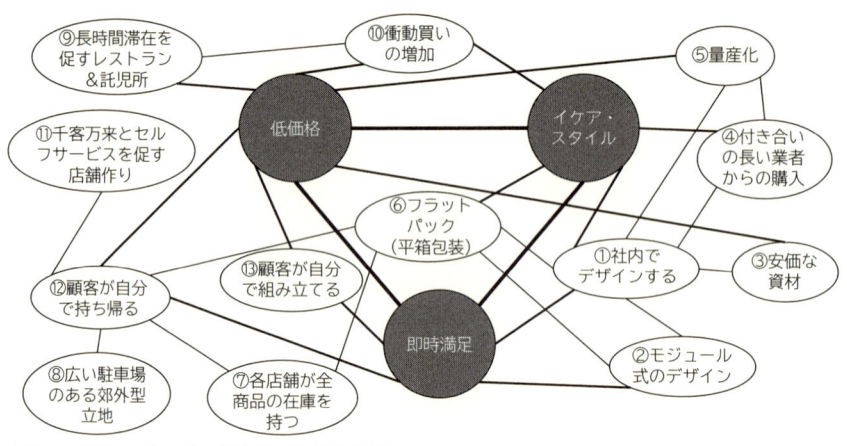

出所：Magretta（2011），訳書p.209に筆者加筆

図06-02　イケアの活動システムマップ

　以上のように，ポーターの活動システムマップのフレームワークは，これら活動間の関連性を表現できるツールとなっている。同じく活動を記述するツールであったバリューチェーンが連鎖構造を順に表現しているのに対して，活動システムは要素間のつながり（活動の影響がどこからどこまでに及ぶか）を表現できる。

　例えば，「イケア・スタイル」というテーマを見ると，「①社内でデザインする」と「④付き合いの長い業者（サプライヤーのこと）からの購入」から線が引かれている。このマッピングを見れば，同社が長期的な関係性をベースに，イケアのデザイン趣向をよく理解したサプライヤーと，系列システムを構築し

ていることがわかる。ニトリが自社工場によるコスト削減と低価格化，利益率を追求しているとすれば，イケアはサプライヤー・システムのコントロールの巧みさによって，それと同様の効果を得ていると理解できよう。つまり，このようにテーマ1つ見るだけでも，同社の「BE UNIQUE」なポジショニングがわかるということである。

そして，個々の活動の全体が，次節で説明する価値提案の内容と整合性を持っているか，ポーターの言葉で言えば「フィット（fit）」しているかどうかが問われることとなる。これができていれば，明確な戦略ポジションの獲得につながるというわけである。

4　アクティビティ＋ポジショニング②
──3つの戦略ポジショニング

それでは，活動システムの中心にあった「価値提案」をどう設定すればよいのだろうか。結局，この価値提案はどのような意図を持っているのだろうか。ポーターは，価値提案をする際には，以下の「3つの戦略的ポジショニング」から，維持可能なものを選ぶことを推奨している。

まず，最初に必要な作業は，図06-02の黒丸部分の価値提案の内容を決めることである。マグレッタは，ポーターの見解をもとに，次のように価値提案を説明[13]している。

> 価値提案は，戦略をつくる要素のうち，社外の顧客に，つまりビジネスの需要サイドに目を向ける要素である。これに対してバリューチェーンは社内の業務に焦点をあてる。このように戦略には，事業の需要サイドと供給サイドを1つにまとめるという，統合的な性質がある。

この説明を図06-02におけるイケアの活動システムマップをもとに解説しよう。活動システムマップの中心に位置した黒丸3つからなる価値提案の文言を再度見てほしい。ここで書かれている内容は，社外の顧客にとっての価値を示していることが確認できる。それに対して，白丸部分に書かれた活動は，バリューチェーンと同様に，社内の業務によってつくられる活動であることがわか

る。つまり，社内の視点と社外の視点とを統合的に図示しているのが，活動シ
ステムマップなのである。

4.1　価値提案に関する3つの質問

　次に，価値提案に関する3つの質問に答えることで，戦略的ポジショニング
の源泉[14]が決まる。これは3つの基本戦略とは違って，決して排他的なもの
ではなく，互いに重なり合う部分がある。なお，以下の①から③までの説明内
容はPorter（1996）だけではなく，Magretta（2011）に依拠している部分が含
まれていることをあらかじめ断り書きしておく[15]。

①　どの顧客か？

　1つ目の「どの顧客か？」という問いは，顧客セグメントの中で，特徴ある
いくつか（少数）に焦点をあてるものである。つまり，顧客選択を出発点にし
て，いったん選んだ顧客グループから，（たとえ一般的には避けるべき顧客層
とされていようと）利益をあげるための独自の方法を見つけるということであ
る。これは，少数の顧客に対して，多様な（バラエティ豊かな）商品を提供し
ようとするビジネスに向いたポジションである。

　当然ながら，通常の活動では利益はあがらないかもしれない。だからこそ，
全体の活動を自ら選んだ顧客との商売にフィットするよう，整合性をとる必要
があり，それが実現されれば，独自の戦略ポジショニングが完成する。

②　どのニーズか？

　2つ目の「どのニーズか？」という問いは，いくつかの少数のニーズを，多
種多様な顧客に対して広く提供しようとするものである。一般に，顧客のどの
ニーズを満たすかを選択することは，自社がその特定ニーズを満たすための独
自能力を持つことにつながる。さらに，特化されたニーズにもとづく価値提案
では，多種多様な顧客を引きつけなければならない。よって，多くの顧客に提
供するビジネスに向いたポジションとなる。

　この場合，従来型のセグメンテーションにはあてはまらないことが多く，人
口動態的な市場細分化にはそぐわない。むしろ，時間の経過によって急浮上す
るニーズであるため，ある時期にたまたまそのニーズを共有している顧客とし
て定義される。そのため，もともとは異なる顧客ニーズを持つ顧客であっても，

当該ニーズを必要とするタイミングが到来する場合があるので，その機を逃さずに価値提案をする能力を持つことで，独自の戦略ポジショニングが完成する。

③　相対的価格をどうするか？

3つ目の「相対的価格をどうするか？」という問いは，業界の標準的な価格に対して，プレミア価格か，ディスカウント価格を設定するもので，その価格帯を実現するための固有の活動群とセットで展開されるものである。

顧客が現状の業界が提供する商品価格に不満感を持つ場合には，そこで求められている高価格あるいは低価格を設定できるような能力を備えることで，顧客を獲得できる。このとき，不要なコストを削減して，「必要にして十分な」クオリティを，ローコストで提供することを武器にする場合もあれば，その逆に，現在の顧客が，「満たされないニーズに対応してくれるなら，いくらでも払おう」という意思を示す場合には，ハイクオリティをそれなりのハイコストで提供することもある。

いずれにしろ，他の企業が提供しないような（ロー，あるいはハイな）コストパフォーマンス感のある価値提案を行い得ることで，独自の戦略ポジショニングが完成する。

以上の問いへの解を決めることで，戦略的ポジショニングが選択できることになる。そして，この戦略的ポジショニングが維持されるためには，〈トレードオフ（二者択一）〉が必要である。トレードオフは一方を増やせば，他方は減らさなければならない選択を迫る。戦略的ポジショニングを明確に選んだ企業が生まれれば，そこには何らかのトレードオフが発生する。その一方で，同じ業界内には，大胆な二者択一ができず，両方の「美味しいところ」を同時に満たそうとする〈二股（straddler）戦術〉に乗り出そうとする企業が多い。そして，結局はこの「どっちつかず」の姿勢が，戦略的ポジションを明確に選択している企業に勝てない原因となっている。

例えば，LCCビジネスモデルの元祖であるサウスウエスト航空（SWA）と，コンチネンタル航空の攻防の例をポーターは度々取り上げているが，そもそもSWAが1971年の就航開始後に選んだ戦略的ポジションは，次の通りであったという[16]。

【サウスウェスト航空（SWA）の戦略的ポジショニング】

問い①：「どの顧客か？」

　ビジネスマン，学生などの価格に敏感な顧客（ノーフリルサービスで十分）

問い②：「どのニーズか？」

　中規模都市間と二番手空港との目的地直行型路線，信頼性の高い発着時間

問い③：「相対的価格をどうするか？」

　低価格（旅行代理店を極力使わない，指定席なし）

　このような戦略的ポジションによって，各活動が組み立てられ，前面に出された価値提案「利便性の高さと低価格の両立」との整合性が確保されていたのがSWAである。

　一方，この戦略的ポジションに対抗すべく，米国大手航空会社の一角であったコンチネンタル航空[17]は，新サービスブランドとして「コンチネンタル・ライト（CALite）」を1993年に立ち上げ，二地点間就航と低価格運賃に乗り出した。機内食やファースト・クラスがない点もSWAと同様である。しかし，当然ながら従来から存在するフルサービスの路線は数多く残されており，旅行代理店経由の航空券販売も残されているし，マイレージサービスも併存している。CALiteの顧客であっても，代理店経由で販売が続けられたし，座席指定サービスもあった。そのため，低価格な運賃をとても支えきれるコスト構造ではなかった。また，航空会社全体の評判も下げてしまった。なぜなら，増えた顧客で空港の航空会社カウンターは混雑したし，マイレージサービスの還元率をCALiteについてだけでなく，フルサービスを含む全体で希釈したからである。

　上述のように，CALiteはその価値提案に対し，それを支えるはずの活動がまったく整合性をもって展開されていなかった。これは，すべての活動システムが価値提案を支える形で整合性が保たれていたSWAとは，まったく対象的であると言えた。そして，CALiteは非常に短命なことに1995年に廃止された。二股戦術の典型的な失敗事例となったわけである。

　以上のように，明確な戦略ポジショニングが生み出すトレードオフは，競合に対する防御壁としても作用する。

4.2　3つのフィット（fit）

　前項の3つの質問に答え，戦略ポジションが決まったところで，必要になるのは，全体の整合性の取れた活動システムを構築することである。ポーターはこの整合性の取り方については3つの経路があるとして，「3つのフィット（fit）」として説明している[18]。

　1つ目のフィットは，各活動（機能）どうしの一貫性，そしてそれらと全体との整合性である。この点については，前項のSWAの事例において説明した通りである。この整合性の有無が，CALiteとの明暗を分けたわけである。

　2つ目のフィットは，活動がお互いを強め合う相乗効果についてである。例えば，図06-02のイケアのマップにある「⑩衝動買いの増加」は，もちろん低価格あるいはイケア・スタイルという価値提案がもたらす顧客の活動から生じる現象だが，「⑨長時間滞在を促すレストラン＆託児所」があることで，帰り際にさらなる衝動買いをもたらす可能性を高めていることと関係しており，相乗効果を備えている。具体的には，イケアのレストランで提供されるメニューの多くは，店内のスウェーデンフードマーケットで購入できるので，レストランで気に入れば，食材を買って帰るという需要を生むからである。また，その逆に，顧客が衝動買いに次ぐ衝動買いで，多くの時間を使ってしまったとしても，いつでもレストランや託児所を利用できる安心感があれば，衝動買いのブレーキはさらに緩められるという側面もある。このように，単独の活動で効果を出すだけでなく，他の活動に対しても影響を与えることを意識するということである。

　3つ目のフィットは，取り組みの最適化（optimization）である。最適化は本来，活動間の調整や情報交換を進め，それによって重複をなくすことで得られる。簡単に言えば，ある活動を行うことで，本来あった別の活動をしなくてすむように代替してしまうことである。例えば，イケアにはあらゆるレベルの最適化の努力が見られる。身近なレベルでは，イケアの商品ディスプレイが，まるで本当の部屋のような雰囲気の中に，イケアの家具がタグのついた状態で置かれていることも最適化の例である。このディスプレイとタグの組み合わせがあることで，顧客の側はとりたてて専門的な助言を得なくても，購入の決断

をすることができるので，店員による接客を不要にしていると言われるものである[19]。また，店舗オペレーションのレベルでは，図06-02の「⑥フラットパック（平箱包装）」により，倉庫スペースが縮減されるので，「⑦各店舗が全商品の在庫を持つ」ことができ，平らで薄型の梱包方式なので，顧客が店内カートを使って駐車場の自家用車に運び込むことができ，「⑫顧客が自分で持ち帰る」ことを可能にしている。もちろん，すべての商品がフラットになることが前提なので，おのずと「①社内でデザインする」際のデザイン方式が決まり，いつもと同じアーキテクチャの「②モジュール式のデザイン」になるというわけである。

　ただし，誤解があってはいけないのは，取り組みの最適化とは，省人化とイコールではない。たまたま上記のイケアの例が，省人化につながるものであっただけである。つまり，イケアの価値提案とフィットするからこそ，省人化が最適化につながったのであって，他の事業においては，ムラをなくした分，従業員との接点を増やすことが最適化につながることもあるので，この点についてはとくに注意してほしい。

　以上のように，SWAやイケアでは，3つのフィットの整合性がとれた状態が，すべての活動システムに行き渡っているからこそ，両社は戦略的ポジションを持続させていけるわけである。

5　活動システムマップの作り方

　それでは，いよいよ活動システムマップの作り方を紹介しよう。この活動システムマップは，既に稼働している事業については当然のこと，これから稼働させようとする新サービスの構想時にも活用できる便利なツールである。

　ちなみに，活動システムマップの作り方について，ポーター自身による解説は存在していない。冒頭で書いたように，他の研究者によって活動システムマップの書き方が取り上げられることもほとんどない[20]ため，本書では筆者が社会＝技術システム（STS）論に使われていたマトリックス（行列）図による分析技法（12章を参照）を応用して考案した，独自の活動システム・マッピングの手法「Activity-Matrix」について説明したい。

　具体的には，図06-02にあるイケアの活動システムマップを，一からつくるための手順について解説する。なお，**表06-02**に具体的に書き込まれた活動は，いずれも図06-02の番号に対応させてあるが，ここでは図06-02の存在をいったん忘れ，読者がイケアの活動システムマップを用意しなければならない場面を想定していただきたい。

表06-02　イケアのActivity-Matrix

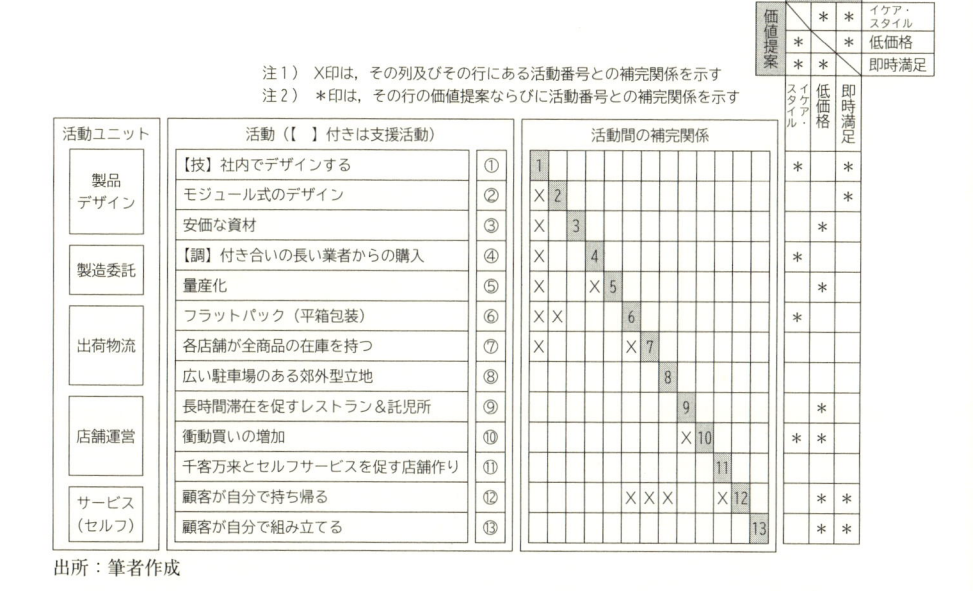

注1）　X印は，その列及びその行にある活動番号との補完関係を示す
注2）　＊印は，その行の価値提案ならびに活動番号との補完関係を示す

活動ユニット	活動（【　】付きは支援活動）		活動間の補完関係	イケア・スタイル	低価格	即時満足
製品デザイン	【技】社内でデザインする	①	1	＊		
	モジュール式のデザイン	②	X 2			＊
	安価な資材	③	X　3		＊	
製造委託	【調】付き合いの長い業者からの購入	④	X　　4		＊	
	量産化	⑤	X　X 5		＊	
出荷物流	フラットパック（平箱包装）	⑥	X X　　6	＊		
	各店舗が全商品の在庫を持つ	⑦	X 7			
	広い駐車場のある郊外型立地	⑧	8			
店舗運営	長時間滞在を促すレストラン＆託児所	⑨	9		＊	
	衝動買いの増加	⑩	X 10	＊	＊	
	千客万来とセルフサービスを促す店舗作り	⑪	11			
サービス（セルフ）	顧客が自分で持ち帰る	⑫	X X X　　X 12	＊	＊	
	顧客が自分で組み立てる	⑬	13	＊	＊	

出所：筆者作成

5.1　「価値提案」の内容を決める

　まずは，4.1で説明した３つの質問に答え，活動システム全体の中心に置かれる戦略提案の内容を決めよう。図06-02で言えば，ちょうど黒丸でかこまれた箇所が価値提案にあたるが，それはまだ作られていないことにして，ここでは，表06-02の右側に縦書きでイケアの価値提案を書き出す作業から行う。

　読者自身がかかわる事業に即して価値提案をする場合も，同様のステップを踏み，価値提案を書き込んでほしい。もちろん，価値提案の数は自由に増やして構わないが，減らす場合でも最低２つは考案した方がよい。そうしないとす

べての活動が1つの価値提案のためだけに用意されることになってしまい，4.2で解説したフィットの調整余地が少なくなってしまうからである。

　なお，ここで書かれる価値提案は，ただ漠然と顧客に提示したい内容を書くのではなく，4.1で説明したように，トレードオフを含むものである必要がある。つまり，何かを捨て，何かを選び取ったものでなければ，他社が簡単に模倣してしまうということである。

　ちなみに，イケアの場合，価値提案の内容は既に3.2で述べたように，「低価格」に加え，特徴あるデザインの「イケア・スタイル」，そしてすぐに入手できる「即時満足」にある。

5.2　活動の流れを意識しながら「活動ユニット」を決める

　表06-02の左側にある「活動ユニット」は，図06-02で散らばるように配置されていた活動を，主たる機能の塊にまとめたものである。これは，ちょうど2節で紹介したバリューチェーン（価値連鎖）のうち，「主活動」部分を縦書きにして，上から下に流れるように作表したものである。

　なお，2節で紹介したバリューチェーン基本形では，「購買物流→製造→出荷物流→営業販売→サービス」となっていたが，この基本形は製造業向けのものであるので，事業内容に応じてユニットの内容を自由に変更して作る。例えば，イケアならば，製造業ではなく小売業だが，ニトリのような製造小売業（SPA）とは違う。自社生産ではなく「製造委託」となるので，上流工程にも部品の購買はなく，「製品デザイン」のみになる。

　そして，「活動ユニット」の数そのものも変更して構わないが，どんなに単純なサービス事業であっても最低3つの活動ユニットがある[21]はずである。イケアの場合は5つの活動ユニットにまとめてある。

　ちなみに，この活動ユニット設定を決める作業は，筆者が上述のSTSにおけるマトリックス利用法を参考に導入した独自のものであるが，仮にこの手順を飛ばして，価値提案を支える各種の活動を，いきなり列挙し始めてしまうと，筆者の経験上は重複した機能が多くなってしまう傾向が生じたことを実感している。そもそも，活動システムの全体像は，4.2の3つ目のフィットについて言及した部分で紹介したように，最適化されている方が望ましいものである。

　なお，バリューチェーンは，ポーターによるアクティビティ戦略論の1つであるため，活動システムマップとは相性がよいものである。この活動ユニット分けのステップを踏むことで，バリューチェーンの構想も同時にできるという利点もある。

5.3　活動ユニットごとに各「活動」を書き出す

　このステップは，「活動」そのものをできるだけ多く書き出す段階である。もちろん，列挙したものの実際には採用せず，消す場合もある。注意しなければならないのは，機能や性能をただ羅列するのではなく，そこからどのような活動につながるかが予測できるものでなければならない点である。例えば，イケアの例では「⑥フラットパック（平箱包装）」のように，一見するとただ機能が書かれているように見えるものがあるが，イケアで働く人にはこのパッキング形式が，どのような活動を想定したものなのかがわかっている（在庫スペースが減る，店頭にそのまま並べられる，など）ため，この書き方でも構わない。しかし，そうではなく，ただ特性だけを示しているようなものだと，活動にはならないので，行うことがわかるよう書くことを原則とする。

　また，ここで書き出された活動のうち，消去されたものは，すなわち「やらなかった活動」ということになるが，そこにはトレードオフが内包されている可能性が高い[22]ため，組織の記憶として残しておくこともおすすめしたい。

　そして，「やる活動」の候補として残されたものは，左から2列目の〈活動〉の位置に書きこもう。さらに，それを各「活動ユニット」の領域にあることがわかるよう，左から1列目の活動ユニットのボックスサイズを伸縮させよう。

　また，活動の中にはバリューチェーンの主活動ではなく，支援活動に区分されるものもあるだろう。例えば，イケアの例で支援活動にあたるのは2つあり，「①社内でデザインする」は〈技術支援〉，「④付き合いの長い業者からの購入」は〈調達活動〉にあたる。これらがどの活動ユニットを支えるかを見定めて，各活動ユニットに割り振ろう。

5.4　各「活動」を書き出す上での注意点とコツ

　注意点としては，主活動も支援活動も，バリューチェーンにおける1つの活

動だけを支えるとは限らない。後にくる活動に影響を与えることも大いにあり得ることは意識しておきたい。例えば，イケアの例でも「⑪千客万来とセルフサービスを促す店舗作り」はあくまでも店舗運営の活動ユニットで行うものだが，それがあることにより，顧客が自宅に帰ってからのセルフサービスという活動ユニットが生まれるものでもある。

　このイケアの例のように，既存の事業の活動を書き起こす場合には，活動ユニットに振りわけることは比較的楽であろう。活動ユニットそのものが，日頃の業務ユニットに相当する場合もあるからである。もちろん，現場の従業員に，活動そのものをヒアリングする手法も有効である。

　一方で，これからサービスを構想する場合には，上記のような方法が使えず，活動を書き出す作業は比較的難しい作業となる。その場合，システマティックな思考に慣れればバリューチェーンを構想しながら活動ユニットを定め，そこで行われる活動を想定する方法をとってもよい。逆に，組織規模が小さく，少人数で展開するサービス業や，サービスをフローで考えることが難しい職種の場合は，とにかく価値提案を支えるような活動を列挙することから始めてもよい（この場合，取り組みの最適化を必ず行う）。

　これらの作業を行う際には，自社の価値提案との関係が不明の活動であっても構わない。あらゆる活動すべてが価値提案と直接的に結びつくわけではなく，「活動を支える活動」というように，間接的な形で価値提案に貢献する活動も多分に含まれるからである。

5.5　「活動」間あるいは「価値提案」との補完関係を書き込む

　ここからが活動システムの面目躍如たる，活動の相互関係，そして活動と価値提案との間にある補完関係を定める作業である。

　まずは，表06-02の上から下に並べた「活動」は，項番（No.）をはさんで右側にある方眼マトリックスに，左上から右下へと階段状にプロットされることを確認しよう。この方眼マトリックスの読み方は，表06-02の注1に書かれているように，各位置から見て列（タテ方向）にある活動番号と，行（ヨコ方向）にある活動番号とが補完関係にあることが想定されている。つまり，①から見た場合はタテにたどって「X」印の有無を確認すれば，項番2，3，4，

５，６，７と補完関係にあることがわかる。また，⑥から見た場合はヨコにたどって「X」印の有無を確認すれば，今度は項番１だけでなく２とも補完関係にあることがわかるはずである。

　次に，表06-02の右端にある３列を使って，各「活動」と「価値提案」との補完関係を示そう。注２に書かれているように，①と同じ行にある右端３列を見ると，〈イケア・スタイル〉と〈即時満足〉の列に，「＊」印があることが確認できる。つまり，項番１の活動は，２つの価値提案を直接的に支える活動であるということがわかる。もちろん，価値提案どうしにも補完関係があり，これについては右上に整理されている。

　以上はイケアの事例を方眼マトリックスにプロットしたものだが，読者のかかわる事業においても，同様の作業をすればよい。

5.6 「活動システムマップ」に書き起こせば完成

　基本的に，行列ができればグラフは作れる。よって，上記までの作業を通じて，Activity-Matrixができあがっていれば，自動的に活動システムマップはできあがる。具体的には，白丸で書いた「活動」のピースと，黒丸で書いた「価値提案」のピースを平面に並べ，あとは表06-02の行列を見ながら，活動と活動，そして活動と価値提案との間にある補完関係をチェックしながら実線で結ぶだけで完成である。

　活動システムマップについてポーターは，相互関係をより緊密に結びつけるほど，戦略ポジショニングを盤石なものにすると述べている[23]。確かに活動システムマップは一覧性が高いため，組織の内部にいる人間にはそれでもわかるかもしれない。しかし，ただ複雑なだけで，あたかもすべての活動どうしがクモの巣状に結ばれたかのような図では無意味である。活動システムマップは，ときに自社の戦略性を確認する際に利用しなければならないし，ときに事業を構想する際に利用すべきものである。それには，内田純一（2024）が提案するように，マトリックスを介してバリューチェーンと活動システムマップとにいつでも再表現できるようにした方がよい[24]。

　なお，Activity-Matrixに応用した社会＝技術システム（STS）論のさらなる活用法については，12章で紹介する。

〔注〕

1)　例えば，日本における代表的な経営戦略の教科書であった石井・奥村・加護野・野中『経営戦略論』(1986初版，1996新版) 及び大滝・金井・山田・岩田『経営戦略』(1997初版，2006新版，2016第3版) のどちらにも，〈競争（の）戦略〉という項目があり，ポーター理論（3つの基本戦略）が紹介されている。出所：石井淳蔵・奥村昭博・加護野忠男・野中郁次郎 (1996)『経営戦略論 新版』有斐閣：大滝精一・金井一頼・山田英夫・岩田智 (2016)『経営戦略 第3版』有斐閣。

2)　ヘンリー・ミンツバーグらが経営戦略論を網羅的に論じた『戦略サファリ』(原著初版1998，同2版2008) においても，ポーターの紹介項目では5競争要因と3基本戦略，そしてバリューチェーンの紹介にとどまる。出所：Mintzberg, H., Ahlstrand, B. & Lampel, J. (2008), *Starategy Safari: The complete guide through the wilds of strategic management*, 2nd ed., FT Publishing International. (齋藤嘉則監訳 (2013)『戦略サファリ 第2版』東洋経済新報社), (訳書), pp.120-145.

3)　産業組織論におけるハーバード学派が考案した，産業構造 (Structure)，企業行動 (Conduct)，産業・企業の成果・業績 (Performance) からなる図式で考える枠組み。産業組織論では，あまりに高い利益率には不公正な競争が背景にある可能性を有すると考える。なお，ポーターは経営学出身ではなく，経済学の産業組織論で博士号を取っている。

4)　ポーターのバリューチェーンと，マッキンゼーのビジネスシステムに関しては以前から類似性が知られていたが，シーハン＆フォスによれば，マッキンゼーのビジネスシステムは，同社ニューヨーク事務所のコンサルタントだったロベルト・ブアロンが提唱したようである。出所：Sheehan, N. T. & Foss, N. J. (2009), Exploring the roots of Porter's activity-based view, *Journal of Strategy and Management*, 2(3), pp.240-260. なお，筆者が確認したところでは，ブアロンが1981年に執筆したビジネスシステムの解説記事が存在する。出所：Buaron, R. (1981), How to win the market-share game? Try changing the rules, *Management Review*, 70(2), pp.8-17.

5)　Sheehan & Foss (2009), op. cit. によれば，ポーターのバリューチェーンの影響は，活動基準原価計算 (ABC) のほか，戦略的会計の始祖と呼ばれるジョン・K・シャンクとビジャイ・ゴビンダラジャンの著作などにも及んでいる。出所：Shank, J. K. & Govindarajan, V. (1993), *Strategic Cost Management: The New Tool for Competitive Advantage*, The Free Press. (種本廣之訳 (1995)『戦略的コストマネジメント』日本経済新聞社)

6)　Kaplan, R. S. & Cooper, R. (1998), *Cost & Effects*, Harvard Business School Press. (櫻井通晴訳 (1998)『コスト戦略と業績管理の統合システム』ダイヤモンド社). 著者のうちキャプランは，デビッド・ノートンとともに提唱したバランスト・スコア・カード (BSC) でも知られている。

7)　Porter, M. E. (1985), *Competitive Advantage*, The Free Press. (土岐坤・中辻萬治・小野寺武夫訳 (1985)『競争優位の戦略』ダイヤモンド社), (訳書), p.151.

8)　Porter (1985), op. cit., (訳書), pp.64-66.「垂直の連結関係」(ポーターは垂直連結と呼ぶ) は垂直統合とは異なり，自社の価値連鎖の安定性のために，協力会社との長期的な関係を前提に連結させる関係性のことで，今井・伊丹・小池 (1982) が言う「中間組織」に近い考え方である。出所：今井賢一・伊丹敬之・小池和男 (1982)『内部組織の経済学』

東洋経済新報社. 一方，垂直統合そのものについてはPorter（1980）において１章分が割かれ，詳細に解説されている. 出所：Porter, M. E.（1980）, *Competitive Strategy*, The Free Press.（土岐坤・中辻萬治・服部照夫訳（1982）『競争の戦略』ダイヤモンド社），（訳書），pp.391-418.

9)　Porter, M. E.（1996）, What Is Strategy? *Harvard Business Review*, 74(6), pp.61-78.

10)　Magretta, J.（2011）, *Understanding Michael Porter: The Essential Guide to Competition and Strategy*, Harvard Business School Press.（櫻井祐子訳（2012）『〔エッセンシャル版〕マイケル・ポーターの競争戦略』早川書房）

11)　イケアの一度目の日本進出は，1974年から1986年までだが，それに先立つ1972年に名古屋の名鉄百貨店と，渋谷の東急百貨店にテナント出店したことがある.

12)　Specialty stores of Private label Apparelの略. 製造小売業で，ファーストリテイリングによるユニクロもSPA企業の１つ.

13)　Magretta（2011）, op. cit.,（訳書），p.136.

14)　ポーターは1996年に発表した論文の段階では，戦略的ポジショニングの源泉を，「①バラエティ・ベース・ポジショニング」，「②ニーズ・ベース・ポジショニング」，「③アクセス・ベース・ポジショニング」の３つに区分していた. しかし，この区分だと，①と②がアンゾフ流に製品ベースか，市場ベースかの二択で自社ポジションを決めているかのように矮小化して理解されやすかった. さらに，③では顧客にとっての，地理的な「アクセス」要因だけでなく，それ以外の要因（例えば心理的要因）による，当該製品・サービスへの「アクセス」の容易さ・不便さへの企業側の対応が，付加価値源泉になり得るということが伝わりにくかった. 出所：Porter（1996）, op. cit.

15)　マグレッタによれば，戦略ポジショニングの指し示す内容は，ポーターのその後の研究でより完成された定義に到達しており，Magretta（2011）の記述にはそれらの内容が反映されているという. 残念ながら，ポーター自身がそれを論文や書物にまとめているわけではないが，同書のすべての章にポーターが目を通していることはMagretta（2011）の謝辞から確認できる.

16)　Porter（1996）, op. cit., p.64.

17)　コンチネンタル航空は，2010年にユナイテッド航空と合併して消滅. 合併前までの米国航空業界ランクは，アメリカン，デルタ，ユナイテッドに続く，４位が定位置であった.

18)　Porter（1996）, op. cit., pp.70-73.

19)　Magretta（2011）, op. cit.（訳書），p.199.

20)　管見の限り，一橋大学大学院国際企業戦略研究科が主催する「ポーター賞」にちなんで，週刊東洋経済誌において，「ポーター教授の戦略論サブノート」が４週にわたって連載された際，ポーター賞の運営委員である一橋大学の大薗恵美専任講師（当時）により，第１回ポーター賞受賞企業のマブチモーターを例にしたごく簡単な書き方解説が掲載されたことがある. 大薗があげた作成手順としては，「①戦略ポジションを明らかにする」と，「②活動を整理する」の２段階だけである. ちなみにポーター賞に応募するには，活動システムマップを自前で作成し，事前に提出しなければならない. 出所：大薗恵美（2002）「活動システムマップの書き方〜マブチモーターのケース〜」，『週刊東洋経済』，2002.7.27号，p.128.

21）例えば，05章4.3で紹介した「インプット-過程-アウトプット」の図式（入出力モデル）がそうであるように，あらゆるビジネスは3段階に要素還元できるし，それより少ないということは考えにくい。

22）大薗（2002），前掲記事でも，「別の戦略ポジションとの間のトレードオフは，しない活動に表れることが多い」と指摘されている。

23）Porter（1996), op. cit., p.74.

24）　Activity-Matrixを用いて作成された活動システムマップはバリューチェーンにも変換できる。変換されたイケアのバリューチェーンについては，内田（2024）を参照のこと。出所：内田純一（2024）「ポーターの活動ベース・ビューを拡張する試み：正方行列を用いた活動システム・マッピング手法の提案」，『商学討究（小樽商科大学）』，75(3)，pp.35-69.

第Ⅱ部

サービス
エクスペリエンス

Column③

サウナ産業クラスターは実現できるか？

　2019年あたりからサウナブームに関する新聞記事が散見されるようになってきた。筆者もサウナが大好きだ。コロナ禍で外出がはばかられる時期には，2019年に連続テレビドラマ化された『サ道』を，遅ればせながら映像配信サービスを使って日々鑑賞し，サウナを満喫できる日を心待ちにしていた。

　サウナと言えば諸説あるが，フィンランドが発祥というのが定説だ。そのフィンランドでも2019年頃からサウナブームが起きているという。首都ヘルシンキなどの都市部には「ロウリュ」を用意したサウナセンターが次々とオープンしているらしい。こばやしあやな氏の著書『公衆サウナの国フィンランド』によれば，昨今のフィンランドでは，公衆サウナにおけるコミュニティ空間の提供など，新たなサウナの魅力がどんどん創出されているという。

　ところで，北海道・十勝では，「十勝サウナ協議会」が2020年に立ち上がり，加盟する旅館・ホテルが，競って設備投資を行い，フィンランド式のロウリュを取り入れた。この協議会の取り組みを通じ，北海道でも新たなサウナ入門者が続々と増えているように思う。

　白状すると，実は筆者も〈にわかサウナー〉の1人だ。昔，出張でフィンランドに行った際も，興味がなかったからか，本場のサウナを味わう絶好の機会を逸してしまった。しかし，日本サウナ学会の代表理事も務める加藤容崇氏の著書『医者が教えるサウナの教科書』を読んで考えが変わり，サウナで「整う」ことの魅力を知った。

　北海道は，サウナブーム仕掛人が多い土地である。施設的な魅力も豊富で，最近も日本ハムファイターズの新たな本拠地「北海道ボールパークFビレッジ」に，野球観戦しながら入浴できるサウナ施設がオープンした。そして同施設をプロデュースしたのは，札幌の「ととのえ親方」こと松尾大氏で，開幕熱波師を務めたのは，現在は小樽を拠点とする熱波師の第一人者であるエレガント渡会氏だった。

　マイケル・ポーターは競争戦略論だけでなく，関連・支援産業が集積し，地域をイノベーティブに成長させる「地域産業クラスター論」の創始者でもあるが，北海道はサウナ産業クラスターを目指せる国内最良の立地だと筆者は思っている。

サービス価値の共同生産

1 サービス価値提案の基盤となるのは関係性

　サービスは顧客（ユーザー）の活動を支えるために，何らかの〈価値提案〉をすることから始まる。とはいえ，よく知らない営業マンがいきなりアポ無しで訪問しても，顧客は〈取引〉をしたいとは思わない。営業マンと顧客との間に，価値提案の前提となる〈関係性〉がまったく構築されていないからである。

　逆に，以前に購入体験を有していたり，誰かの紹介を通じていたりなど，何らかの関係性があれば，顧客は営業マンの話に耳を傾けるし，適切な情報を自ら営業マンに与え，もっと良い提案を引き出そうと前のめりになる可能性もある。それが発展すれば，顧客はサービス価値提案そのものに参加し，サービスを共同生産する可能性も出てこよう。これは顧客とその営業マンとの関係が，必要なものに対して対価を都度支払うことを基本とする〈取引〉の段階を超えて，今は何も購入する必要がなくとも，その営業マンと日頃から情報交換をしたいと顧客に思わせる〈関係性〉の段階に進化していることを意味する。

　このように，サービス価値の提案においてカギとなるのは，顧客との関係性を最大限に活用することである。顧客がサービスプロバイダーとの関係性を築くことは，モノ製品における顧客とメーカーとの関係性以上に，生み出す価値の可能性を大いに拡げるものである。なぜなら，モノをベースとした取引は，ネットでもできるし，比較サイトで安いものを都度購入すればよいため，単発的な取引に陥りやすいからである。

　きっと我々は，モノを消費するとき，入手するまでの〈過程〉よりも，手に

入れた製品の出来やスペック通りの性能発揮といった〈結果〉の方により価値を感じているはずである。しかし，サービスの場合は，顧客自らがインプットとして，サービス生産プロセス（過程）に参加していることが多いため，共同生産の過程そのものにも強い思い入れを抱きやすい。このような特性を持つ商品カテゴリーでは，必然的にサービスの結果（アウトカム）よりも，その過程（プロセス）で得られる経験に，アウトカム以上の価値が宿ると考えられる。

　しかし，十分に顧客との〈関係性〉が構築されていなければ，やみくもに参加を促しても，不慣れな共同生産者が複雑なプロセスの渦中に投げ込まれるだけのことである。そうなれば，顧客はきっと戸惑うに違いないし，よい経験をしたとも思わないであろう。一方で，関係性が築かれていれば，顧客は自らの能力を最大限に発揮して，サービスをより良いものにしようとする。

	企業	
	関係性志向の取り組み	取引志向の取り組み
〈能動的〉関係性モード	1	2
〈受動的〉関係性モード	3	4
取引モード	5	6

（顧客・ユーザー）

出所：Grönroos（1997），p.410の図を翻訳

図07-01　関係性調整マトリックス

　企業側は関係性をどう捉えればよいのか。これは顧客がどのような態度でそのサービスに向き合っているかによって決まる。**図07-01**を見てほしい。この図は，企業努力の向けるべき先を横軸に，顧客のモードを縦軸に置いたクリスチャン・グルンルースによる「関係性調整マトリックス」[1]である（Grönroos, 1997）。

　顧客のモードが，3行目の〈取引モード〉にある場合，セル5を舞台に，企業側が関係性志向の努力をしても，ほとんどの顧客に受け入れられないであろう。この場合，セル6を舞台にしたビジネスを行うしかない。

そして〈関係性モード〉には２種類ある。２行目には，常に受身な態度だが，企業との関係性構築を拒否することはしない顧客が想定されており，１行目には，企業との関係性づくりに自ら積極的に乗り出す顧客が想定されている。

例えば，顧客が，１行目の「能動的な関係性モード」にあるならば，企業側もセル１を舞台にして，関係性志向の努力をすることが妥当である。

仮に現在，セル３やセル５を舞台にしてサービスが提供されていても，企業側からセル１へと誘導することは，顧客にとってもメリットがあるはずである。

逆に，能動的か受動的かの違いはあるにせよ，〈関係性モード〉を持つ顧客に対し，企業側が〈取引モード〉のまま，セル２やセル４でビジネスを行っている場合には，利益を得られるチャンスを企業がみすみす見逃していることになる。早急にセル１への誘導を目指すべきであろう

本章では，顧客との関係性を築きながら，サービス経験価値を高める方法を考えていく。キーワードとなるのは，情動（emotion）である。最初に情動が共同生産をどう突き動かすのかについて紹介し，その上で共同生産をどう考えるべきかについて説明する。

2　共同生産を促す情緒的価値

マーケティングやブランディングの先行研究の多くは，商品価値には大きく，機能的（functional）価値と情緒的（emotional）価値とがあることを示唆している[2]。価値（value）の箇所を顧客が実際に得られる便益（benefit）と捉えた，機能的便益と情緒的便益の区分も見られる。このような区分は古くからあり，人々が購買行動に至る動機について，合理的動機（rational motives）と感情的動機（emotional motives）とに分けたメルビン・コープランドの考え方が1924年に現出している（Copeland, 1924）[3]。合理的動機を持つ消費者は，必要な機能に相応しい価格の商品を選択するわけであるから，機能的選択と換言しても差し支えないと考えられる。つまり，マーケティング論の黎明期から既にこのような区分けがなされ，現在に至っているわけである。

しかし，価値そのものに対する考え方の区分としては許されるかもしれないが，サービスは価値提案の先に実現された〈活動〉のことを指すのであり，活

動が単独の価値を体現することは考えにくい。つまり，これら2つの価値が独立して，別々に提供されることはありえない。その意味では，サービス業を「機能的サービス」と「情緒的サービス」とに区分する考え方[4]は間違っており，近藤隆雄（1999）が言うように，すべてのサービスには機能的側面と情緒的側面がある[5]。

　ところで，ブランド論では，その主たる提唱者の1人であるデービッド・アーカーにより，情緒的価値をさらに「自己実現価値」と分けた3区分が提唱されている（Aaker, 1996）[6]。情緒的価値についてはさらに別の細分化軸が見られ，次章でもこのような考え方を採用して，価値提案を具体化させる作業に活用するが，本章ではいったん機能的と情緒的の2つに絞り，解説を続けたい。

　以下では，サービス経営において，情緒的価値が共同生産を促すきっかけになることを，事例を用いながら説明し，顧客・ユーザーの共同生産を促す際に，情動の問題をどう考えるべきなのかについて考察を加えていく。

2.1　情動が参加を促す——"FEELCYCLE"の事例

　機能的価値と情緒的価値の区分が，サービス経営論において現出するもっとも多い用例は，そのコアサービスに着目した業種区分として，である。

　例えば，クリーニング店のようにもっぱら顧客の所有物に対してサービス活動が向かう場合には，洗濯物の仕上がり（汚れ落ちやシワ取り）という機能面こそが重要だが，テーマパークのようなサービス業では，むしろ機能面での満足はあまり要求されることがなく，キャストの感動的な演技を見たとか，パレードの幻想的な雰囲気に酔いしれたといった情緒面で満足させることの方がより重要である。このように，サービスは大きくは機能的な価値を訴求するものと，情緒的な価値を訴求するものとに分かれる。主たる訴求内容ということは，コアサービスが機能的価値に寄っているか，情緒的価値に寄っているか，という区分だと理解してよい。

　例えば，前田勇（1995）のように，同じ宿泊ニーズに対応するホスピタリティ産業の中でも，機能性優位のホテル型に対して，情緒性優位の旅館型，のように大胆な区分を示している論者もいる[7]。さらに前田は，機能性優位は，サービス提供時に人的な接触度合いが低く，その逆に情緒性優位では人的な接触

度合いが高いという点や，利用頻度の多少（機能性優位は多頻度，情緒性優位は少頻度）の違いなど，わかりやすい目安も示している。

　しかし，この区分はあまりに大雑把すぎるし，それぞれのサービスが，機能か情緒かで象徴づけられることはあっても，業種に固有とはまでは言いにくい。確固とした区分ではなく，優位な傾向として示されているように，同じ業種でも機能性と情緒性の取り入れ方には濃淡があるだろう。大雑把な目安にするには便利な区分法であるが，あまり厳密なものとは考えない方がよい[8]。

　とはいえ，こうした目安があるからこそ，それを逆手にとって企業が独自のポジションを得る可能性があることも確かである。重要なことは，コアサービスだけで考えるのではなく，サポートサービス（サブサービス）その他のサービス・パッケージの中で，機能性と情緒性を組み立てる視点を持ち，それらを戦略的に活かすということだろう。

　実際，機能的サービスをもっぱら手掛ける事業者であっても，サービス・パッケージの中に，情緒的サービスの要素を取り入れることは可能である。しかも，コモディティ化されやすい機能的サービス部分よりも，情緒的サービスの方が付加価値は大きくなる傾向が強い。明確な仕様にもとづく機能は値付けしやすいが，感動はプライスレスとされるからである。そのため，コアサービスそのものの焦点をズラすことは，当該業界カテゴリーから外れることになるため行いにくいが，サポートサービス（サブサービス）に情緒的サービスを取り入れることで付加価値を訴求しようとする事業者は多い。

　例えば，株式会社フィールコネクションは，機能性優位と見られるフィットネス業界にあって，「暗闇空間でのレッスン」という情緒的要素を持ち込んだ企業である。同社が展開する"FEELCYCLE"は，一般的なスタジオとは異なり，照明が暗く落とされており，その空間内では，まるで音楽アーティストのライブさながらのサーチライトが飛び交い，大音響でノリのよいダンス音楽が流れている。DJのようなマイクパフォーマンスができるインストラクターが，指導する中で，エアロビクスの集合レッスンをしたり，参加者全員でアフターバーン効果が得られるまでエアロバイクをこいだりする。

　そのサービス名にあるように，あくまでもスタジオに設置されたエアロバイクが，このフィットネスジムのコアサービスであるはずである。ところが，同

社がサービスの謳い文句とするのは「フィットネスを超えた，ライブ体験」である。汗を流すという機能的便益そのものよりも，得られる高揚感すなわち情動をウリにしていることが明らかであり，実際にただ明るいスタジオでエアロバイクをひたすらこぐより，熱気を帯びたスタジオで，参加者全員と軽くハイになった状態でエアロバイクをこいだ方が，楽しく長時間汗を流せるし，何より脂肪燃焼効果が高いであろう。

　こうした暗闇フィットネスが「光る」のは，業界そのものが機能性優位と見られている中で，情緒性優位の仕組みを持ち込んでいるからこそである。ここでは，エアロバイクフィットネスというコアサービスそのものは変更されず，暗闇中のサーチライト演出，脂肪燃焼部位特化型プログラム，洋楽ヒットチャートのセレクト[9]といった強化型サービスにより，まったく新たなサービス・パッケージに仕上がっていることがユニークなのである。

　ちなみに，独りジムで黙々とトレーニングするのではなく，ある空間の中で同じ苦しみや楽しみを仲間や参加者と共有し，独りでは得難い体験を得ることを「集合的エクスペリエンス（collective service experience）[10]」と呼ぶ。フィットネス業界では，オレンジセオリーという米国企業（日本にも進出済み）が，この集合的エクスペリエンスを用いたレッスンを行っている。

　顧客のそれぞれが，この集合的エクスペリエンスの体感を目指してくれないことには，レッスンはしらけてしまう。よって，FEELCYCLEやオレンジセオリーの顧客は，共同生産に促されながら，すべての顧客とインストラクターが，ともにこの体験空間を作り上げているわけである。

　もちろん，集合的エクスペリエンスが持つ価値のほとんどは，情緒的価値に属するものである。

2.2　情動がもたらす成果──「武田塾」の事例

　機能的と情緒的の区分がサービス経営で問題とされる場面には，接客態度にかかわるものがある。近藤（2012）[11]によれば，サービス提供者は，接客時に2つの記号を**図07-02**のように発している。具体的なサービス授受の内容にかかわる「事実に関する記号」と，サービス授受にともなって発生する「感情に関する記号」である。ここでは機能と情緒という用語は使われていないが，事

実記号によってもたらされる情報から得る便益は機能的便益であり，感情に関する記号によってもたらされる情報から得る便益は情緒的便益であるということを，あらかじめ申し添えておく。

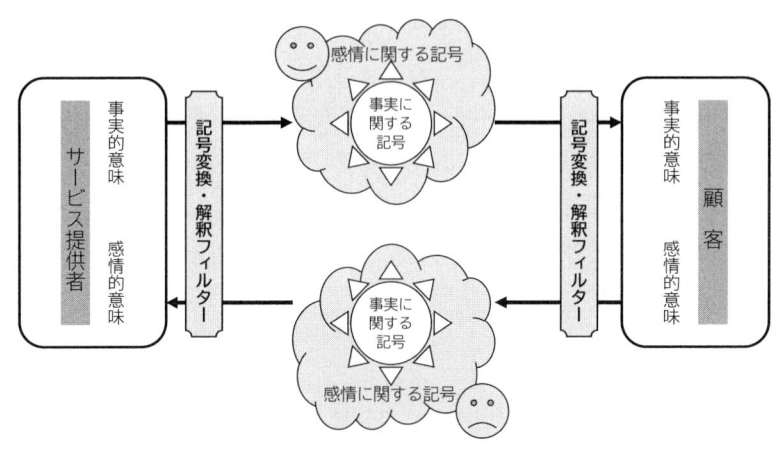

出所：近藤（2012），p.125を筆者改変

図07-02　接客態度と顧客反応の二重構造

　2種の記号情報のうち，事実情報はコアサービスの成立には不可欠なものである。例えば，医師による診断情報のように，その情報を受け取ることが患者にとって最優先事項であり，最重要目的だとみなされているような情報である。一方で，同じ場面で，医師はその診断情報を事務的態度で何の感情も込めずに伝えることもできるし，その反対に同情心や慈愛の念に満ち溢れた態度で，何らかの慰めやねぎらいの言葉，すなわち「感情に関する記号」を添えて伝えることもできる。

　後者の発話には，事実情報としての診断内容と，その言葉が添えられようが診断には影響しない，医師の感情にかかわる情報とが混在している。また，発話された際の医師の態度も記号の一種として作用するため，患者の記憶には，発せられた言葉だけでなく，医師がそのときにとった態度（事務的か，同情的か）も残るであろう。このとき，記号情報として作用しているのは，言葉と態度であり，ときにはお悔やみの言葉を発してくれるものの，イマイチ気持ちが

こもっているように見えず，「アンビバレントな態度」として患者に記憶されてしまうかもしれない。しかし，どのような場合でも，事実情報である診断内容さえ的確であれば，感情情報のやりとりが問題になることは少ないのが医療現場での現実であろう。また，感情情報そのものを通常業務に取り入れることは別の経営上の課題を引き起こすこともある。なお医療現場と同様に，事実情報に重きが置かれるサービスには，資産運用アドバイザー業務などがある。

　一方，事実情報の部分がコアサービスとされながら，感情的な意味を持つ情報が大きな役割を果たすサービスもある。教育サービスはその典型例である。

　予備校講師は，事実情報としての受験テクニックの伝え方の巧みさも重要なのは間違いないが，合格に直結する学力には直接関係のない様々な感情的やり取りを行う。担当科目にかかわるわかりやすい授業内容はもちろん事実情報として必要だが，受験という人生の一大イベントに立ち向かう受験生を鼓舞するような言葉を節目ごとに与えていくことを，自らの役割と自認する講師も多い。東進ハイスクールの名物講師である林修氏は，「わかりやすい授業」をすることは当然のこととしながらも，「勉強しようとする思いをかきたてることこそが，我々の真の仕事」と自著[12]に書いている。同様に，感情的な意味を持つ情報に重きが置かれるサービスには，公認スポーツ指導者などがある。これらの受験やスポーツにかかわるサービスは，合格や勝利という機能的価値の追求に重きを置いているように見えながら，実態としては情動がもたらす成果を大いに取り入れたサービスを提供しているのである。

　ここまでに紹介した例は，いずれも感情的な意味を持つ情報よりも事実情報が重要だった。しかし，その位置づけを転換させた例が現れた。予備校業界において「日本初！授業をしない」を謳い文句とした「武田塾」の登場である。武田塾のサービス方針をわかりやすく示せば，ティーチングからコーチングへのシフトであると言える。そのため同塾では，授業そのものはサービスとして提供していない。

　武田塾によれば，90分授業によって伝えられる情報は，5分で読める参考書にまとまっている[13]とし，塾ではそうした優れた参考書を用いた自学自習方法を導くことに注力する。授業をしないため，講師[14]よりも教務担当者が多く各校舎に配置されており，他予備校よりも電子指導報告書を用いたカウンセ

リングに力を入れている。このカウンセリングは電子指導報告書を用いて毎日行うほか，週に一度の個別指導の時間帯にも行う。当然ながら，志望校に特化した受験ノウハウを教務担当者から得るなど事実情報にもとづくカウンセリングもあれば，生活習慣の改め方や受験生をやる気にさせるための感情的な意味を持つ情報が多く含まれるカウンセリングもある。

　武田塾のコアサービスはこうしたコーチングやカウンセリングにあり，そこでは事実情報の占める割合は他の予備校よりもかなり低い。また，１対多の予備校スタイルではなく，毎週決まった講師や教務担当者との１対１の面談での対話が中心になる点では，個別指導塾にも近い形態であるが，その面談時間中に教科内容そのものが講じられるわけではないため，やはり事実情報よりも，感情的な意味を持つ情報に重きが置かれる傾向が強まるのである。実際，授業を提供しないため，その成果（志望校への合格）の獲得は，受験生をいかにやる気にさせたかにかかっている。やる気とはもちろん情動そのものである。

　以上の通り，サービスにおいては，あくまでも目安に過ぎないが，機能的と情緒的の区分があり，価値提案の内容と質に影響している。とりわけ情緒的価値は，サービスにとって欠かせない共同生産を促すし，何よりサービス活動の結果を左右することが珍しくない。情動をうまく利用することが，サービスという活動を成功に導く秘訣なのである。

3　サービスと関係性マーケティング

　本節では，サービスを顧客及びその他の利害関係者（主にサプライヤー）との共同生産により，作り上げるプロセスに注目する。05章の図05-02で紹介した「サービス〈過程／経験〉モデル」では，サービス提供者からインプットされたサービスを施されている過程におけるサービス経験にも商品価値があり，アウトカム（結果）にも商品価値があることを示していた。そして，もう１つ重要な点は，この〈過程／経験〉という囲みの中で行われていることが，サービス提供者と顧客との〈共同生産〉であるという事実であった。すなわち〈過程／経験〉＝〈共同生産〉ということである。

　サービスの多くは，一方的に提供されるわけではなく，顧客との共同作業に

よって，その過程で得られるサービス経験を豊かなものとしながら，結果として得られるアウトカムもまた，顧客にとって満足できるものになることを目指している。本節では，その相互作用の仕組みを，関係性マーケティングの視点を用いながら説明していく。

　なお，ここでは〈時間〉の概念が重要になる。時間経過とともに相互作用の姿がどう変わるのかにも着目していただきたい。

3.1　関係性マーケティングはサービスのために

　関係性マーケティング（relationship marketing）はサービス研究者のレナード・ベリーによって初めて提唱された概念である。ベリーは関係性マーケティングを「顧客を惹きつけ，維持し，（複数のサービスを提供できる組織では）強化すること」だと定義している（Berry, 1983）[15]。今日では当たり前のようにも読める定義だが，ベリーが強調したのは，新規顧客の獲得は一連のマーケティング過程における中間段階において，そこそこ行うだけでよく，企業はむしろ顧客との関係性の維持・強化に力をいれるべきである，とした点である。これはマスマーケティングが全盛期を迎えていた当時からすればやや意外な提案であったのである。この提案の真意は，彼自身の言葉を使えば，淡白な顧客（indifferent customers）から，忠実な顧客（loyal customers）へと変換させるべきということである。

　マーケティングのパラダイムは，パーソナルコンピューティングの進化が著しかった1980年代に大きく変化したと考えられている。これは顧客データベースがB2C（Business to Consumer）市場で利用されることにより，従来は属人的な資質だった関係性志向を多くの企業が目指せるようになったからである。そして，1991年にマーチン・クリストファーらにより，最初の「関係性マーケティング」を表題名とした著作[16]が出版されて以降，一般にもその用語が認識されるようになったものである[17]。

　その後の展開は目覚ましく，ドン・ペパーズとマーサ・ロジャーズによる実務家向けの書『One to Oneマーケティング』[18]が出版された頃には，日本でも関係性マーケティング概念と，それを情報技術のうちとくにDB技術と結びつけ，主にB2C取引に実践する"Customer Relationship Management：CRM"の

存在が知れ渡るようになった。

　しかし，関係性マーケティングの本領が発揮されるのは，ミレニアムを前に「経験経済」[19]の時代に入ったとされてからであろう。インターネットの登場が，Ｂ２ＣだけでなくＣ２Ｃ（Consumer to Consumer）をも可能にし，人々の〈経験〉がシェアされるようになったことでCRMはさらに進化した。

　また，05章1.2でも紹介した関係性マーケティングにおける「約束の概念」もまた，もともとサービス経営学の北欧学派から生まれた考え方[20]であり，本章１節で登場したグルンルースによって，約束マネジメント[21]として整理されたものである。彼はベリーの定義をさらに拡張し，以下のような約束概念を含めた関係性マーケティングの定義としている

> 　関係性マーケティングとは，顧客やその他の利害関係者との関係を特定し，確立し，維持し，強化し，必要な場合には終了させることであり，利益を得て，すべての当事者の目的が達成されるようにすることである。そして，これらは相互の交換と〈約束〉の履行によって行われる[22]

　定義であるため，やや抽象的ではあるが，従来の関係性マーケティングの定義に加え，関係を特定させる対象を顧客だけでなく，その他の利害関係者（サプライヤーなどのこと）も含めている他，関係性そのものが時間の経過とともに精査され，場合によってはそれを〈終了させる〉ことも考慮している点に特色が見られる。そして，それらはすべて，利害関係者相互の〈約束〉をベースとしている点も強調しておかなければならないだろう。

　というのは，関係性マーケティングの実務的な展開が盛んになった1990年代初頭は，その顧客対応のあり方が批判されることも多かったからである。具体的には，ダイレクトメールを顧客に無断で何回も送りつけてくる印象が強いといった皮肉を込めて，関係性マーケティングは〈土足でズカズカと割り込んでくるマーケティング（interruption marketing）〉[23]と揶揄されることもあったのである。

　こうした反動から，関係性をベースとしたマーケティングプロセスに参加することを，顧客側も了承（permission）している，という手続きを必要とするように進化したわけである。了承や約束をベースとして関係性を構築するとい

う考え方は，このような失敗の時代を経て生まれてきたものである。

3.2　顧客との相互作用で生まれるサービス

近年は，サブスクリプション型の契約が普及し，約束にもとづく関係性マーケティング実践が当たり前になってきている。顧客は自らの情報をどこまで開示するかを〈オプトイン／オプトアウト〉する形で明らかにし，企業はその情報をもとに顧客に対してなるべく高質の提案を行おうとしている。典型的な例が，AmazonのようなECサイトにおけるレコメンデーション（recommendation）システムである。こうした仕組みの普及により，経験経済の姿も進化し，顧客の経験価値こそがコモディティ化しにくいものであることを誰もが理解するようになってきた。

顧客がさらに高質の経験を得たいのであれば，自ら資金・資源を拠出することもいとわなくなってきている。そして，クラウドファンディング仲介サイトのCAMPFIREなど，小さなプロジェクトにも，顧客が価値を認めれば，資金が集まる状況が整ってきたことも，その現象を後押ししている。こうして，自らの資源を投入することが，自分の経験に返ってくる歓びを知った顧客が増えているのである。

ところでなぜ，サービス研究者が，この関係性の定義にこだわるのか。それは，企業は一方的に顧客に機能的・情緒的な便益を提供するのではなく，顧客が企業との共同生産に参加する意思を示し，そのもとで資源を相互に動員してサービスを作り上げるという考え方があるからである。上記のグルンルースの定義に，相互の交換と約束の履行という文言があるのはその表れである。

ここまで説明すると，一般マーケティング論と関係性マーケティング論とのマーケティング対象の違いが明確になるのではないだろうか。つまり，一般マーケティングが対象としてきたのは，**図07-03**における左上の網掛けブロック「従来のマーケティング機能」だけであった。その左上のブロックからは，消費市場に向けてB2Cのマーケティングが行われるが，これはいわゆるマスマーケティングであり，繰り返し新規顧客を探すものである。そして生産財市場に対しては，原材料その他の商材をサプライヤーから獲得するために，B2B（Business to Business）のマーケティングが行われる。B2B市場との関係性

は企業間の力関係次第であるが，当然B2Cの取引スタイルの影響を受けることは多いだろう。安定的なサプライヤーを持つ企業は，安定的な顧客を持つことが多いと考えられるからである。

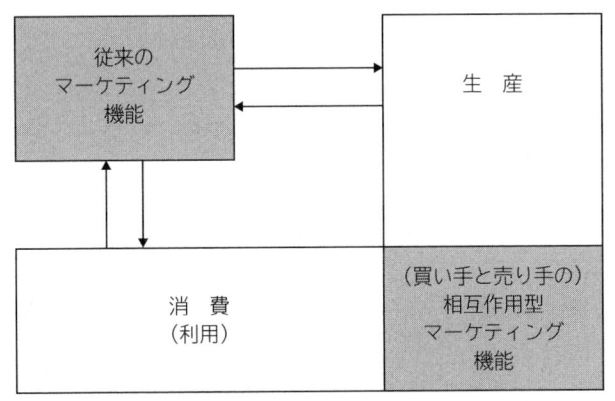

出所：Grönroos（2007），訳書p.236

図07-03　2つのマーケティング・プロセス

　一方で，関係性マーケティングが対象とするのは，新規顧客を「そこそこに」獲得するために図07-03左上の網掛けブロックの仕事も行うが，それ以降は既存顧客との間で約束を形成し，右下の網掛けブロック「相互作用型マーケティング機能」において，消費者市場にいる顧客のうち，約束を交わした顧客と，そして生産財市場にいるサプライヤーとも約束（契約）を交わし，そこを基盤としたマーケティング活動を行う。もちろんここで行われる相互作用型マーケティングは，マスマーケティングとは対極的なものである[24]。

4　価値生成プロセスのフェーズマップ

　2節で紹介した機能的価値や情緒的価値は，企業が一方的に提供するものではなかった。顧客と企業との約束された関係性にもとづき，共同生産される価値であった。つまり，価値の生産過程とは，3節の冒頭で述べたように，〈過程／経験〉＝〈共同生産〉という等式が成り立つものである。

　この等式的な構図をわかりやすく示すには，05章の図05-02「サービス〈過程／経験〉モデル」図と，グルンルース[25]による価値生成プロセスのフェーズマップである**図07-04**を比較するとわかりやすい。

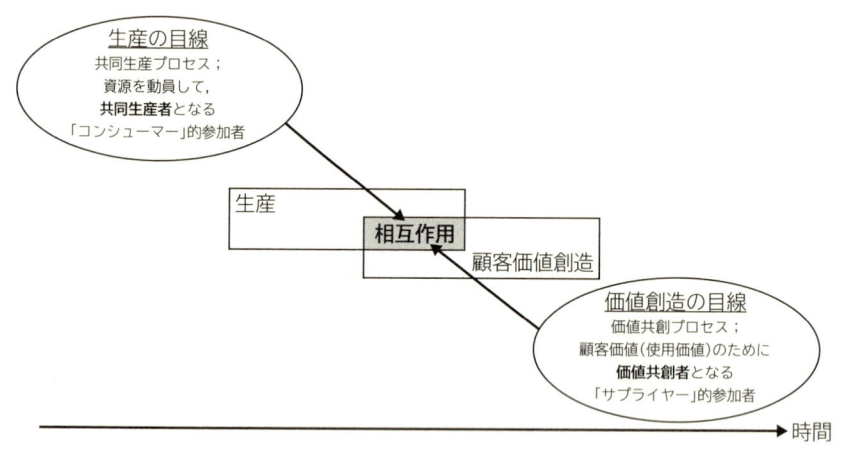

出所：Grönroos（2011）を翻訳

図07-04　価値生成プロセスのフェーズマップ

　「サービス〈過程／経験〉モデル」図では，図07-04中心部の「相互作用」の箇所が「過程／経験」となっていた。その左上の四角で囲まれた部分でサービスの「生産」を想定し，生産の目線が描かれている点は同じであるが，対角にある右下の四角で囲まれた部分では，一方的に受益する顧客の目線ではなく「顧客価値創造」を想定した目線となっている点が違う。

　また，図07-04において顧客はその時間が（左側から右側へ）経過する中で，一貫して「参加者」とみなされており，左上で動員される（インプット）資源も，参加者（つまり顧客）が拠出していることになっている。実際，資金や物的資源を投じることがなくても，顧客の多くは，情報を提供する程度にはサービスに何らかの資源を動員することが多いはずである。そしてサービスを利用するうちに（時間の経過とともに），もっとそのサービスにコミットする気になることも少なくないはずである。図07-04でも，参加者が当初は「コンシューマー」的立場であったのが，時間経過とともに目線が変わり，右下ではすっ

かり「サプライヤー」的立場に変化していく様が図示されている。

　すなわち，サービス価値とは，ときにコンシューマー的参加者（顧客・ユーザー）が持ち込む〈機能〉や〈情緒〉，ときにサプライヤーが持ち込む〈機能〉や〈情緒〉，そしてサービスプロバイダーとしての企業側が持ち込む多くの〈機能〉や〈情緒〉を含むその他の価値要素とが混交され，相互作用によって顧客価値が生成されていくということである。

　ここで顧客が持ち込む機能や情緒の質は，人によって様々である。一般の製品マーケティング論においては，質がバラバラなことは効率が悪いとみなされるが，関係性マーケティング論でならば，むしろ質は不揃いでよいとみなされる。それが唯一無二にユニークな顧客の〈経験〉に向けて動員されることが，あらかじめ想定されているからである。このような関係性マーケティングの観点も，サービス経営における「顧客がサービス経験を左右する」という視点と同じである。

〔注〕

1) Grönroos, C. (1997), Value-driven Relational Marketing: from Products to Resources and Competencies, *Journal of Marketing Management*, 13, pp.407-419.
2) 三浦俊彦（2023）「情緒的価値（非機能的価値）創造のブランド戦略」，『商学論纂（中央大学）』，64(5・6)，pp.157-193.
3) Copeland, M. T. (1924), *Principles of Merchandising*, A. W. Shaw Company.
4) 前田勇・作古貞義（1987）『サービス・マネジメント』日本能率協会マネジメントセンター．
5) 近藤隆雄（1999）『サービス・マーケティング』生産性出版，pp.54-55.
6) Aaker, D. A. (1996), *Building Strong Brands*, The Free Press.（陶山計介・小林哲・梅本春夫・石垣智徳訳（1997）『ブランド優位の戦略』ダイヤモンド社）
7) 前田勇（1995）『観光とサービスの心理学』学文社，pp.129-136.
8) 近藤隆雄（1997）は，前田（1995）のような機能的サービスと情緒的サービスとの二分法について，厳密さを欠いた議論として批判している。出所：近藤隆雄（1997）「サービス・マーケティング・ミックスと顧客価値の創造」，『経営・情報研究（多摩大学）』，1，pp.65-81.
9) 同サービスでは，プレイリストをサイト上で公開し，Apple社のiTunesストアにリンクしている。
10) Caru, A. & Cova, B. (2015), Co-creating the collective service experience, *Journal of Service Management*, 26(2), pp.276-294.
11) 近藤隆雄（2012）『サービス・イノベーションの理論と方法』生産性出版，pp.124-128.

12) 林修（2014）『いつやるか？今でしょ！』宝島SUGOI文庫，p.7.

13) 武田塾WEBサイト「武田塾の強み」（https://www.takeda.tv/about）（2024年5月1日最終確認）.

14) 武田塾では「講師」と呼ばれる現役大学生スタッフも在籍しているが，授業をするわけではなく，あくまでも質問への対応や，受験生のコーチをするための要員である。

15) Berry, L. L. (1983), Relationship marketing, in Berry, L. L., Shostack, G. L. & Upah, G. D. (Eds.), *Emerging Perspectives of Services Marketing*, American Marketing Association, pp.25-28.

16) Christopher, M. Payne, A. & Ballantyne, D. (1991), *Relationship Marketing: Bringing Quality, Customer Service and Marketing Together*, Butterworth-Heinemann.

17) Baron, S., Conway, T. & Warnaby, G. (2010), *Relationship Marketing: A Consumer Experience Approach*, Sage Publications, pp.3-24.

18) Peppers, D. & Rogers, M. (1993), *One to One Future*, Crown Business.（井関利明監訳，ベルシステム24訳（1995）『One to Oneマーケティング』ダイヤモンド社）

19) Pine Ⅱ, B. J. & Gilmore, H. (1999) , *The Experience Economy*, Harvard Business School Press.

20) 北欧学派のクリスチャン・グルンルースによれば，1983年にヘンリク・カロニウスがフィンランドにあるハンケン経済大学のディスカッション・ペーパーで発表した考え方に源流があるという。出所：Calonius, H. (1983), On the promise concept, *discussion paper*, Hanken Swedish School of Economics.

21) Grönroos, C. (2009), Marketing as promise management: Regaining customer management for Marketing, *Journal of Business & Industrial Marketing*, 24(5/6), pp.351-359.

22) Grönroos, C. (1994), From marketing mix to relationship marketing: towards a paradigm shift in marketing, *Management Decision*, 32(2), pp.4-20.

23) Godin, S. (1999), *Permission Marketing*, Simon & Schuster.（阪本啓一訳（1999）『パーミッション・マーケティング』翔泳社）

24) Grönroos, C. (2007), *Service Management and Marketing,* 3rd ed., John Wiley & Sons.（近藤宏一監訳，蒲生智哉訳（2013）『北欧型サービス志向のマネジメント』ミネルヴァ書房），（訳書），pp.235-238.

25) Grönroos, C. (2011), A service perspective on business relationships: The value creation, interaction and marketing interface, *Industrial Marketing Management*, 40(2), pp.240-247.

第 08 章

関係性ライフサイクルと経験価値

1 顧客との接点（タッチポイント）の維持

顧客との関係性は段階を踏んで進化する。そして，それぞれの段階ごとに顧客のコミットメントの得られる度合いが異なってくる。初めての顧客を獲得する段階では，まだ顧客側のコミットは求めにくいこともあるだろう。しかし，顧客がいったん〈約束（契約）〉のステップを踏めば，いきおい資源的な協力を得やすくなり，これはやがて共同生産に移る。そして，ほどよいタイミングで請求・支払いのタイミングが訪れると，顧客側はこれまでの過程を振り返り，この約束を継続（再契約）するかどうかを評価する段階に至る。

1.1 カスタマージャーニー

顧客とのかかわりを段階で捉えるフレームとしては，実務家によく知られたカスタマージャーニー[1]というツールがある。このツール活用の狙いは，顧客との接点（タッチポイント）を維持し，顧客の反応を一貫して捉え，次のサービスに活かすことである。一般的には，購入前，購入中，購入後といった顧客がサービスを体験する段階に注目し，タッチポイントから顧客の体験時の気持ちを引き出し，それを記録してマッピングするツールが利用されることが多い。

例えば，旅行に参加する顧客体験をカスタマージャーニーとする場合は，旅行前，旅行中，旅行後の顧客の感情をマッピングツールに記録する。もちろん，それを記録するには，顧客とサービスプロバイダーとの間に，一貫したタッチポイントが介在している必要がある。しかし，かつてはタッチポイントを維持

することも，情報を取得し続けることも難しかった。ところが近年では，スマホのアプリ等を利用すれば，ログを取り続けることは容易になってきている。本書でも13章で医療機器でのジャーニーマッピング技術を紹介している。

1.2　サービス・ブループリント

　本来，カスタマージャーニーは，緻密なサービス設計に用いる「サービス・ブループリント」[2] というツールとペアで使うべきものである。カスタマージャーニーでサービスの表舞台を構想し，**図08-01**のようなブループリントで舞台裏のサービス設計を緻密に行う，というのが理想的な使い方である。これら2つのツールは，コンセプト構想の初期段階においてはもちろん，顧客行動を段階別に把握した後に，サービス設計を見直す場合にも有用なツールとなる。

　ただし，本書ではブループリントそのものの解説は，専門書[3] に譲り，サービスの生産性を改善する目的において，ブループリントよりも効果的にサービス設計に活用できる理論およびツールを第III部にて紹介することとする。

　いずれにしても，こうした顧客行動の段階的な捉え方は，サービスの性質，ラインナップにより，何通りものバリエーションで描かれるものである。

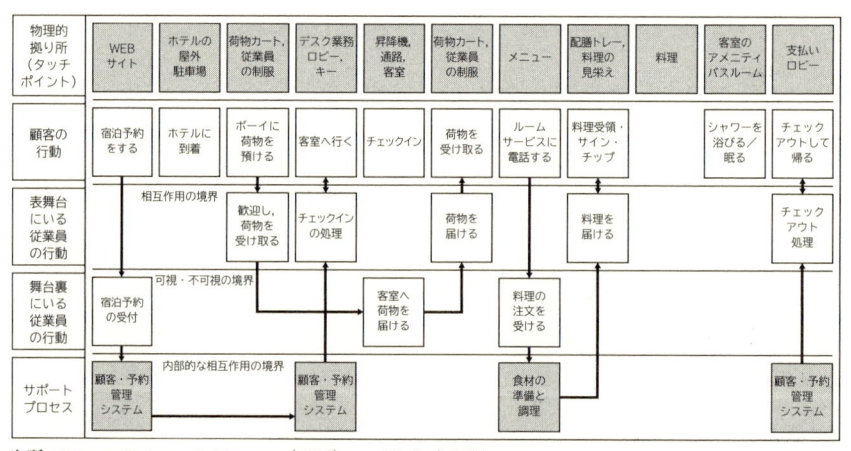

出所：Bitner, Ostrom & Morgan（2008），pp.76-77を翻訳

図08-01　ホテル宿泊のブループリント

2　関係性ライフサイクル

　それでは顧客との関係性変化を，「関係性ライフサイクル」[4]のモデル図式を使って分析的に捉えてみよう。ここでは，ラブロック&ウィルツの「サービスの花」（05章2節）に登場したサービス要素がそのままサービス・パッケージの中身になったサービスを想定してみよう。一般的な関係性ライフサイクルとして筆者が図示した**図08-02**を見ていただきたい。

　図08-02では，顧客との関係性の段階を，①検討段階，②参加段階，③利用段階，④離脱段階に分けておいた。これらはカスタマージャーニーにおいて，企業のサービスと円環上にかかわっていることを示している。適度な距離をとりながら，サービスについての情報が提供され，事前に無料相談に応じてもら

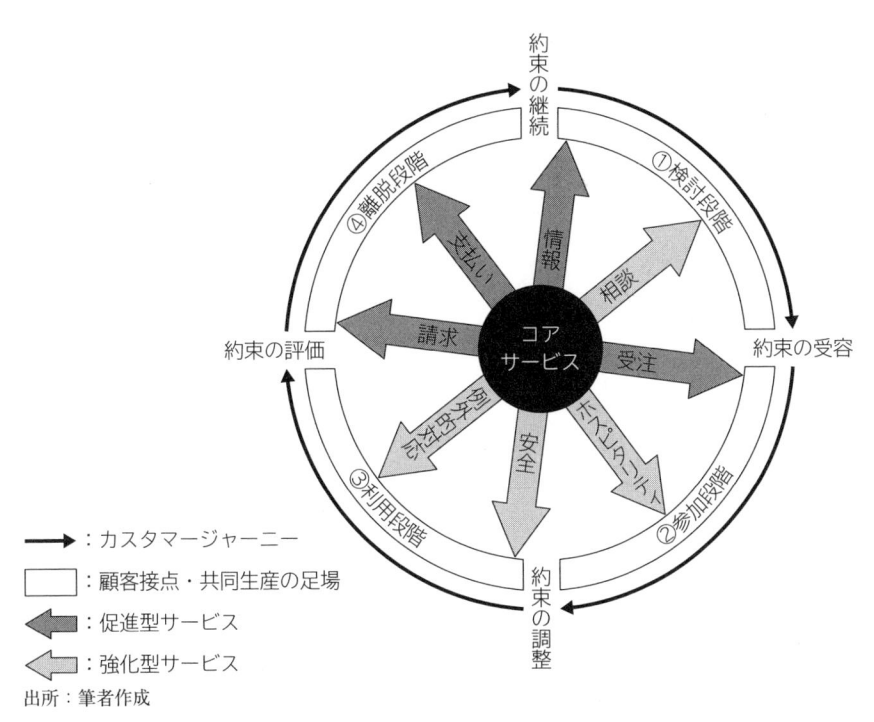

図08-02　関係性ライフサイクル

えるといった関係性が，サービス終了まで安定して続くような関係性を暗示している。各段階が円弧になっているのは，ここが顧客接点の結合点となり，サービスの共同生産の足場となることを想定している。さらに，カスタマージャーニーの狙いが行動ログの確保にあるように，この接点からはなるべく多くの情報をとることが望ましい。とくに顧客の感情にかかわる情報収集が大事である。

　そして，円弧の切れ目に〈約束〉が見直されるタイミングを置いてある。このようなライフサイクルにおける区切りは，実は顧客にとってはサービスから退出（サービスの終了）するポイントでもある。

　もちろん，例示された補完的サービス要素は本来，サービスごとにまったく異なるものになるため，図08-02のサービス名部分はあくまでも一例である。とはいえ，「サービスの花」がもともとフローとなる要素を扱っていたため，ライフサイクルとして眺めるには都合がよい例示となっているはずである。

　それでは以下で，各段階を①から④まで順に見ていこう。

2.1　①検討段階

　サービスを利用するかどうかの検討段階にあたる。様々な情報提供，相談が行われ，企業との関係性は構築済みである。これは多くのカスタマージャーニーマップで「購入前」とされる段階にあたる。本格的なサービス開始前だが，サービスにかかわる情報収集はサービス開始後以上に重要な作業となる。なぜなら，次の②で，どのような形で顧客が参加（join）するか決まるからである。

　この検討段階の直後に訪れる「受注しない」という決断は，「約束が受容」されなかったことを示す。もちろん，自社サービスに合わない顧客は，ここで謝絶することも必要となる。

　ちなみに謝絶という用語は保険業界でも使われる保険用語でもある。リスクが高くて保険を引き受けられない顧客には謝絶文書を出すことになるが，関係性がそれで絶えるとは限らない。別の保険契約や，家族の保険契約につながることもあるからである。一般企業においてもまったく同じであり，謝絶した場合には，断絶したい（自社にそぐわない）顧客だったのか，別の商品提案につなげたい顧客なのかを分けて考え，後者との間には，この検討段階がその後も

続いているというイメージで，顧客との接点を絶やさない（実務的には，顧客とコミュニケーションを絶やさない）工夫が必要になる。

　なお，当該サービスを初めて利用する顧客にとって，この検討段階は必ずあるものだが，リピート顧客にとっては省略されるか，前回のサービスの終盤において前倒しされる形で検討段階に入ることもあるだろう。

2.2　②参加段階

　いよいよ本格的なサービス提供が開始されるステージに入る。この参加段階と，③の利用段階は，サービス提供が開始・継続しているという意味では1つと考えてもよく，多くのカスタマージャーニーマップでは同じ「購入中」でひとまとめにされるが，本章ではあえて2つに分割している。その理由は，いかなるサービスも利用開始直後と安定的な使用が続く期間では，顧客の気の持ちようが違っているはずであり，それを実際のサービスにおいて「調整」することが理想的だからである。

　具体的に，レストラン利用のような単発取引的なサービスではなく，会員制スポーツクラブのような長期的な関係で考えてみよう。例えば，スポーツクラブに加入直後などは，積極的にスタッフが介入しないと新規顧客はマシンの使い方に戸惑ったり，他の会員の邪魔になったりすることを恐れて，プログラムに積極的に参加できなかったりする。つまり，②は適切にサポートすることが必要な段階である。その後，慣れてくれば，顧客も放っておいて欲しいと考えるようになるため，介入を少なくするか，介入の仕方を変える必要が出てくる。これが「調整」ということである。

　つまり，企業側として重要なのは，サービスの参加と利用という連続する過程の間に，「約束の調整」をするステップを，意図的に設けることである。

　多くのサービス業において，サービス調整（configuration）がおろそかになっているように筆者には思われる。一度，取り決めたサービス仕様をそのまま安定的に供給するのは，サービス効率の面からは都合がよいが，臨機応変なサービス提供にはつながらない。05章3節で登場した「定常状態」は，効率の面からは望ましいものであるが，実はこの定常状態を意図的に崩すことが，サービス経験の質を高めることもある。有名な例としては，高級ホテルのリッツ・

カールトンが顧客へ提供すること（というより顧客と共同生産すること）を目指す「ミスティーク（神秘的）」体験がある。リッツが目指すミスティークすなわち，驚きのあるサービスというのは，宿泊サービスの参加・利用中において顧客から得た情報をもとに行われる。同室者のバースデーを祝いたいとか，仕事面でのフォローなど，様々な工夫の結果が，その顧客だけの経験として記憶されるわけである。また，成功したサービス事例を社内で共有する「ワオ・ストーリー」は全世界で共有されており，リッツ従業員が自らの「調整」能力を高めるための知識データベースのようになっている。

　こうした調整は，定常状態だけを目指していては得られないものである。

2.3　③利用段階

　引き続き，サービスが継続されているステージである。前述したように一般的カスタマージャーニーマップでは②とともに「購入中」とされる段階であるが，本章ではあえて分けて説明している。

　ここでは，①や②で収集した情報をもとに，適切な形に〈調整〉された活動を行う段階に遷移している。この段階では，サービス提供時に不可避な「安全」リスクや，「例外的対応」への備えをすべく，「約束の調整」ステップを直前に置くことで，最悪の事態を防げる可能性を高める。

　一例をあげよう。東京海上グループのイーデザイン損保は，加速度センサーを車にとりつける自動車保険「&e（アンディー）」を発売している。これは，センサーによって，急ブレーキ，急発進など契約者の運転傾向を知るのに役立つほか，衝撃検知すれば，スマホ上に自動で保険会社の事故対応デスクの連絡先が表示される付属機能付き商品である。なぜ，このような商品が出てきたのであろうか。これまで自動車保険の場合，いったん加入して1年間無事故であれば，その間には保険会社とのやり取りは一切発生しないことが普通であった。そして，無事故であれば自動的に等級があがり，次年度の保険料が下がるという仕組みである。しかし，一般的にタッチポイントを持たない企業はスイッチングコストが低いとされる。企業との接点が少なければ，愛着も沸かないし，自動車保険の場合には，他社に乗り換えても等級が適用され，その保険会社にとどまらせる障壁があまりないからである。

　そこで，イーデザイン損保は，運転傾向が安全運転であればポイントを付与し，そのポイントがたまれば，スターバックスやタリーズのコーヒーと交換できるという特典を付与した。もちろん，単なる割引行為ではなく，それによって安全運転が促進されれば，自社の保険金支払いも減るという狙いがある。つまり，緩やかに顧客と共同生産しているわけである。

　同様に顧客が関与する度合いを高めた保険は，生命保険にも見られる。住友生命が発売している"Vitality"という商品は，健康増進型保険と呼ばれ，定期的な健康診断結果を提出したり，健康状態や食生活など生活習慣に関する質問に答えることで，その健康状態に応じたポイントが付与される。また，所定のフィットネスジムへの加入や，独自の健康増進プログラムに参加することでもポイントが得られる。たまったポイントに応じた保険料割引や，還付金が得られるという商品である。もちろん，割引したり還付金を支払うことは保険会社にとって費差益を圧迫するが，その分だけ加入者が健康寿命をのばせば，死差益を得られるというものである[5]。なお，住友生命は健康増進型保険の発売にあたり，南アフリカの金融大手であるディスカバリー社と提携し，同社のウェルネスプログラムである"Vitality"の供給を受けている。ちなみに，ディスカバリー社は各国1社に限定して，世界40の国・地域で"Vitality"を提供している[6]。

　こうした事例は，タッチポイントを持っているにもかかわらず，サービス開始後にそれをまったく使おうとしない企業にとって示唆的なものであろう。保険会社はこれまで余計な仕事を増やさないことで費差益を抑えようとしてきたが，本来，タッチポイントを持っているなら，何らかの形でその接点を使って共同生産した方が，顧客に与える経験はより豊かなものになるはずである。もしも，コスト負担の追加が気になるのであれば，上記の例のように，いずれは死差益を得るといった，長い目で見たトータルなコストの観点から，プラスマイナスゼロを目指してみるとよい。コスト的にはプラスマイナスゼロでも，きっと顧客の目線から見た経験価値はプラスになっているはずだからである。

2.4　④離脱段階

　獲得した顧客と最初のサービス共同生産作業が一区切りを迎えるステージで

ある。一般的カスタマージャーニーマップでは「購入後」とされる段階である。なお，この次には，約束（契約）を継続させるというステップが控えている。

　前述のグルンルースによる定義には，顧客との関係性は必要に応じて「終了」もあり得ることが示唆されていたように，約束（契約）は，なんでもかんでも継続させることが正しいとは限らない。顧客にもライフステージがあるため，気持ちよく関係性を一区切りとすることも考慮しておくべきである。

　この離脱段階については，多くのサービス事業者が離脱の「引き止め」戦略に走ることが多いであろう。近年では，AIが離脱の前段階にありがちな休眠顧客の行動情報を把握し，キャンペーン等の販促手法を用いて引き止めるといった手法も使われる。もちろん，こうした引き止め策が有効なタイミングもあるが，顧客との関係性ライフサイクルの視点から見たときに，いったんサービスから離脱することがお互いにとってメリットである場合もある。

　この点では①で説明した謝絶に関する注意とも共通する。顧客とのタッチポイントさえ途切れさせなければ，いったん自社のサービス自体から離脱することは企業にとってあまり問題ではない。むしろ，顧客にとって適切なタイミングを企業側が見逃さず，自社が保有するサービス群，あるいは自社が提案できる価値が求められるときに，再び顧客が，サービス利用をすみやかに再開させられるよう，どのように有効なタッチポイントを残しておくかについて検討しておくことの方が望ましい。

3　消費社会の変容と顧客経験にかかわる理論

　前節では関係性を維持した上でサービスを共同生産することについて説明した。これは顧客が〈経験〉的な価値を享受する上で，サービスを提案する側が常に念頭に置くべき考え方である。なぜなら顧客との関係性を築くことが，サービス提案の可能性を拡げるからであり，顧客との相互作用でしか生まれないサービスは多いからである。経験価値はまさに相互作用の産物なのである。

　経験は英語ではexperienceであるから，〈体験〉とも同義語である。訳語に体験という言葉をあてると，そのニュアンスから，肉体を心地よく酷使する「体験型観光」や，エンターテインメント性を高めた「体験型店舗」など，通

常よりも特殊なサービス形態を思い浮かべがちだが，あらゆるサービスに経験は宿るし，経験・体験の価値を高めてこそ，サービスは高付加価値化できる。

3.1　快楽的消費と消費文化理論

経験価値に関する研究は，消費者行動研究の系譜におけるエリザベス・ハーシュマンとモーリス・ホルブルックの1982年の発表論文[7]に遡ることができる[8]。彼女らが快楽的消費（hedonic consumption）という刺激的なタイトルで展開した，伝統的消費と経験的消費との対比的研究が経験価値に関する議論の源流である。ちなみに快楽とは，製品の機能的な価値ではなく，その「使用」を通じて得られる心地よさや歓びを意味している。

このハーシュマンとホルブルックの研究は，モノ製品を対象とした研究が多かった消費者行動研究において，これまであまり扱われなかった舞台芸術（オペラ，バレエ，モダンダンス，正統派演劇）や造形芸術（絵画，写真，彫刻，工芸）の鑑賞，ハイカルチャー製品（映画，ロックコンサート，ファッションアパレル）を分析の対象とした点でユニークだった。さらに，彼女らの論文では，快楽的反応の現出のされ方が，消費者の所属するサブカルチャーグループによって異なることも示唆している。これらは，モノからコトへの研究上の着眼点の変化や，快楽的消費の価値判断は個々人によってユニークである点などを先駆的に示したものであり，それまでは実験的研究が多かった消費者行動研究において，消費文化理論（Consumer Culture Theory：CCT[9]）と後年呼ばれることになる理論的研究を1980年代以降に活発にする。CCTは，消費者行動研究の領域だけでなく，経験そのものを商品価値の一部とするサービス研究にとっても示唆的な内容を含むものであった[10]。

3.2　フロー理論の登場

上記のような研究が生まれた同時期に，実業界でも画期的な製品が生まれた。ソニーが1979年に発売した「ウォークマン」である。この製品は，音楽を聴くための持ち運び可能なヘッドホン付きポータブルカセットデッキという機能面だけでなく，腰にぶらさげて歩きながら，場合によっては踊りながら音楽を楽しむといった経験面での価値を訴求した製品であった。ウォークマンに象徴さ

れるように，1980年代の日本では，学界のみならず，実業界にも変化があり，消費行動における記号的消費を事前に意図した広告を制作・分析することも流行した。難解なアカデミズムの議論を，実務に取り入れ，広告効果を得ようとする動きが顕著な時代[11]であったと言える。世界中の消費社会の姿が，従来と大きく変容したのが1980年前後であったのである。

そして，1990年代には，人間性心理学の流れを汲むポジティブ心理学者ミハイ・チクセントミハイがまとめた「フロー体験」の理論[12]が登場している。フローが意味するのは，「時を忘れるくらいの」集中・没入の体験や，その中で得られる高い満足感や高揚感，そして自己効力感である。フロー理論は，ポジティブ心理学における重要概念の一部だが，フロー理論は経営学においても「体験そのものが目的」という消費形態を捉える際に欠かせない理論となっていく。

4　経験価値に対する顧客反応の5次元

前述のチクセントミハイのフロー理論は，経験価値マーケティングを提唱したバーンド・シュミット[13]の研究にも組み込まれている。シュミットは，チクセントミハイを引用し，フローがあるから人生における最良の経験と楽しみが味わえることについて言及している。そして，フローは「心の中」にあり，「意味を形成」し，その究極の目的は「人生すべてをフロー経験に変える」ことであるということも主張している[14]。彼いわく，経験価値とはすなわち，顧客の「心の中の価値」なのである。

また彼は，経験とは個人の活動すなわち身体的な体験や，個々人が時間的な経験の中で感じる固有の感覚によって得る「個人的な経験価値」と，社会的に関連づけられることによって得られる「共有された経験価値」とに二分されると整理している。また，価値は単独で生じるものではなく，周囲の環境や状況との相互作用のもとで生み出されるものであるとしている。これらはいずれもハーシュマンとホルブルックの考え方とも共通するものである。

彼はさらに，人間の脳機能には，経験価値に呼応する領域があるとし，それを5つのモジュールに分解している。それが，SENSE（感覚的経験価値），

FEEL（情緒的経験価値），THINK（創造的・認知的経験価値），ACT（肉体的経験価値とライフスタイル全般），RELATE（準拠集団との関連づけ）からなる「戦略的経験価値モジュール（Strategic Experiential Module：SEM）」である。これらのモジュールは**図08-03**のように「個人的な経験価値」と「共有された経験価値」に対応する。彼の定義する経験価値とは，それらモジュールが分割して捉えられるわけではなく，全モジュールがハイブリッドに組み合わされる包括的なものである。よって，複数の個人的な経験価値のハイブリッドから構成される場合もあれば，個人的な経験価値と共有された経験価値とのハイブリッドとなる場合もあるし，共有された経験価値だけのハイブリッドとなる場合もある。

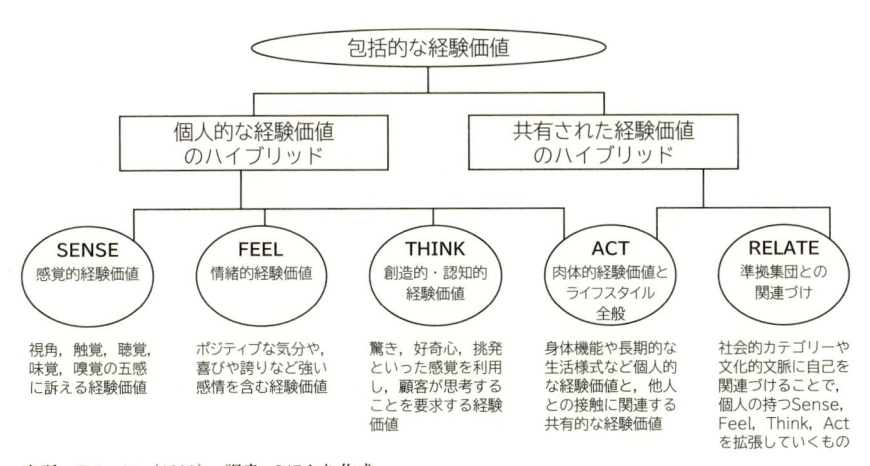

出所：Schmitt（1999），訳書p.247より作成

図08-03　経験価値の階層

　上記のSEMの各モジュールで分解された5つの脳機能の反応領域は，心理学や神経科学の研究をふまえたものである。後続のサービス研究においても，顧客サービス経験に対する反応の5次元（感覚的反応，感情的反応，認知的反応，行動的反応，社会的反応）として取り入れられている。これらは顧客のサービス経験価値を測定する際の汎用性の高い変数群だとみなされている[15]。

　また，シュミットは，各モジュールに訴求するキャンペーンを企画するとき

の「経験価値プロバイダー（Experience Provider：ExPro）」として作用する実践要素も列挙している。「コミュニケーション」，「視覚や言語によるアイデンティティやシンボル」，「製品そのもののプレゼン方法」，「コ・ブランディング」，「空間環境」，そして「人間」などである。これらの手段を戦略的経験価値モジュールに作用させるのが，シュミット流の経験価値マーケティングである。

それでは，以下で顧客反応の5つの次元ごとに，簡潔に説明していこう。ただし，FEELについては，様々な消費感情を分類した知覚マップが，サービス開発をする際の参考になるので，やや詳しく解説する。

4.1　①SENSE（感覚的経験価値）

視角，触覚，聴覚，味覚，嗅覚の五感に訴える経験価値である。

シュミットは1997年にコーネル大学ホテル・スクールの資金を得て，マリオット，ハイアット，フォーシーズンズ，ウェスティンなどの国際的ラグジュアリーホテルの感覚的印象に関する調査を行った[16]。対象となったのは，米国（コロンビア大学）と中国（中欧国際工商学院）のエグゼクティブMBA（EMBA）の受講者（在籍者は大企業の経営幹部が多い）であり，彼らに宿泊意図について問う定量と定性の両面から行われた研究であった。それによると，ホテル選びにあたり，米国人エグゼクティブは「内装は装飾的で複雑な方がよく，外観はダーク系の曲線デザインの垢抜けた都会的な外観を好む」という結果を得た。一方，中国人エグゼテクティブの回答結果は米国人と比べ，「内装は複雑」という点は同じだったが，「直線性」を活かしたものが好まれ，外観は「ソフト」な印象を重視するが，内装同様に「直線性」を活かしたデザインを好むという点が異なっていた。その回答意図についてヒアリングすると，カラー計画や全体的なスタイルが一貫しているホテルが好まれるということがわかった。

こうした調査結果はシュミットが言う「認知的一貫性」の重要性を物語る。

4.2　②FEEL（情緒的経験価値）

シュミットは，マーシャ・リチンズによる研究で測定指標として使われてい

た「16の消費感情」[17]を用いつつ，**表08-01**の「16の消費感情と知覚モデル」
に即して，「1週間のバカンスをリゾートで過ごす」という場面を読者に想起
させながら，次のように説明している[18]。

【**高級リゾートホテルへのチェックイン直後**】
・期せずして高級シャンパンのボトルを贈られた
　〈**外交的×肯定的**〉：興奮と熱狂の感情を経験
・ゲストマネージャー個人から感動的なウェルカムカードをもらった
　〈**内向的×肯定的**〉：あたたかく，感傷的で情愛に満ちた気持ちを経験
【**ゲストルーム滞在中**】
・一晩中，シャワーの滴る音が聞こえて，従業員の対応が悪かった
　〈**内向的×否定的**〉：挫折感や怒り，いらつきなどを経験
・パンツを履いていないときに，客室清掃係が勝手に入室してきた
　〈**外交的×否定的**〉：決まりが悪く，恥ずかしく，自尊心が傷つく経験

　これら4つのシチュエーションは，表08-01の各象限に対応している。プラ

表08-01　16の消費感情と知覚モデル

		肯定的		否定的	
内向的	**愛** 博愛のある 感傷的な 心の温かい	**ロマンティック** セクシー ロマンティック 情愛的	**怒り** 挫折した 怒った イライラした	**不満** 満たされない 不満の
	平穏 穏やかな 平穏な	**満足** 満足した 満たされた	**心配** 神経質な 心配の 緊張した	**悲しみ** 消沈した 悲しい 惨めな
外交的	**興奮** 興奮した ドキドキした 熱狂的な	**楽観** 楽観的な 元気づけられた 希望に満ちた	**恥** きまりの悪い 恥ずかしい 自尊心の傷ついた	**恐怖** 怖い 恐ろしい おびえた
	喜び しあわせな うれしい たのしい	**サプライズ** 驚きのある アメージングな びっくり仰天の	**ねたみ** うらやましい ねたましい	**孤独** 孤独な 郷愁にかられた

出所：Schmitt（1999），訳書pp.173-174より作成

ス面から見ると，〈外交的×肯定的〉な感情は，その後も再利用し，口コミで
ホテルを称賛する顧客になる。そして，〈内向的×肯定的〉な感情は，情愛的
な特別感情すなわちロイヤリティをホテルに示す顧客になる。

　一方，マイナス面を見ると，〈内向的×否定的〉な感情は，顧客にクレーム
を言わせるし，最悪の場合はホテルの欠点しか見てくれないアンチ顧客になる。
そして，〈外交的×否定的〉な感情は，口コミでホテルをこきおろし，二度と
そのホテルに泊まることのない，去りゆく顧客になる。

　つまり，マーケターには，いかに顧客の前向きなフィーリングを引き出すか，
が問われるということである。

4.3　③THINK（創造的・認知的経験価値）

　顧客にじっくりと集中して考えさせるような方向指示型のキャンペーンをは
ること，あるいは顧客の認知に働きかけるべく印象的・挑発的な驚きを与える
ような連想型のキャンペーンをはること，このいずれかによって，顧客の思考
は促される。こうした方法により，顧客自身が思考を深めることで，創造的・
認知的経験価値となる，というのがシュミットの考え方である。

4.4　④ACT（肉体的経験価値とライフスタイル全般）

　身体機能や長期的な生活様式など個人的な経験価値と，他人との接触に関連
する共有的な経験価値である。肉体的価値（身体的価値）は，マッサージのサー
ビスを受けているときのように，個人的な経験の場合もあれば，他者との肉
体的接触のように相互作用的に共有される経験もある。また，ライフスタイル
の場合も，スターバックスのコーヒーを飲むことが日課になってしまった人の
ように，個人的なライフスタイル経験の場合がまずある。そして，新しい行動
が社会的規範（暗黙的なグループ内規範，同調圧力など）によって強制される
ようになると，何らかのライフスタイル変化が起こるが，これは共有的なライ
フスタイル経験の一種と言えるのかもしれない。

　シュミットが紹介した事例ではないが，欧米で誕生し，日本でも急速に普及
しつつある「アドベンチャーツーリズム（AT）」商品は，このACTにおける
典型的な経験であると言えよう。ATは「自然体験」，「異文化体験」，「アウト

ドア・アクティビティ」などからなる体験型観光[19]だが，肉体を駆使する観光商品として個人的な経験価値に含まれることはもちろん，ライフスタイルを同じくする仲間と一緒に参加する形態をとることから，共有的な経験価値でもある。

ATを商品として造成するにあたっては，アクティビティを行う地域コミュニティの合意を得て推進する必要があったり，ATを推進する企業・組織には国際認証の取得が推奨されるなど，ATを含む持続的観光（サスティナブルツーリズム）は全般的に，社会性の高い分野なのである。

4.5　⑤RELATE（準拠集団との関連づけ）

社会的カテゴリーや文化的文脈に自己を関連づけることで，個人の持つSense, Feel, Think, Actを拡張していくものである。そのため，①から④までの個人的経験を，個人レベルを超越した共有的経験のレベルに高める可能性を有している。

準拠集団には民族的，職業的といった消費セグメントのカテゴリーのようなものもあれば，ライフスタイルのように地縁や職域を飛び越えて，消費者どうしが趣味縁を形成するものもある。具体的には，ユーザー・グループを含むブランド・コミュニティでは，社会的関係が構築されており，ある種の交流が内部で行われることも多い。こうしてコミュニティに関連づけられることで，①から④までの経験が共有的経験となることも想定されている。

以上が，顧客反応の5次元である。

シュミットによる戦略的経験価値モジュールは，後続の研究により拡張されたり，別の解釈が与えられたりして進化している[20]。マーケティング戦略を緻密にプランニングする場合は，これらをじっくりと参照しながら経験価値マーケティング戦略を立案するのもよいだろう。また，顧客の反応を予想したり，効果を検証したりする際にも，SEMは測定指標として利用できる便利なものである。

〔注〕

1) 顧客のサービス経験を旅になぞらえ，顧客経験を時間軸で捉えるのに便利な捉え方（13章4.1で登場するペイシェントジャーニーも参照のこと）。

2) Bitner, Ostrom & Morgan（2008）が，5つのブループリント要素（物理的拠り所，顧客の行動，顧客と接する担当者の行動，顧客と接しない担当者の行動，サポートプロセスの5要素）に整理したものが，現在広く使われている。出所：Bitner, M.J., Ostrom, A.L. & Morgan, F.N.（2008）, Service Blueprinting: A Practical Technique for Service Innovation, *California Management Review*, 50(3), pp.66-94.

3) Kalbach, J.（2016）, *Mapping Experiences: A Complete Guide to Customer Alignment Through Journeys, Blueprints, and Diagrams*, O'Reilly Media, Inc.（武舎広幸・武舎るみ訳（2018）『マッピング・エクスペリエンス』オライリー・ジャパン）

4) Grönroos, C.（2009）, *Service Management and Marketing*, 3ed., John Wiley & Sons.（近藤宏一監訳，蒲生智哉訳（2013）『北欧型サービス志向のマネジメント』ミネルヴァ書房），（訳書），p.223.

5) 生命保険会社が得る利益は，主に三利源すなわち「利差益」（集金した保険料の運用収入が契約時に予定利率よりも高い場合に発生する運用益），「費差益」（事業運営に要する経費を抑えることで発生する利益），「死差益」（予定死亡率よりも実際の死亡率が少なかったことで発生する利益）からなる。

6) 『ニッキン』，2023年12月8日号10面記事，「改革の旗手 樋口洋介・住友生命Vitality戦略部担当部長」。（https://www.nikkinonline.com/article/151056）（2024年6月1日最終確認）

7) Hirschman, E. C. & Holbrook, M. B.（1982）, Hedonic Consumption: Emerging Concepts, Methods and Propositions, *Journal of Marketing*, 46(3), pp.92-101.

8) Hirschman & Holbrook（1982）を嚆矢とする経験価値研究の系譜については，堀田（2022）に詳しい。出所：堀田治（2022）「経験価値の研究系譜と体験消費のアプローチ」，『商学集志（日本大学）』，pp.125-156.

9) Arnould, E. J. & Thompson C. J.（2005）, Consumer Culture Theory（CCT）：Twenty Years of Research, *Journal of Consumer Research*, 31(4), pp.868-882.

10) Hirschman & Holbrook（1982）の著者の1人であるホルブルックは，独自に消費者価値に関する研究を継続し，消費者価値を分析的に捉えるための枠組みを，サービス経営関連の書籍にて紹介している。出所：Holbrook, M. B.（1994）, The Nature of Customer Value: An Axiology of Services in the Consumption Experience, in Rust, R. T. & Oliver, R. L.（Eds.）, *Service Quality: New Directions in Theory and Practice*, Sage Publications, pp.21-71.

11) 1980年代から1990年代にかけて10年ほど活動したADSEC（広告記号論研究会）は，星野克美（筑波大学専任講師のち多摩大学教授）を中心に，電通や博報堂などの広告代理店の実務家をメンバーとした。そこで展開された広告記号論は，広告実務にも広く影響を与えた。参考文献：妹尾俊之（2009）「「広告記号論」再考」，『商経学叢（近畿大学）』，56(1), pp.259-276.

12) Csikszentmihalyi, M.（1997）, *Finding flow: The psychology of engagement with every-*

day life, Basic Books.（大森弘訳（2010）『フロー体験入門―楽しみと創造の心理学』世界思想社）

13) Schmitt, B. H. (1999), *Experiential Marketing*, Free Press.（嶋村和恵・広瀬盛一訳（2000）『経験価値マーケティング』ダイヤモンド社）

14) Schmitt (1999), op. cit.（訳書），p.87.

15) Mahr, D., Stead, S. & Odekerken-Schröder, G. (2019), Making SENSE of Customer Service Experiences: A Text Mining Review, *Journal of Services Marketing*, 33(1), pp.88-103.

16) Schmitt, B. (2005), Visual Identity and Experience Dimensions in the International Luxury Hotel Industry, *The Chazen web journal of international business*（*Columbia Business School*）, January 01, 2005.

17) Richins(1997)の原文を参照したところ，Schmitt(1999)の訳書173頁の図表5-2にあった「その他」という項目はRichins(1997)にはなく，「Suprise」とあったため，表08-01では項目をRichins(1997)に即して入れ替えてある。出所：Richins, M. L. (1997), Measuring Emotions in the Consumption Experience, *Journal of Consumer Research* 24(2), pp.127-146.

18) Schmitt (1999)，前掲書（訳書），pp.172-175.

19) 一般社団法人日本アドベンチャーツーリズム協議会WEBサイト（https://atjapan.org）では，「自然」,「文化」,「アクティビティ」のうち2つ以上の要素を兼ねるものと定義している。

20) 堀田（2022），前掲論文, p.132.

Column④

体験型ツーリズムとウェルビーイング

　「ウェルビーイング（well-being）」とは，単なる個人的な健康状態だけではなく，社会的にも「満たされた」状態にある広義の健康状態を指している。そして，「体験型ツーリズム」のような近年注目される観光形態もウェルビーイングと密接に関係する。

　例えば，「アドベンチャーツーリズム（AT）」のような自然の中で行う冒険型アクティビティは，〈ウェルネス（健康）〉と，〈エコ（自然環境）〉を加えた「AWEツーリズム」として，観光における一大急成長分野と世界的にはみなされている。ちなみに，「awe」という単語は畏敬の念を意味し，荘厳なる自然の神秘を体感することで，日常のストレスが解消され，ウェルビーイングを高めることを暗示させる。

　AWEツーリズムの顧客は，旅を通じて自分の心身の健康を貪欲に探求し，旅先の自然やコミュニティとかかわることで，精神的・社会的成長を成し遂げようとする人々だ。そのため，自己の健康という利己的関心だけでなく，自然環境の持続可能性や，地域社会の持続可能性といった利他的関心を高いレベルで持っている。よって，自然を破壊してまで観光施設を作ったり，「観光公害（オーバーツーリズム）」を放置する都市・地域は好まない。もちろんATにも狩猟体験など，環境負荷をかける観光形態もあるが，野生鳥獣による農作物被害に悩む地域は国内でも数多く，取り入れ方次第では持続可能性を高められる。

　2023年はアドベンチャートラベル・ワールド・サミットが北海道で開催（ATWS2023）されるなど，国内でも注目を浴びている体験型ツーリズムだが，その対象となる旅行客たちの多くは，ある程度社会的に成功した自己実現者であると同時に，「利他的で，他者のために影響力を行使しようとする〈自己超越〉的な人々」である可能性が高い。だからこそ，地域のためになればと，どんどんお金も落としてくれる（AT業界団体によれば，通常の旅行者に比べ，AT旅行者の地域観光消費額は2倍以上だ）。

　よって，これまで日本が美徳とした「良いものを安く提供」する努力をAT分野で行うことは逆効果でしかない。むしろ，日本の観光産業はこうした欲求を持つAWEツーリズムの顧客に対して，もっと高いレベルのサービス価値提案を行うべきなのだ。

第 09 章

経験ビジネスと
トランスフォーメーション・ビジネス

1 経験ビジネスをあざやかにする４Ｅ領域

　前章のシュミットの研究関心がマーケティングやブランディングによって商品の経験価値を高めることに向けられていたのに対し，同時期の1999年に発表されたジョセフ・パイン２世とジェームズ・ギルモアによる「経験経済」論[1]は，業種の枠を超えてすべての経済価値は，〈コモディティ→製品→サービス→経験〉に進化するというロードマップ[2]を描いていた。ここで言う「コモディティ」とはコモディティ化の語源となっている〈自然界から得られた産物〉すなわち自然にありふれているため代替可能で差別化できないという意味である。この第１の経済は，加工されることで製品という第２の経済となり，やがて製品はサービスのための道具にしか過ぎないという第３の経済が訪れる。そして，第４の経済価値が本章で注目している「経験」である。

　彼らはその著書において〈経験ビジネス〉遂行のためのノウハウを紹介しているが，シュミットが経験価値を製品やサービスの価値を高める従属物のように説明していたのに対し，経験そのものを主たるサービス対象とする「体験型」商品についての説明力を備えた議論を展開している点に特色がある。中でも実用的な議論が，経験の真正性（authenticity）すなわち経験の「本物らしさ」を演出（staging）する４つの領域について説明した部分である。それが「４Ｅ」である。

　一般に経験そのものを売りとする産業＝娯楽（Entertainment）産業と捉えられがちだが，彼らは，娯楽のＥは４つの領域のうちの１つに過ぎず，さらに

教育（Education），脱日常（Escapist），美的（Esthetic）が加わるとした。そして，この経験領域は**図09-01**のように，縦軸にある顧客と経験とが結びつく状況が「没頭[3]（absorption）なのか没入（immersion）なのか」の差異と，横軸にある顧客の参加形態が「受動的（passive）か積極的（active）か」の差異からなる2×2の象限に分配される。

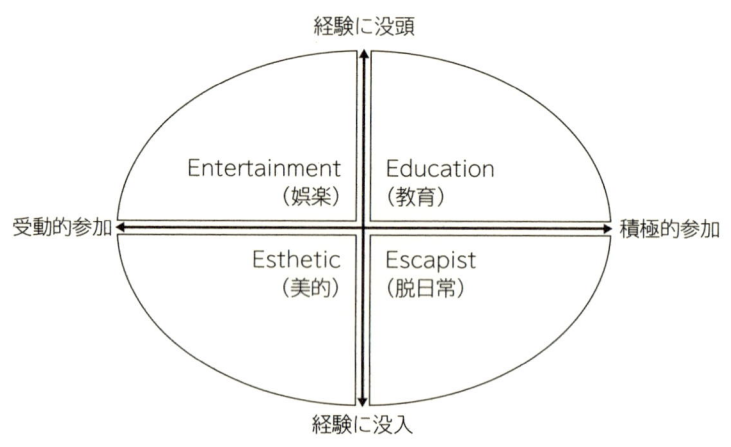

出所：Pine & Gilmore（1999），p.30を翻訳

図09-01　経験を演出する4E領域

　以下では，それぞれの領域についてパインとギルモアの論点を説明し，筆者が独自に事例を加えつつ解説していくことにする。

1.1　娯楽

　「娯楽」は最もイメージがつきやすい領域であろう。演劇や映画の観劇，ダンスやライブの鑑賞といった娯楽は，いずれも客席に座ったまま，〈受動的参加〉の形態ではあるが，人々をまちがいなくその魅力に〈没頭〉させるものである。テーマパークのアトラクションにおいて，ジェットコースターやメリーゴーランドに乗っているときのゲストとしての経験もこの領域に該当するだろう。

1.2　教育

　「教育」は文字通り学校での経験を想起させるもので，間違いではない。しかし，その学びのスタイルは，教師の板書を写し取り，その発話に目目を集中させるといった旧来型の一方通行的な教育ではない。生徒が教師に代わって授業をする反転学習や，地域にフィールドを得たプロジェクトベーストラーニング（PBL）など，双方向的な学習に〈積極的参加〉し，〈没頭〉するスタイルを想定している。

　同様に，積極的参加型の教育要素を含む経験は，ほとんどがこの領域に入る。パインとギルモアによる例示ではないが，KCJ GROUP株式会社が国内3箇所で運営する「キッザニア」は，子どもが擬似的な職業体験をすることができる体験型商業施設テーマパークだが，スポンサー企業の協力により，制服から備品まで本物さながらのものが用意され，就労体験をしたあとは給料が園内で使える通貨「キッゾ」によって支払われる。したがって，園内には疑似顧客までが存在している。単なる社会見学よりも，ずっと真剣に取り組まなくてはならず，一つひとつの職務を全うするのはそれなりの労力を必要とするものである。こうして仕事経験に没頭しながら社会の仕組みを学べるのが，キッザニアの唯一無二の特徴となっているのである。

1.3　脱日常

　「脱日常」は通常の娯楽とは対極に位置する。例えば，テーマパークの中で顧客が自らキャストの一員となって〈積極的参加〉し，自分が顧客であることを一時でも忘れてしまうくらい〈没入〉しているような経験である。パインとギルモアによる例示ではないが，2024年に東京にできた新しいテーマパーク「イマーシブ・フォート東京」は，「世界初の完全没入体験のテーマパーク」である[4]。シャーロック・ホームズなどの提供コンテンツの中で，観客は1人のキャストとして謎解きに参加するし，テーマパーク側のキャストと対話して情報も収集できる。こうした没入型テーマパークでは，参加者の個性や参加の度合い，コミュニケーション能力や推理力によって，得られる楽しみがまったく異なった体験になる。日常生活を忘れてしまうくらいコンテンツの中にうまく

没入できた顧客は，「脱日常」の中にいる時間を楽しめるというものである。

1.4　美的

「美的」は感覚的経験だけに集中した領域である。例えば，絵画を鑑賞するための画廊や美術館へ行ったときの経験は〈受動的参加〉であるが，人それぞれの心は美術作品にすっかり魅了され，ただそこにいるだけで精神的に〈没入〉しているというものである。「美的」経験の対象は，国立公園の中の森林浴でも，バルセロナにあるガウディの建築物サグラダ・ファミリアでも何でもよい。自然物か人工物かも問わない。要するに自分がその美を感じ，没入できる対象であればよいのである。

パインとギルモアによる例示ではないが，スターバックスはこの美的要素を取り入れるのに熱心な企業の1つである。京都BAL店では，若手アーティストを中心とした現代アートが80作品も展示されており，まるで美術館である。また，表参道ヒルズ店では，自然環境とのつながりを高める建築概念である「バイオフィリックデザイン」を取り入れ，湧き水や木漏れ日を感じられる季節の花と緑に囲まれた店舗となっている。このようにスターバックスには，アートや自然の中に身を委ね，好きなコーヒーを楽しめるという至福の体験が味わえる店舗が現れているのである。

以上がパインとギルモアによる4E領域の説明と，筆者が独自に加えた例示である。

パインとギルモアは，以上のような4つのE領域のうち，複数領域にまたがる経験を提供することで，その経験の「本物らしさ」は高められるとしている。例えば，彼らが提示した「エディテインメント（edutainment）」業は，「娯楽×教育」のクロス領域であるが，そこで得られる経験は，あざやかな教育経験や娯楽体験，あるいは複合的な経験として顧客の心に残る可能性があることは確かである。幼児期の学習効果が高いとして人気のあるワールド・ファミリーの「ディズニー英語システム」は，英語教材とネイティブ対話サービスがセットになった商品として非英語圏の国で高い人気がある。これも「娯楽×教育」の具体例の1つと言えるかもしれない。

　ただし，パインとギルモアの議論は，経験価値に関する黎明期の議論である
ためか，経験ビジネスの対象をいわゆる「体験型」商品に限定的に捉えており，
現代の視点から見ると，4Eによる枠組みでは，いささか狭いように感じられ
よう。彼ら自身が，〈コモディティ→製品→サービス→経験〉というロードマ
ップ的な捉え方をしていたように，現実社会は既に，あらゆる商品が経験経済
に属するものに移行してしまったからである。

2　トランスフォーメーション・ビジネス

　本節ではいよいよ，企業が顧客との関係性を活かしつつ，顧客の経験価値を
高めるような価値提案を行うための方法論について紹介する。
　前節の最後で見たパインとギルモアによる〈コモディティ→製品→サービス
→経験〉というロードマップは，実は経験経済のその先にくる経済価値が，
1999年の執筆時点で既に想定されていた。それが，「トランスフォーメーショ
ン（変革）」である。彼らのロードマップにおいては，製品経済がやがてコモ
ディティ化し，サービス経済が訪れたが，やがて機能的便益に対応するだけの
サービス経済もやがてコモディティ化し，経験経済が訪れるとしていた。経験
経済におけるサービスは，4E領域で行われる〈経験ビジネス〉により，機能
面だけでなく情緒面での価値提案を実現することが付加価値の高い経済価値だ
とみなされた。今日的な視点から見ても，究極の経済価値の主張であるように
感じられるだろう。
　ところが，彼らは経験ビジネスについて一通りの解説をした後，経験経済も
いずれはコモディティ化し，その先に来る経済価値の最終形態であるトランス
フォーメーションへと対応すべく，〈トランスフォーメーション・ビジネス〉
にサービスを変容させる必要が出てくるだろうと予言的に発展経路を示したの
である。以下で詳しく見ていこう。

2.1　顧客の「なりたい自分」の価値は〈個人的＋社会的〉なもの

　このトランスフォーメーション（変革）を基盤とする経済価値世界では，顧
客こそが商品だとみなされる。パインとギルモアは，フィットネスクラブや病

院の例をあげ，次のように説明する[5]。顧客が求めているのは，ジムでの苦痛や，治療・カウンセリングなのではなく，自分の心身を〈健康〉な状態に変革することなのだと。

　一見すると，サービス経営論がこれまで述べてきた，サービスの価値は〈結果〉だけにあるのではなく〈過程／経験〉にも宿る，という議論を否定しているようにも聞こえるかもしれない。しかし，過程（経験）を経た後に得られる〈変革の成果〉が大事だと主張しているのは確かだが，彼らの真意は〈変革の成果〉だけに価値提案を逆戻りさせることではない。むしろ，〈過程／経験〉を経たからこそ，得られた〈変革の成果〉に価値を感じられる，ということを言っているのである。

　実際，健康がお金で買えるようなものであれば，真の価値は感じられないものである。パインとギルモアは，前述のジムや病院の例以外に，ビジネススクールでの学位取得もトランスフォーメーション・ビジネスの１つだと例示している。確かに，学費を払っただけで，簡単にMBAの学位が取得できるなら，顧客はその成果に価値を感じることは難しいだろう。困難な経験を経て，それを乗り越えた自分を誇りに思い，その証としての学位証明書の取得であること，さらに学位取得することで，自分自身が社会的にもMBA取得者として遇されること，これら個人的・社会的な裏付けがあるからこそ，価値を感じるわけである。すなわち，彼らが言う「顧客こそが商品」というのは，単なる個人的（自己満足的）な商品価値だけでは不十分であり，〈社会的〉にも価値があるとみなされる商品でなければならない，ということを意味する。これら２つの価値を同時に感じられることで，顧客こそが商品と言える状態に達するわけである。

2.2　顧客の「片付けるべき〈ジョブ〉」は４つ

　後にパインとギルモアは，ランス・ベッテンコートを筆頭著者とし，デイビッド・ノートンを加えた４人の共著論文[6]において，トランスフォーメーション・ビジネスの発展的な考え方を示している。そこで彼ら４人は，顧客が何を実現したいのかを顧客の「片付けるべき〈ジョブ〉」とみなし，このジョブを次の４つに分類している。①機能的，②情緒的，③社会的，④願望的，の各ジ

ョブである。

　以下では，彼らによる説明を引用するとともに，筆者による補足説明を加える。

①　「機能的」ジョブ

　顧客が達成しようとするゴールやタスク（食事の準備など），解決しなければならない問題（関節痛の緩和など）がはっきりとしたジョブである。これは07章2節で解説した機能的な価値に基づく便益と同じである。

②　「情緒的」ジョブ

　その瞬間や将来に向けて高めたいと思う（自信がつく，高く評価されるなどの）感情，もしくは弱めたいと思う（恥ずかしい，ねたましいなどの）感情を扱う。これも07章2節で解説した情緒的な価値に基づく便益と同じである。こうした高めたい，あるいは弱めたいと思う感情のバリエーションについては，08章4.2で見た「16の消費感情」が参考になるだろう。

③　「社会的」ジョブ

　自分がどう認識されたいのか（魅力的である，プロフェッショナルであるなど），あるいは，他の人とどのようにかかわりたいか（励ましや共感を得たい，など）に関係する。これは直前に説明した，パインとギルモアによる「社会的」なトランスフォーメーションに該当する。

④　「願望的」ジョブ

　人のモチベーションを高める最高レベルのジョブとされる。愛される，人生を満喫する，経済的に安定する，キャリアで成功するなど，なりたい自分になることを意味する。この願望的ジョブは生涯追い続けるものとされ，未解明領域であるために企業がほとんど手を付けていないジョブである。これは本章で初めて扱う概念であり，本論文の執筆者らによる解説もほとんどなく，わかりづらい。この「願望的」観点については，後ほど再検討したい。

　以上のジョブ区分により彼らは，企業が顧客のトランスフォーメーションを支えるビジネスに転換するべきだと提唱している。そして，その具体的方法とは，カスタマージャーニーの各段階において，顧客の成功を定義し，サービスと経験を統合的に扱って，顧客のソリューションに貢献するというものである。そして彼らはその流れを，「トランスフォーメーション・ジャーニー」と呼び，その各段階において顧客を協働パートナーとして引き入れながら，トランスフォーメーションを「調整」することを推奨している。

　彼らのこのような考え方は，現代のサービス経営論における基本的な考え方と相違ない。とはいえ，一般的な「機能的」と「情緒的」の分類法に，著者らのうちパインとギルモアが経験経済に関する著書で言及していた「社会的」というラベルを加え，その上に，未解明の概念ながら「願望的」（aspirational）のラベルをさらに付け加え，顧客の片付けるべきジョブを4分類としたことは興味深い。次節でもこの4分類に近い考え方が登場するので，引き続き検討していこう。

3　本源的な「30の価値要素」

　次に，企業が顧客に対して，何らかの新たな価値提案を行おうとする際に有用な，「30の価値要素」という考え方を紹介したい。これは，価値提案をゼロベースで考える際にヒント集として使えるものである。

3.1　価値要素の4つのカテゴリー

　価値要素とは，人間の（顧客の）本源的な消費者ニーズに関して，なるべく抽象度を高めて要素結合を重ねた結果，30にまで絞られた基本要素である。これは米国の大手コンサルティング企業であるベイン・アンド・カンパニーのパートナーであるエリック・アルムキストらが2017年に公開[7]した考え方であり，同社が30年にわたって消費者行動に関する定量的調査や定性的調査をしてきた実績をベースに，30要素を特定し，それを4つのカテゴリーに分類したものである。なお，そのカテゴリーとは**図09-02**にあるように，①機能，②感情，③人生の変化，④社会への影響，である。

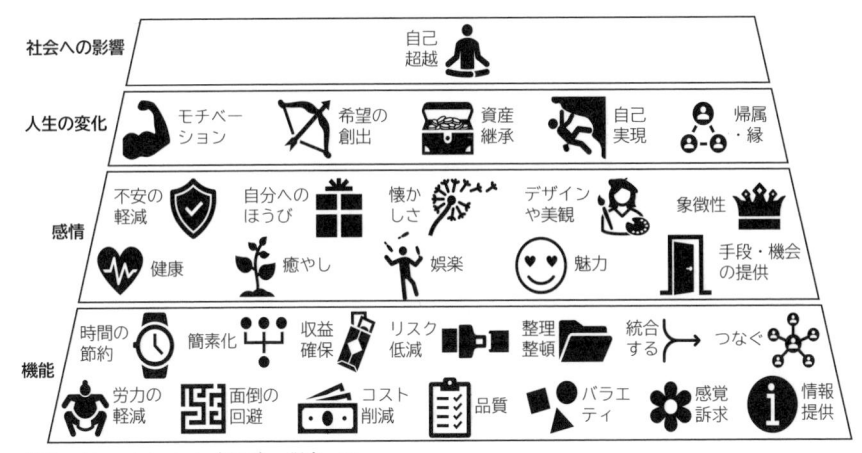

出所：Almquist, et al.（2016），訳書p.60

図09-02　30の価値要素

この図の形態がピラミッド型をしていることから推察できるように，有名な心理学者アブラハム・マズローの５段階の欲求分類を拡大・発展させたものである。

マズローの欲求分類と４つのカテゴリーを対比してみると，マズローモデルのピラミッド[8]の下層には生理的欲求や安全欲求があったが，これら下層欲求は，30の価値要素モデルでは「①機能」のカテゴリーにゆるやかに対応する。その上の「②感情」については，マズローモデルの愛情・帰属欲求と尊厳欲求の一部にラフに対応すると考えられる。そして上層の方に目を転じると，30の価値要素モデルの「③人生の変化」のカテゴリーに〈自己実現〉などの５つの価値要素がある。これらはマズローモデルで言う尊厳欲求の一部や自己実現欲求に対応するものであろう。そして最上層の「④社会への影響」には〈自己超越〉という価値要素がある。この「自己超越（self-transcendence）」という言葉は，マズローが晩年になって５段階の上にくる究極的な欲求として示唆[9]したものである。

本来，ある商品・サービスにどれだけの価値を見出すかは顧客によってバラバラである。単純な機能に対する価値の感じ方ですら，複雑な心理作用とセットで便益を受け止めるため，千差万別である。ましてや本章で扱った〈経験価

値〉ともなれば，すべてがユニークな価値として受け止められることは必然である。それでも，価値の土台をなす普遍的な価値というものがあるとベイン・アンド・カンパニーでは考え，生み出されたのが30の価値要素というわけである。

3.2　価値要素の適切な組み合わせ：Amazonプライムの事例

上記のアルムキストらによれば，価値要素の適切な組み合わせを実現すれば，顧客ロイヤリティの向上，そのブランドの購入意欲向上，売上増加の持続といった見返りが得られるという。

具体的に，アルムキストらが例示した「Amazonプライム」の価値要素の組み合わせの推移を見てみよう。Amazonプライムは同社初の会員専用プログラム（年会費を納めた人のみの特典付与プログラム）であり，一種のサブスクリプション・プログラムである。本国アメリカでは2006年に開始され，そのコアサービスは，「お急ぎ便」と呼ばれるエクスプレス配送（当初は2日以内に配送）サービスを，買い物の度に無制限で使えるというものであった。ところが，

表09-01　Amazonプライムの価値要素

開始[*1]	サービス名[*2]	サービス内容	対応する〈価値要素〉
2007	Amazonプライム	お急ぎ便無料・無制限	〈コスト削減〉〈時間の節約〉〈象徴性〉
2015	Prime Video	映像配信サブスク	〈手段・機会の提供〉〈娯楽〉〈統合する〉
2016	Amazon Music	音楽配信サブスク	〈手段・機会の提供〉〈娯楽〉〈バラエティ〉
2015	Amazon Photos	写真保存・無制限	〈リスク低減〉〈整理・整頓〉〈懐かしさ〉
2017	Prime Gaming	ゲーム配信・実況	〈娯楽〉〈つなぐ〉〈帰属・縁〉
2017	Prime Reading	電子書籍・読み放題	〈手段・機会の提供〉〈娯楽〉〈バラエティ〉
2018	Prime Try Before You Buy	洋服・靴等の無料試着	〈不安の軽減〉〈リスク低減〉〈面倒の回避〉

＊1　日本でのサービス開始年
＊2　サービス名は2024年現在（日本市場で終了したサービスは省略）
出所：筆者作成

その会員制度は，徐々に補完的サービスが付加されていき，現在では単なる配送優遇サービスではなく，より総合的なサービスに進化している。

表09-01には，Amazonプライムの会員特典追加の流れを整理し，対応する価値要素をアルムキストらの記述を参考にしながら，筆者の独断で価値要素を3つに絞ってあてはめている。現在提供されている補完的サービスを追加し，読者の便宜上，日本市場でのサービス開始年で記した。

Amazonプライム会員に入った動機が，もっぱらPrime Videoの映像配信サービスを利用するためだったという人も多いだろう。しかし，もともとは「お急ぎ便」をコアサービスとするプランであり，当初の価値要素は〈コスト削減〉と〈時間の節約〉が主な訴求内容であった。しばらく経過した2015年から，次々と補完的サービスが付加されていき，その価値要素の幅も拡大していったものである。

とくにPrime Videoは，それまでレンタルDVDが主流であったものを，映像配信という〈手段・機会の提供〉により，一気に市場を奪ったものである。とくに日本市場ではNetflixの参入が2015年であったため，両社の会員争奪戦も激しかったが，Amazonプライムの場合，既に「お急ぎ便」のために加入した会員プールを持っており，顧客側にとっては新たなコスト負担なく，映像配信を楽しめるというお得感の強いものであった。このPrime Videoの価値要素に，〈娯楽〉を加えるだけでなく，〈統合する〉という価値要素を含めているのは，既に入っていたレンタルDVD会員の更新を停止したり，新たにNetflixなどの映像サブスク会員になることなく，お急ぎ便と映像配信が利用できるという統合メリットを意味している。

Amazonプライムでは，その後も次々と補完的サービスが付加されていき，価値要素の幅も拡がっている。筆者の見るところ，当初のコアサービスであった「お急ぎ便」は，エリアによっては注文から数時間後には届けられる配送体制に進化するなど，プライム会員全体の利便性をシンボリックに伝えるという〈象徴性〉の価値要素を持つに至ったのではないか，と感じている。

3.3　ヒント集としての「B2C価値要素30」と「B2B価値要素40」

　以上のように，価値要素は新たなサービスを構想する際の，提案内容そのものを決める際に役立つし，それを多様なサービス活動で支えていく際にも有用なものである。05章2節で見た「促進型サービス」と「強化型サービス」からなる補完的サービスの内容を考える際にも，30の価値要素から採用できそうな要素を選び，その要素を具現化するようなサービスを取り入れる，といった使い方もできよう。

　もちろん，顧客との関係性が進展すれば，顧客とともに価値提案の内容を決めたり，サービス活動を〈調整〉したりできるようになる。よって，この価値要素リストを用いて価値提案の内容を決めるのは，サービス開始前の段階だけでよいかもしれない。

　とはいえ，こうした要素リストというのは，事後に検証をする際に，測定項目としても有用な区分になる。よって，顧客との共同生産により，サービスを調整あるいは新たなサービスを創出した場合に，どのような消費者のニーズに対応できていたかをチェックするといった形で用いるのもよいだろう。

　いずれにしても，すべてのサービス価値提案作業に使う必要はない。あくまでも発想に困ったときに，便利な発想支援ツールとして使うくらいでちょうどよい。

　ところで，アルムキストらは，上述のB2C向け「30の価値要素」を発表したあと，B2B向け「40の価値要素」も発表[10]している。カテゴリーは5層になり，そのカテゴリー名は下層から「必要最小限の要素」，「機能的要素」，「ビジネスをしやすくする要素」，「個人的要素」，そして最上層の「インスピレーション要素」と変わっている。B2C向けの30の価値要素のうち，半分ほどは残されているが，B2B向けには，〈ビジョン〉，〈社会的責任〉，〈企業文化の相性〉など，企業間関係に特有の要素も並んでいる。

　筆者の見解としては，企業間関係の先に一般消費者が来るようなB2B2Cの形態であれば，B2C向け「30の価値要素」を参照すれば十分であろうと考える。とはいえ，一般消費者がまったくかかわらない対事業所向けのサービス事業の場合にはB2C向け「30の価値要素」の使い道はあまりない。もしも読

者が，純粋なＢ２Ｂの事業構想のヒントを探しているのであれば，Ｂ２Ｂ向け「40の価値要素」を参照することをオススメしたい。

4　最高次元の欲求である「自己超越」とは何か？

　2.2で見た顧客の「片付けるべき〈ジョブ〉」の最高位にあった「④願望的ジョブ」にしても，3.1で見た「価値要素」カテゴリーの最高位にあった「④社会への影響（価値要素名は〈自己超越〉）」にしても，考え方としては理解できるが，具体例が伴っておらず，わかりにくいまま概念化されただけの段階にとどまっている。

　おそらくこれは，上の２つの考え方にインスピレーションを与えたと思われるマズローの欲求階層理論そのものに，未解明の部分があることが影響していると考えられる。

　アブラハム・マズロー[1908-1970]が，その62年余りの生涯において，欲求階層説を最初に公刊したのは，1943年に米国心理学会の学術誌『Psychological Review』に発表した論文[11]であり，これは彼のキャリアで言えば，初期から中期にあたる。この時点で既に，現在も通用している５段階からなる欲求理論に整理されている。後にこの研究関心を膨らませ，欲求階層説が１冊の本としてまとめられたのが有名な『人間性の心理学』(1954)[12]である。上述した未解明の部分というのは，マズローが晩年に「自己超越」という概念を，「自己実現」の先の６段階目の欲求であると示唆したにもかかわらず，それを追究することなく，程なくして亡くなってしまったために生じたものである。

　マズローによる「自己超越」に関しては，明確にこの用語を使ってはいないものの，彼の晩年にあたる1969年に，彼自身がその存在を示唆する発言をしたという記録が残っている。それは，彼自身も設立に携わった米国トランスパーソナル心理学会が発行する学術誌の創刊号[13]の序文であった。ちなみに，トランスパーソナル心理学とは，行動主義心理学，精神分析，人間性心理学に次ぐ第四勢力となることを目指した学界の動きとして始まっている。ごく簡略的に説明すると，個体的・個人的（つまりパーソナル）を超える（トランス）というスピリチュアルな経験が，人間をして個を超えた意識に向けさせるというこ

とに着目した心理学である。もう少し噛み砕いて言うと，「誰かの役に立つ」という利他意識を常に持った個人の心理の科学といったところである。マズローは人間性心理学の主要な論客であった人物だが，晩年はこのトランスパーソナル心理学に関心を移していたわけである。

　そして，マズローは死の直前の1970年に，著書『人間性の心理学』を改訂[14]したが，ここにもその研究関心が表れている。書物の基本的な骨子は初版とほとんど変わっていないが，修正にあたってもっとも注力された箇所が，「自己実現者」を2つに分けた部分に見られる。マズロー曰く，自己実現人には，「至高経験（peak experience）」を経た人（peakers）と，そうでない人（nonpeakers）がいて，それが自己実現人とそれを超えた自己実現者の間を隔てているというのである。この指摘については初版には見られない，改訂版からの新たなマズロー自身の研究関心の追加にあたる。

　自己実現人は，社会的に認められるという段階を経ているため，基本的には社会の成功者であることが多い。このうち至高経験を経た者は，これまでのように利己的に自己実現を願い続ける無限希求の欲求から離れ，利他的つまり他者のために，その影響力を行使しようとするというのがマズローの晩年の考え方である。

　このように〈自己超越〉の段階とは，晩年のマズローの研究関心がベースになった，未完の概念である。そのため，本章で紹介した「願望」にしても，「社会への影響（《自己超越》）」にしても，その意図するところを察することが難しくなっている。しかし，学問的には未解明な部分の多い概念ではあるが，おそらくは誰もがそれらの考え方の根本にある社会的な意義と重要性については共感するところが大きいのではないだろうか。だからこそ，現代の企業は，顧客に価値提案する際に，この究極的な欲求の存在について了解しておく必要があるのではないかと筆者は考える。

〔注〕

1)　Pine II, B. J. & Gilmore, J. H.（1999）, *The Experience Economy*, Harvard Business School Press.（岡本慶一・小髙尚子訳（2005）『[新訳] 経験経済』ダイヤモンド社）
2)　パインとギルモアは，経験経済の先には第五の経済としての「トランスフォーメーション（変革）」が到来すると予言的に記述していた。

3) Pine II & Gilmore (1999), op. cit. の訳書では「absorption」を「吸収」と訳していた。確かに吸収でも意味が通じないわけではないが，とくに教育の文脈では「知識を吸収する」といった慣用句もあることから，本来ここで著者らが強調する〈夢中になっている〉という語感が伝わらないように思える。そこで，「没頭」という言葉をあてて，著者らが例示する「エディテインメント（edutainment）」に，子どもたちが没頭しているようなイメージを読者が持ちやすいよう改訳した。

4) 『日経MJ』，2024年4月27日付記事「イマーシブ・フォート，没入は追加料金次第 55人が採点」より。

5) Pine II & Gilmore (1999), op. cit., (訳書), pp.174-177.

6) Bettencourt, L. A., Pine II, B. J., Gilmore, J. H. & Norton, D. W. (2022), The New You' Business, *Harvard Business Review*, 100(1-2), pp.70-81. (渡部典子訳 (2022)「顧客とともに顧客の「なりたい自分」を実現する」，『Diamondハーバード・ビジネス・レビュー』，2022年7月号，pp.26-39)

7) Almquist,E., Senior, J. & Bloch, N. (2016), The Elements of Value, *Harvard Business Review*, 94(9), pp.46-53. (有賀裕子訳 (2017)「顧客がほしいと思う30の「価値要素」」，『Diamondハーバード・ビジネス・レビュー』，2017年3月号，pp.54-65)

8) Almquist et al. (2016), ibid. でも指摘されているように，マズロー自身はピラミッド型の図を用いておらず，後進の研究者がマズローモデルを紹介する際にピラミッドで図解されるようになったものである。

9) Maslow, A. H. (1954), *Motivation and Personality*, Harper & Brothers Publishers, Inc. (小口忠彦監訳 (1971)『人間性の心理学』産業能率短期大学出版部)

10) Almquist, E., Creghorn, J. & Sherer, L. (2018), The B2B Elements of Value, *Harvard Business Review*, 96(2), pp.72-81. (スコフィールド素子訳 (2018)「法人顧客が購買を決める40の「価値要素」」，『Diamondハーバード・ビジネス・レビュー』，2018年9月号，pp.104-114)

11) Maslow, A. H. (1943), A Theory of Human Motivation, *Psychological Review*, 50, pp.377-396.

12) Maslow (1954), op. cit.

13) Maslow, A. H. (1969), The farther reaches of human nature, *Journal of Transpersonal Psychology*, 1 (1), pp.1-9.

14) Maslow, A. H. (1970), *Motivation and Personality,* 2nd ed., Harper & Row, Publishers, Inc. (小口忠彦訳 (1987)『[改訂新版] 人間性の心理学』産能大学出版部)

Column⑤

「おもてなし」は互酬的な関係性に宿るもの

　人間は，関係を切り結ぶことを繰り返して日々を過ごす。それは原初的社会から現代まで変わらない人間の経済的営為だ。例えば，経済行為のうち，市場（交換）型は，取引の度に関係が形成され，対価が支払われないうちは関係が途切れないが，取引が終われば関係が解消されて〈無関係〉に戻る。これが市場の論理である。

　一方では，「互酬」のように，原初的な社会における儀礼の一環として発生しながら，現代社会にも贈答品のやり取りなどに根強くその姿をとどめる経済行為もある。この互酬の論理では，互いに贈与を繰り返す際に，相手への返礼品の価値を意図的に等価にしない慣習があって，その「取引」はいつまでも〈御破算〉にならない（両者の関係が〈無関係〉にならない）。そのため，同じコミュニティに属するという，強い〈相互関係〉が形成されていく。コミュニティの内部で，助け合いを通じて，連帯が強固になるのもこの作用があるためだ。

　筆者は，「おもてなし」の真髄とは，この互酬性の論理にもとづく関係性構築にあると考える。

　日本人の多くは，「おもてなし」を無償の歓待行為のように思っており，なるべく安いコストで最高のおもてなしを提供することを美徳としているように見える。しかし，それはかなり無理がある。最高のおもてなしにはなるべく高いコストを求めることが当然だ。もしも今，正当な対価を求めていないとすれば，どこかで誰かが何らかのコストを負担している。労働者が自分の感情を消耗しているか，あるいは会社が損をしているのかもしれない。

　だから，こう考えてみることをおすすめする。自分が今，最高のおもてなしを提供しているのは，その顧客との間に互酬的な関係性を構築したいからであり，その最初のバトンとして，相手に〈贈与〉を手渡した段階なのだ，と。

　顧客側に目を転じると，昨今流行している「推し活」も，顧客＝ファンが，〈推し〉の対象者・企業のために，応援消費をする一種の贈与型の営みである。そして，この延長線上にファンコミュニティが形成される点も同じだ。

　こうした互酬性の論理を理解し，サービスに取り入れることで，日本の〈おもてなし〉は，経済行為として無理のないものになり，さらに素晴らしいものになると筆者は思う。

サービス
プロダクティビティ

Column⑥

タイパの時代がエンタメ・サービスを変える

　KIRINJIは1996年デビューのバンド（現在のメンバーは堀込高樹氏のみ）である。その2022年発売の楽曲「Rainy Runway」は，イントロなしでいきなり歌唱が始まる曲だ。この曲について，作詞作曲者でもある堀込氏は，タワーレコードの音楽情報レビューサイトMikikiによるインタビュー（2022年06月22日付記事）に対して以下のように答えている。

　　　「ただし，曲の構成が今っぽいかどうかは結構気にしますね。今回の
　　　"Rainy Runway"は，イントロがほぼありません。1番，2番，エンディン
　　　グという構成。最近は若者に飛ばし聞きされると話題のギターソロもエン
　　　ディングにはあるけど，中間部分にはない。（中略）時間の流れの感じ方み
　　　たいなものは，今の音楽に準じたほうがいい。」

　　　　　　　　　　　　　　（Mikiki「KIRINJI堀込高樹の作曲論」より）

　この記事を読んだ筆者は，さすがKIRINJI！と膝を打った。堀込氏は，今のZ世代の若者の視聴スタイルをちゃんと理解している，と。

　稲田豊史氏の著書『映画を早送りで見る人たち』によれば，倍速視聴の普及やネタバレ動画の氾濫は，変なコンテンツで「失敗したくない」コスパの心理と，効率よく楽しみたい「"タイパ"至上主義」に応えるために出てきたものであるという。同書に引用された倍速視聴経験の世代別アンケートでは，若いほどタイパ志向が強い。彼らは音楽を聴くときもイントロやギターソロを飛ばすのかもしれない。

　筆者は倍速視聴とは無縁の映画愛好者で，これまで非常にタイパの悪い消費態度で生きてきた（膨大な量のアジア映画を映画館や映画祭で見てきた）。だから負け惜しみのように，タイパで得られる時間効率は，人間としての生産性にはどのくらい貢献するのだろうか，などと余計なことを考えてしまい，またもや時間を浪費してしまう。

　ただ，タイパ時代そのものを嘆く論調には筆者は反対だ。タイパへの対応がサービスを進化させる面もあると思うからだ。実際，世の中にはタイパが悪いサービスが，何の改善もされず放置されていることも多い。それらの改善策を考えることが，（イントロなしの曲が登場したように）サービス・イノベーションを生み出す可能性もあるはずだ。

サービス生産性とサプライチェーン

---

1 生産性とは何か

　本章では，サービスにおけるサプライチェーンの問題を本格的に考えるために，生産性とは何かという根本的な問題から議論する。主な着眼点は生産性と効率性の違い，サービス生産性指標の持つ限界，そして制約条件（ボトルネック）問題の捉え方である。なぜ，このような根本的な問題から扱うのか。それは，生産性という言葉そのものに対する世間の誤解が根強いからである。もしも読者が「生産性」と聞いた際，すぐにコストパフォーマンス（コスパ）やタイムパフォーマンス（タイパ）のことを想起したのなら注意が必要である。それらは生産性問題に含まれることはあるが，基本的にはイコールではなく別の問題である。しかも，従業員や経営者がそう誤解することによる弊害も大きい。どういうことか，以下でじっくり解説していこう。

1.1 生産性と効率性──効率主義の罠

　「生産性（Productivity）」という用語と「効率性（efficiency）」という用語は異なる概念である。本格的にサービス生産性を高めるための理論やツールについて説明する前に，ここで両者の違いについて解説しておこう。

　「生産性」については，〈何〉の生産性を示すかにもよるが，一般的によく使われる用例は，一定の期間に労働者1人が1時間あたりどれだけの付加価値を生み出したかを示す「労働生産性」であろう。これは，どの主体の労働生産性を示すかによって違いがあり，企業の場合であれば，「労働生産性 =（付加価

値額／従業員数）×100」の全体式の中で，分子となっている付加価値額は粗利の額となる。一方，国の経済全体では，GDPを分子，労働力人口を分母に入れ替えることで労働者1人あたりの生産性を算出することができる。日本の場合，この数値が低いことが問題となっていることは周知の通りである。具体的には，このうち就業1時間あたりの付加価値で見た労働生産性ランキング[1]において2022年の日本は，OECD加盟38カ国中30位と低い位置にあった。

　一方，「効率性」については「生産効率」に代表されるように，実際に生み出された労働力と，それを行うのに投入された労働力との比で示される。よって「生産効率＝（算出労働力／投入労働力）×100」となる。生産性と同様にその優劣は比較によって語られ，比較されて初めて，別の主体に比べて「効率性が高い」という表現が使えることになる。なお，生産効率の議論には，付加価値が考慮されていない。したがって，いかに効率性が高くとも，利潤に結びつかないのであれば生産性は低いままである。

1.2　パフォーマンスは付加価値で見る──トンネリングを回避せよ

　生産性と効率性のどちらを企業にとっての「パフォーマンス」が表れる指標と受け止めるべきか。言うまでもなく企業が生み出す付加価値が考慮された，生産性の方である。

　逆に効率性に関する議論は，企業の中ではほどほどに止めておいた方がよい。確かに，効率を追求することに関しては，経営管理の祖であるフレデリック・テイラーも，一流の労働者の作業手順を分析し，効率的な作業方法を導き出すという形でこだわってはいた。今日の企業においても，効率は良いに越したことはないであろうし，ベンチマーク的に活用するのであれば害はない。しかし，上述した通り，利潤には結びつかない指標であるため，効率だけをあまりに過剰に追求することは，企業にとって無駄な努力になりかねないどころか，いわゆる「効率主義の罠」に陥る危険性をはらむ。

　罠と言われる所以は，効率を追求することそれ自体は，一見すると企業にとって良いことばかりのように思われる点にある。しかし，後述の制約条件の理論についての説明箇所で述べるように，生産性とは矛盾する行動を生み出すこともあるし，従業員が効率ばかりを追い求め，周りが見えなくなってしまうと

いう，行動科学で言う「トンネリング」という状態を引き起こすこともある。トンネリング状態に陥った従業員は，眼の前の仕事の時間効率に関する意識ばかりが高くなり，周囲のことも，大局（大きな目標）を見ることもできない状態に陥る。まるで真っ暗なトンネルの中に車で乗り込んだときのように，手元も周囲も見えず，ヘッドライトで照らされたすぐ眼の前しか見えないように，である。行動科学の研究者によれば，トンネリングに陥った人のIQは13ポイントも下落する[2]という。

　もちろん，サービス業とりわけ，交通サービスや医療サービスなど，安全や生命にかかわるような高信頼性組織においては，過度な効率主義に従業員が陥っていれば，交通事故や医療事故を引き起こしかねない重大リスクとなる。

2　サービス生産性の再考
——日本のサービスは本当に劣っているのか？

　次に「サービス生産性」についてはどうだろうか。

　日本のGDPに占める第三次産業（サービス産業）の割合は既に7割を超えており，就業者人口でも7割を超えている。ペティ＝クラークの法則[3]では，産業の比重は，第一次産業から第二次産業へ，そして第二次産業から第三次産業へと遷移するとされていたが，日本はGDP的にも労働人口的にもその通りに推移している。サービス産業は年々影響力を増しつつある一方で，日本のサービス産業の生産性が諸外国に比べて低いということが問題視されており，国がサービス産業を成長産業に位置づけ[4]たり，IoTやビッグデータを用いた新たなサービス・イノベーションの創出を目指す，ということが宣言[5]されたりしている。

　とはいえ，本当に日本のサービス産業の生産性は低いのかということについては，もう少し議論が必要である。

2.1　大企業と中小企業との格差問題

　実態から見ても，サービス業にはコンビニエンスストア事業など，日本を代表する高付加価値企業が含まれる。しかし，コンビニ業態単独ではなく，小売

業という業種カテゴリー全体で見れば，小売部門の企業間に生産性の格差[6]があり，業種全体の生産性は低く位置づけられてしまう。一方で，製造業の中では，自動車産業のように，最終製品生産メーカーの生産性に対し，下請け業者のそれが3分の1程度にとどまるという格差問題があることも指摘[7]されてきた。すなわち，業種内部にも生産性の高い企業と低い企業があるし，大企業と中小企業の間の格差も生産性格差の原因となっているのが実態である。

とりわけ日本は中小企業の比率が高いため，大企業との間に生産性格差を抱えた中小企業が多ければ，それはそのまま国際的な生産性ランキングにマイナスに反映される。このような状況を鑑みた一部の論者の中には，日本の生産性が低位であることの原因を，弱い中小企業を温存してきた日本の中小企業政策に起因すると断じるような意見[8]もある。

2.2　前提となるサービスの質の違い

次に，サービス産業に特有の課題であるが，サービス生産性の計測にあたり，労働者側の労働投入をどうするかという点が課題として残されている。本書でもたびたび議論してきたように，サービスでは，その多くにおいて顧客との共同生産によって価値が創出されている。飲食業界におけるセルフサービスに典型的なように，ファストフード業態の生産性は，顧客がサービス・オペレーションに積極的に協力することで実現されている。また，小売サービスにおいてもイケアのように，顧客はショッピングという時間を費やし，自らカートを押して商品をカゴに入れ，レジに運ぶ。近年ではレジでさえもセルフ化が進んでおり，無人店舗も登場した。これらは顧客のオペレーション参加が前提になった小売サービスである。しかしながら，生産性は相変わらず「労働生産性＝（付加価値額／従業員数）×100」という算出方法によって導かれており，正しく実態を捉えていない可能性がある。

ところで，米国における15年分の国勢調査を用いた実証研究では，セルフ方式のガソリンスタンドは雇用される従業員が少なく，労働投入量が減るため，フルサービスのガソリンスタンドに比べて，見かけ上の生産性が高くなることなどが指摘されている[9]。このことは，同じ業種の国際比較であっても，セルフサービス化に代表されるような顧客の労働参加度が低ければ（従業員による

給仕が隅々にまで行き届いていても），生産性が低くみなされるという可能性を示唆する。

　上述のような統計上の課題があるだけでなく，森川正之[10]は，「サービスの質の向上」の定量的評価が困難であるため，日本の生産性水準は過小評価されている可能性があると指摘している。具体的には日本と同じレベルで料理を提供する寿司屋，懐石料理店は他国にはない。また，鉄道やタクシーでは一見すると移動距離あたりのサービス価格が算出しやすそうであるが，実際のサービスの質は，運行頻度や時間の正確さ，乗務員やドライバーのスキルなども加味されて定まるのが本来のサービス品質であるはずである。世にある生産性の国際比較の多くは，こうした質の面での差を十分に加味できていない。

　宅配便，地下鉄，タクシー，コンビニ，理美容・エステなど，多くのサービスの質が米国よりも日本の方が高いという調査結果[11]もある。そうなれば，同じ業種を対米国で比較した場合に，労働生産性は低いとされつつも，日本の方がサービスの質が大幅に高い（コストパフォーマンスが高い）ということがあり得るだろう。

2.3　質に見合う対価を求めよ

　実態はともかく，日本のGDPの7割，就業者人口の7割という数値以上に，経済のサービス化のインパクトが大きいことを強調しておかなければならないだろう。生産性の国際比較が絶対的な指標ではないのは上述の通りだが，かつてものづくりで世界に勝負を挑み，米国の企業を凌駕することさえあった日本企業が，急速にサービス化する経済環境の中で，米国企業の後塵を拝しているのは紛れもない事実である。

　製造業は今や，コモディティ化が進んでしまった産業である。先進国はもちろん，中国のような新興の経済大国も，デジタルトランスフォーメーション（DX）への対応をいち早く進め，製造業のサービス化も進めている[12]。こうして諸外国が，コモディティ化する製造業をサービス化によって，その付加価値を高めている最中に，日本企業はかつての工業立国の姿にとどまったままではないだろうか。

　また，サービス業においても，その高い質に見合うだけの対価を得る力が，

日本のサービス産業は全般的に低いという側面も否めない。このいわば「値上げ力」の低さは，物価上昇局面で不利に働くだろう。こうした現在の状態は，ものづくりによる付加価値だけでは，もはや国際的に勝負にならないということを意味しているのではないか。

　おそらく日本は，サービス産業力を高める必要があるし，製造業のサービス化を目指す必要もある。そして，同時に議論しなければならないのが，既存業界のサービス生産性向上である。

　それではサービス化時代における生産性マネジメントとはどうあるべきなのか，効率主義の罠に陥らず，サービス生産性をどう高めるべきなのか。以下では参照すべき論点をピックアップしながら見ていこう。

3　制約条件の理論

　生産性と効率性の違いを直感的に理解できるよう，制約条件の理論（Theory of Constraints：TOC）を紹介する。TOCの考え方は，エリヤフ・ゴールドラットの著書『ザ・ゴール』[13]により世界中に広まった。同書は小説仕立てとなっており，そのエピソードのどれもがわかりやすいものであったことも，人口に膾炙した要因であろう。ここでは同書の中から，もっとも有名なエピソードであるハイキングの例示を使ってTOCについて説明していこう。

3.1　ボトルネックの存在

　図10-01はボーイスカウトのグループが，山登りハイキングに出かけた際の模式図である。本来のエピソードでは十数人のグループであったが，図解では簡略化のために5人で示している。

　ボーイスカウトの行事であるため，この山登りハイキングは全員がゴールしなければ終わらない。そして，ボーイスカウト構成員はそれぞれ自主トレを積んでいる。その甲斐あってか，先頭集団は順調に時速4kmでゴールに向かっている。この先頭集団は，練習投入量に見合うだけの登山速度をハイキング当日に出しており，生産効率の高い集団であるとは言える。しかし，彼らの山登りという作業に対する効率化努力は，結局のところ後ろのメンバーを引き離し，

隊列をいたずらに長くするだけであり，ボーイスカウトにとっての利益をまったく生んでいない。

　これを製造業の生産現場にたとえれば，特定の川下部門の処理スピードは速い（時速4km）のに，全体の生産リードタイムは極めて長い，という状況である。

　つまり，それぞれの部門の処理スピードがいくら速くても，付加価値とは関係がないため，生産性には寄与しないのである。

出所：筆者作成

図10-01　制約条件付きの隊列

　なぜ，そうなってしまうのか。この**図10-01**の真ん中，つまり川中部門にあって極めて足が遅い（時速3km）ボーイスカウトメンバー（小太りの人物）が，「制約条件」として存在すれば，全員ゴールすることがハイキングの目的である以上，頂上はなかなか見えてこない。彼のスピード以上に早足で歩くメンバーが川下集団から出ようとも，全員ゴールするまでハイキングは終わらない。これを再び製造業にたとえれば，リードタイム（隊列）ばかりが長く，実際に価値を生み出す商品は出荷されないまま，ということを意味する。

　また，この図10-01の最後の方にいる集団，すなわち川上集団は，本来はもっと足が速い（潜在的速度は時速5km）にもかかわらず，川中にいる足の遅いメンバーに追いついてしまい，その度に立ち止まる必要に迫られている。そもそも川上集団は，制約条件のスピードに合わせたスピードしか出せないはずであるし，そうすることで体力の節約になる。だが，本来備わっている実力をついつい出してしまい，ストップすることを余儀なくされているわけである。これを製造業の生産現場にたとえれば，特定の川上部門の潜在的な処理スピードが速いにもかかわらず，その先にある川中工程が制約条件となって，つくっ

た部品をすべて引き継ぐことはできず，川中の工程前で，うず高く部品在庫が積み上がっている状態にあたる。

　通常，ラインのある工場に置いておける在庫量は限られているし，倉庫にしまえばコストがかかり，運搬費も上乗せになってしまう。つまり，部門単独で処理スピードを高めてしまうことは，ライン全体に余計な負荷をかける行為なのである。

　このように，制約条件とは瓶の首の部分すなわち「ボトルネック」と同じである。瓶詰めワインをグラスにもっとはやく注ごうと思えば，ボトルの首を太くするしかない。製造ライン上のボトルネックも，ハイキング隊列にあるボトルネックもこれと同じである[14]。

3.2　局所最適解を避け全体最適解を求めよ

　図10-01は，せっかく労力をかけても，無駄な労働量の投入を続けることにしかならない図式であった。前述したように，ボーイスカウト構成員はそれぞれが自主トレを積み，体力向上に励んでいる。この努力は一見すると模範的であるようだが，手放しで褒められることではない。このことはディープラーニング理論の「局所最適解」という考え方でも説明できる。

　ディープラーニング理論は機械学習技術の１つであるが，深層学習（deep learning）の名の通り，深く広く学習すればするほど，より最適な解を導き出せる能力を高めるものである。しかし，時間的・空間的な制約が課せられると，人も機械も身の回りにあるもので学習するしかない。例えば，図10-01の川上集団（図10-01左の２名）が自主練習しているときには，この集団が安定して歩ける速度でハイキングを行うことが，彼らが到達可能な最適解となる。なお，ボトルネックを生じさせないためには歩く速度のもっとも遅い方に合わせる必要がある。川上集団の場合，メンバー２人の実力が同程度であったので，時速５kmでハイキングすればよいことになる。こうして得られた解は，全体から見れば川上集団という局所のみにて得られる解ということで「局所最適解」と呼ばれる。

　しかし，ハイキング当日には初顔合わせのメンバーがいて，彼らの速度はバラバラである。本来は，ハイキング参加者全員の時速を勘案し，やはりもっと

も速度の遅いメンバーの時速に合わせて歩行速度を定める必要がある。もっとも遅いのは川中集団（図10-01中央の1名）であり，この時速3kmが解となる。こうして全体から得られる解は「全体最適解」と呼ばれる。

　これはディープラーニング理論にも取り入れられている最小値を探索する手法を応用した説明[15]である。上記では隊列という，全体とはいえ目に見える範囲のことを対象にしたが，実務的には空間的に離れた〈全体〉を想定しなければならないこともあろう。機械学習の場合でも，なるべく長い時間をかけ，なるべく遠くの空間も学習対象に含めれば，全体最適解を見つけるかもしれない。しかし，それができなければ局所最適解に頼ることになる。そして，ここでいかに全体最適解に近づけることができるかに，サービス改革のヒントがある。

　図10-01に話を戻そう。ここでは川上集団や川下集団における自主トレこそが「局所最適解」を安易に導く原因になっていた。これを製造業の実務に置き換えれば，各部門でいくら作業の「効率化」努力をしても，川中集団のボトルネックの処理スピードを超えるような部門独自の効率化努力は，企業全体にとってムダなコスト負担であると説明できる。図10-01においても，川下集団と川中集団が引き離されれば，隊列は追いかける対象すら見失い，目標とする〈ペース〉把握ができなくなるだろう。コストをかけて努力しても，それによって全体の経営はまったく上向かないどころか，コストをかけた分，付加価値が減少してしまうということである。

　このような状況に陥っている企業組織は決して珍しくないであろう。多くの企業には，ほとんどの部署に，創意工夫によって業務を改善できる優秀な人材はいるに違いない。しかし，彼ら彼女らは，自らの職務範囲において仕事を効率化し，まさに部分（局所）だけを最適化してはいないだろうか。自分の部署だけ見ればパフォーマンスが高いように見えるが，後工程にあたる部署の前に，部品在庫の山や作業指示書類の山が積み上がっているようなら，納品待ちや指示待ちなどが，企業内のあちこちに発生し，遊休人材・遊休資源が大量発生している。これは企業にとって機会損失の放置に他ならないし，タイパどころかコスパも悪い。

3.3　バッファ・マネジメント

　それでは，次に**図10-02**を見て欲しい。図10-01でボトルネックだったメンバー（川中にいた小太りのメンバー）は，この図では背負い込んだ荷物を小さくしてある。『ザ・ゴール』本文のエピソードでも，彼の荷物を他のボーイスカウトに分散させるという逸話が出てくる。これはボトルネックになっていたメンバーの速度を向上させる措置である。もしも，ハイキング前に自主トレを導入したいのであれば，5人のボーイスカウト構成員が，それぞれに自主トレすることは一切やめた方がよい。その代わりに，制約条件となっていた小太りのメンバーを集中的に特訓し，他のメンバーは自分の実力にかかわらず，彼が安定的に歩ける3kmを集団ペースとし，その速度で登るための訓練を積むべきである。

出所：筆者作成

図10-02　制約条件なしの隊列

　こうした集団ペースを維持するための訓練と実践の方法には2つのやり方がある。1つ目は，図10-02で図解したように，ボトルネック要素を先頭に持ってくることである。これにより，もっとも速度の遅いメンバーのペースに合わせることができるし，少なくとも隊列が引き離されることはなくなる。

　2つ目の方法は，TOCで「ドラム・バッファ・ロープ」と呼ばれるキットを使うことである。これらのキットを使用する場合は，図10-02のようにボトルネックを先頭にせず，図10-01の隊列順序のままでもよい。使い方をハイキングの例で説明するのは簡単で，まず隊列の先頭者の腰に巻いたロープのもう一方をボトルネックになっている小太りの人物に結ぶ。次に，この小太りの人物はドラムを持ち，自分のペースをドラムの音で周りに知らせる。ここでボーイスカウトたちは基本的にはドラムのペースに合わせて歩行するが，2人の人

物の腰につなげたロープがピンと張り詰めてしまわない程度には，時間的な余裕を持たされている。この余裕が「バッファ（緩衝装置）」である。バッファがあることで，たまにクシャミをしたり，水を飲んだりして，一瞬ペースが乱れても，速やかにもとの隊列間隔に戻す余裕が生まれる。逆にバッファがまったくないと，ちょっとした乱れの度に隊列全体を止めなければならなくなる。このように，適切にバッファを設定することをバッファ・マネジメントと呼ぶ。

　なお，この「ドラム・バッファ・ロープ」を，実務的にそのまま使うわけにはいかないので，製造業ではサプライチェーンマネジメント（SCM）のためのコンピューターシステムでバッファ・マネジメントを実現する。

　つまり，これまで自主トレに向けていたコストを，制約の解消とペース配分に絞って仕向け，それによる集中的な改善を目指したのである。図10-02では，図10-01と同じ高さの山を登るために，より短い隊列で踏破することが可能になっていることをイメージしている。もちろん，隊列が短いことだけでも，前述の「トンネリング」を防止するという大きなメリットがあるが，隊列の短さはそれ以上の効果を生む。

3.4　スループット短縮と在庫圧縮

　隊列の短さが生み出す効果についても，再び製造業の生産現場にたとえて説明しよう。図10-02は，川上から川下に至る生産全体に要する時間が短縮され，顧客に引き渡すまでのスループットが短くなっていることを隊列の長さで暗示したものである。多くの製造企業にとって，スループットが短くなるということは，顧客から受注し，その仕様にもとづいて生産し，そして顧客のもとに納品するまでの納期を短くすること，すなわち「リードタイム」の短縮を意味する。ファストフードのような飲食サービスが狙っているサービス価値は，このリードタイムが〈ファスト〉であるということであろう。

　このように，リードタイム短縮は，大きな顧客メリットになることは言うまでもないのだが，このスループット短縮というのが，同時に「仕掛り在庫」を削減していることにも注目して欲しい。つまり安定したペースで作業が川上から川下に流れるため，前述した「部品在庫の山や作業指示書類の山」は発生しないのである。もちろん，この仕掛在庫の圧縮は工場回転率アップにもつなが

るし，工場内にムダな空間を置くことを避け，別の業務スペースとして有効活用できる。つまり，全体的な付加価値が高まっていくということである。

　ただし，在庫を完全なゼロにするのではなく，多少の在庫をバッファとして持つことがコツである。そうしないと，何かのトラブルが一瞬でも起これば，その度に部門ラインをすべて止めなければならなくなるし，速やかに復旧させることもできない。これはハイキングの事例でも同じであり，ロープを短く張り詰めすぎると，ほんの少しの速度変化で隊列全体が波打ってしまうことになる。ロープは詰めすぎず，緩めすぎず，「たわみ」として余裕を持たせるのがバッファ・マネジメントの狙いだからである。

　以上の説明が，ベストセラーになった『ザ・ゴール』においてゴールドラットがTOCをわかりやすく伝えたハイキングのエピソードとその解説である。

4　サービス業のサプライチェーンをどう考えるか？

　なお，TOCは製造業向けに書かれてはいるが，サービス業にも応用できることが知られている。わかりやすい適用例はサービス・オペレーションへの導入である。サービス提供は一連の行為の積み重ねによって生まれるものであるが，中でもマクドナルドのようにサービス工業化を目指して構築されたサービス・オペレーションであれば，製造業のサプライチェーンとほぼ同様のイメージで，サービス提供の流れを想定できる。課題となるのは製造業でもサービス業でもボトルネックの解消となる。ここで，一定のペースの流れを意識するバッファ・マネジメントを行えば，製造業と同様にサービスの生産性も向上すると考えられるのである。

　ただし，忘れてはならないのは，サービスには顧客との〈共同生産〉部分があるため，顧客にも一定のペース配分を遵守させるなどの工夫が必要となる点である。

　さらに，サービスは工業化することだけが付加価値を生む唯一の方法というわけではないことも強調しておかなければならないだろう。以下では，この点について，製造業向け４Ｐをサービス向けに拡張した８Ｐの中の「サービス・プロセス（Process）」（04章参照）を意識しながら説明してみよう。このＰの

要点は，「共同生産」を見据えたサービス設計にあった。

4.1　サプライチェーンの基本形

まずは，**図10-03**の「サプライチェーンの基本形」を参照していただきたい。

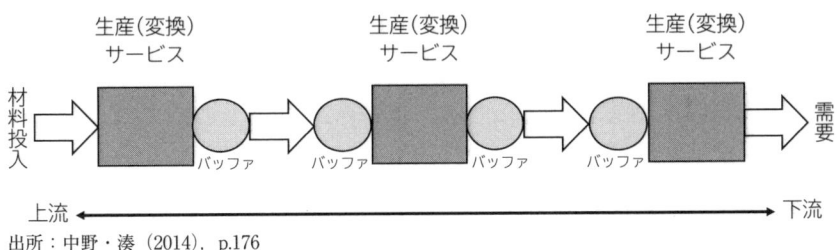

出所：中野・湊（2014），p.176

図10-03　サプライチェーンの基本形

　図10-03の上流から下流への流れは，前述のTOCの解説に用いた製造業の説明がそのままあてはまる。つまり，原材料を投入された部門は，所定の生産プロセスの中で，その材料を部品に変換し，次の「後工程」にわたす。なお，この後工程から見た最初の部門は「前工程」と呼ばれる。サプライチェーンの基本的な流れは，06章2節で紹介したバリューチェーンの主活動部分に似ている。前者が供給網に特化して部分の連鎖構造を示しているのに対し，後者は顧客に届けて価値が発生するまでを描いているという違いがあるだけである。

　次に，図10-03の前工程から後工程に引き渡すつなぎ目にある「バッファ」に注目していただきたい。TOCにおけるドラム・バッファ・ロープについて説明した箇所のバッファ・ロープの「たわみ」にあたる部分である。図中のバッファは，〈生産（変換）サービス〉の前後に置かれているが，実務上はどちらか片方だけに置かれることもある。

　このつなぎ目の部分についてはトヨタ生産方式（Toyota Production System：TPS）で説明しよう。自動車メーカーのトヨタは，自動車組立ラインにおいて，後工程が前工程に必要な部品を取りに行き，前工程はその分だけ補充するというサイクルを回す方式をとっている。その際，「カンバン」と呼ばれる指示伝票をカラの部品箱に付けて，後工程から前工程に送ることから，この

TPSを象徴する仕組みを「カンバン方式」とも呼ぶ。トヨタの場合，部品は自社生産ではないから，ここで言う前工程は下請け部品メーカー（サプライヤー）となることも多い。下請け会社では，部品をカンバンの指示にあった分だけ詰めた部品箱に「カンバン」を付けて，後工程であるトヨタに送る。

　ここで前工程から後工程に送り出される部品は，基本的に最初の〈生産（変換）サービス〉の右側にあるバッファから速やかに引き渡される。そして，先に受け取ったカンバンには部品生産指示が書かれているので，下請け会社ではその分だけ新たに生産し，再びバッファに保管しておく。このサイクルを繰り返すことで，余分な在庫を持たない（リーンな）生産方式が実現しているということである。なお，トヨタ生産方式は，後工程から生産指示が来るという「引っ張り方式（プル方式）」の生産を行うことで在庫を圧縮する仕組みである。

　一方で，ファストフードチェーンなどに見られるように，あらかじめよく売れるポテトやハンバーガーを見込み生産する方法は，後工程であるフロントカウンターにいる接客スタッフが，すぐに受け取れる位置にストックする「押し出し方式（プッシュ方式）」である。この場合のバッファは，カウンターの客側から見てわかる位置に置かれている。つまり，図10-03でもっとも需要サイドに近い，〈生産（変換）サービス〉の左側にバッファが置かれていることになる。

4.2　顧客要求分岐点

　このプルとプッシュの区分について中野冠と湊宣明（2014）[16]は，生産から市場に至るサプライチェーンのどこかにプルとプッシュの切り替えポイントとしての顧客要求分岐点（Decupling Point：DP）があることについて説明している。例えば，野菜などの生鮮食品の場合，農家はプッシュ型生産（見込み生産）をしているが，小売店への配送時にはプル型販売（受注販売）に変わる。当然ながら，DPに在庫を用意しておくことがどうしても必要となる。

　ここまでの説明では，製造業もサービス業も同じサプライチェーンの考え方が適用できるように見えるだろう。しかし，ここで想定したサービス業の「プロセス」は，顧客の目に見えない部分（バックステージ）を含んでいない。バックステージ部分は，01章の図01-01における舞台裏にあたり，顧客が参加し

ないサービス事業者だけのプロセスであるので，製造業と同じ捉え方でも問題はなかった。ところがサービスでは，この先にある顧客の目に見える部分の「フロントステージ」プロセスからは共同生産体制となるのである。

それでは共同生産を見越したサービスでは，DPをどう認識すべきだろうか。これは寿司屋の事例で説明したい。筆者はもっぱら回転寿司に行くことが多く，たまにしか「お任せ」や「お好み」で握ってくれる高級寿司屋に行くことはないが，こうした高級寿司店の大将（寿司職人の親方）が，カウンターに座る客（筆者のこと）の顔色を窺いながら，ネタを下準備する光景を見ることがある。前出の中野と湊は，寿司店のオペレーションにおいて，DPは寿司屋側にあると説明しているが，筆者もその通りだと思う。実際，筆者は大将が下準備にとりかかったネタに興味が湧き，「それ，私にも握ってくれる？」などと注文してしまうことが多い。筆者がオーダーし終わる前に，大将は早くも片手でシャリをつかんでいることもある。寿司店としては，本来は「お好み」で頼むプル型の顧客が多い店であっても，接客のやり方次第ではプッシュ側の論理に客を巻き込むことができる。もちろん，「お任せ」握りであっても，顧客の側からさりげない会話を通じて，自分の体調や気分に関する情報を渡し，お決まりのメニューではなく，今の自分にあったラインナップの寿司を堪能したいであろう。いずれにしても共同生産サービスの場においては，バッファは在庫の保管庫というより，調整装置と見た方が適切である。

もちろん，こうしたDPを柔軟に変更するマーケティング技術は，自動車メーカーのような製造業でも頻繁に行われており，製造ラインが安定的かつ稼働が平準化（ラインバランシング）するように，通常は受注販売というプル型の販売現場が，販売キャンペーンなどのプッシュ型の販売に瞬間的に力を入れることで，需給がバランスするように調整しているわけである。

4.3　国際間取引のために必要な標準化——コールドチェーンの事例

サービス業のサプライチェーンは，製造業がそうであるように，事業者間のネットワーク分業も考慮されなければならない。トヨタ生産方式は文字通り，トヨタ系列内部での分業が意識されている。なお，この場合はトヨタ系列内部での分業を前提としたクローズドネットワークであり，03章１節で扱ったアー

キテクチャ区分では，「擦り合わせ型（インテグラル型）アーキテクチャ」となる。

　一方，近年の自動車産業の多くが「組み合わせ型（モジュラー型）アーキテクチャ」にシフトしているように，サービス業のサプライチェーンも，系列の枠を飛び越え，さらには国境も飛び越えてネットワーク分業ができるよう設計することが求められるようになっている。また，こうした国際間取引を容易にするための国際標準化規格も制定されるようになってきている。

　一例をあげよう。日本の宅配サービスは世界に誇れる物流インフラであるが，近年，日本が主導する形で，国際標準化機構（International Organization for Standardization：ISO）による物流に関する国際規格が発行された。2020年に発行されたＢ２Ｃを対象とする小口保冷配送サービスの国際規格「ISO 23412」がそれである。この規格内容に従った海外の取引業者を利用すれば，保冷された食品配送の品質を，発地である日本から，東南アジアなど根強い日本食ファンのいる海外の着地まで，信頼の置ける温度管理を維持したまま，世界中に届けることが可能になる。

　こうした規格が制定された背景には，いわゆる「お取り寄せ」が国境を越えて行われる「越境EC」のアジア諸国での台頭がある。しかし，生鮮品の越境取引では，温度管理の不徹底からくる食材の傷みや，食中毒の発生が懸念された。そこで，日本の優れたクール便を世界中に拡げるという「コールドチェーン物流」の普及が発想されたのである[17]。

　なお，2021年には，Ｂ２Ｂのコールドチェーン（低温輸送網）物流全体に関する技術委員会（TC315）もISO内に発足[18]しており，こちらも日本が主導しながら，規格としての発行を目指した国際的な議論が進められている。

　クール便の物流はもちろん，冷凍技術そのものでも日本は高い技術を誇る。しかし，それを世界に広めるためには，国際規格が不可欠である。実は，こうした世界の規格競争においても，中国の台頭は著しく，様々な規格制定に向けた委員会に人材も資金も拠出している。

　日本の優れたサービスを世界に普及させるためには，こうしたルール形成戦略[19]において，日本の技術やサービスが勝ち残るべく，国家と産業界，そして学界を総動員した，したたかな戦い方が求められていると言える。

〔注〕

1) 日本生産性本部が発表した「労働生産性の国際比較 2023」による。日本の時間あたり労働生産性は，52.3ドルであり，これは首位であるアイルランドの154.1ドルや，9位の米国の89.8ドル，そしてOECD平均の65.2ドルと比べても相当に低い。出所：日本生産性本部WEBサイト（https://www.jpc-net.jp/research/detail/006714.html）（2024年7月1日最終確認）

2) Mullainathan, S. & Shafir, E. (2013), Freeing Up Intelligence, *Scientific American Mind*, 25(1), pp.58-63.

3) イギリスの経済学者コーリン・クラークが，ウィリアム・ペティの『政治算術』の記述をもとに法則として定立した。それによれば，就業人口比率及び国民所得占有比率は，第一次産業から第二次産業へ，いずれは第三次産業へとシフトする。なお，コーリン・クラークの息子グレゴリー・クラークは日本人論で著名な研究者（上智大学教授，多摩大学学長などを歴任）。

4) 2006年閣議決定「経済成長戦略大綱」など。

5) 2016年閣議決定「日本再興戦略2016―第4次産業革命に向けて―」など。

6) 日本生産性本部が2009年に公表した産業別生産性レポート「産業別にみた生産性の動向〈小売業編〉」によれば，小売業大手の2007年度の労働生産性では，総合スーパーのイオンが3,306万円，コンビニエンスストアのローソンが5,396万円，家電量販店のヤマダ電機が2,491万円といったように，大企業の中でも業態によって労働生産性が大きく異なっていた。

7) 日本生産性本部が2009年に公表した産業別生産性レポート「産業別にみた生産性の動向〈自動車産業編〉」によれば，2006年の自動車産業の名目労働生産性水準は1,869万円であったが，このうち完成車を生産する自動車製造業は3,759万円，自動車部品製造業は1,227万円というように3倍近い開きがあった。

8) デービッド・アトキンソン（2020）『日本企業の勝算：人材確保×生産性×企業成長』東洋経済新報社.

9) Basker, E., Foster, L. & Klimek, S. (2017), Customer–employee substitution: Evidence from gasoline stations, *Journal of Economics & Management Strategy*, 26(4), pp.876-896.

10) 森川正之（2016）『サービス立国論』日本経済新聞出版社，pp.69-80.

11) 深尾京司・池内健太（2017）「サービス品質の日米比較」，『生産性レポート（日本生産性本部）』，Vol.4.（https://www.jpc-net.jp/research/rd/report/pdf/sd4.pdf）（2024年7月1日最終確認）

12) 中国における驚くべきDX対応の進化については，藤井・尾原（2019）に詳しい。出所：藤井保文・尾原和啓（2019）『アフターデジタル―オフラインのない時代に生き残る』日経BP.

13) Goldratt, E. M. (1992), *The Goal: A Process of Ongoing Improvement, 2nd revised edition*, The North River Publishing Corporation.（三本木亮訳（2001）『ザ・ゴール』ダイヤモンド社）

14) 一説によれば，ワインをデキャンタに詰め替えて提供するのは，香りを引き出し，空気に触れさせることでワインの渋み成分であるタンニンをまろやかに酸化させる効果を狙っているためであるという。これをデカンタージュと呼ぶ。

15) 勾配法と呼ばれる関数の最小値または最大値を探索する手法の1つ。

16) 中野冠・湊宣明（2014）『経営工学のためのシステムズアプローチ』講談社，pp.175-183.

17) 日本の物流事業者・業界団体・関係省庁が連携し，国際標準化機構との協議が進められ，2018年にISO内に日本の提案に基づく委員会（小口保冷配送に係るプロジェクト委員会）が設置された。そのまま日本が議長国として主導し，2020年にはISO 23412として発行された。

18) ISO/TC315。なお，TCとは，専門委員会（TC：Technical Committee）のことで，規格を検討する委員会のことを意味する。

19) ビジネスにおける国際ルールは，各国政府間，あるいはEU等の超国家の会合によって決まるが，現実的には多くの国が自国にとって有利なルールを引き出すための政府への働きかけや，自国技術の海外への普及など地道な活動を展開している。規格競争もルール形成の代表例の1つである。詳しくは，國分・福田・角南編著（2016）などを参照のこと。
出所：國分俊史・福田峰之・角南篤編著（2016）『世界市場で勝つルールメイキング戦略：技術で勝る日本企業がなぜ負けるのか』朝日新聞出版.

第 11 章

設計構造マトリックス（DSM）

1　設計構造で生産性向上を考えるツール

　サービス生産性の向上をはかるにあたっては，製造業向けの理論をそのまま使うのではなく，サービスの持つ「共同生産」の性質を加味する必要がある。ここで紹介する設計構造マトリックス（Design Structure Matrix：DSM）の考え方は，もともとは製造業向けの考え方であるが，活用できるサービス業もあるし，実際に応用もされている。後の章で紹介する社会＝技術システム（STS）論と好対照をなす考え方であることから，ここで一度集中的に紹介しておきたい。

1.1　生産方式（デザイン・アーキテクチャ）とサプライチェーン

　先に見たサプライチェーンの基本形は，業種や地域ごとに様々なバリエーションを持っており，それをデザイン・アーキテクチャの違いと呼ぶ。この議論については，既に03章1.3で紹介しており，「組み合わせ型（モジュラー型）アーキテクチャ」と「擦り合わせ型（インテグラル型）アーキテクチャ」がその区分にあたる。なお，トヨタ生産方式（TPS）は「擦り合わせ型」に該当する。トヨタに限らず，日本の自動車産業は，「系列」システムを構成し，カンバン方式を企業の境界を越えて運用し，自社の系列化に置くなど，クローズドな性質が強い。このようなアーキテクチャは，カンバン方式のように，スループットを早めることを狙うサプライチェーンの運用に適している。その一方で米国や欧州の自動車産業のサプライチェーンでは，日本ほどクローズドな擦り合わ

せを行うことはなく，代わりにプラットフォーム（車台）共有などのもっとも
わかりやすい部品共有に始まる「組み合わせ型」を導入してきた。

　しかし，昨今では，このような大雑把な区分が通用しなくなってきている。
背景には，自動車産業が大規模に米欧の境界を越えて合併するようになったこ
とがあるだろう。例えば，かつて別会社であったドイツのアウディ社と，イタ
リアのランボルギーニ社は，いずれもドイツのフォルクスワーゲン社の傘下[1]
にある。そのため，かつての個性を知っている人々からすれば信じがたいこと
に，アウディ「Ｒ８」とランボルギーニ「ウラカン」は，同じプラットフォー
ムで作られている。日本の自動車産業でも，1999年にルノーと提携した日産で
は両社間の部品共通化が進み，トヨタはダイハツを子会社化した2016年を境に，
小型車のプラットフォーム開発をダイハツに任せる意向を示している。アーキ
テクチャ間の競争という見方や，日本の自動車メーカーが擦り合わせ型のチャ
ンピオンという認識は既に過去のものとなっており，現在は組み合わせ型が主
流の電気自動車勢や，さらには自動車メーカー自らが乗り出すCASE[2]分野へ
の対応を見据えつつ，いかに企業として生産性を高めるかを競う時代に突入し
ている。

　しかし，生産方式が安定的でない時代においては，事業全般を一貫するアー
キテクチャが不在となり，全体最適解を見つけにくくしてしまう。結果として
限られた探索範囲で最適解を求める局所最適解による効率化の取り組みが入り
込み，業務プロセスにムリやムダが生じやすくなっているかもしれないのであ
る。

1.2　DSMの応用例

　ここで紹介するDSMは，複雑なプロジェクトやシステムの管理，込み入っ
たサプライチェーンを記述するために考案されたツールである。代表的な応用
例は，航空機，自動車，エレクトロニクス，建築，機械などである。日本企業
ではヤンマーが電子機器製品開発プロジェクトに用いている。

　航空機製造は擦り合わせ型生産の最たるものであろう。商業用航空機のジェ
ットエンジン部分の開発活動だけでも，何百人ものエンジニアが参加し，各種
コンポーネント開発，サブシステム設計を同時に進行させる。ここでは製品開

発プロセスにおいて，「フィードバック」と「反復プロセス」に着目した，い
わゆるコンカレント・エンジニアリング[3]が採用されている。

　こうした複雑なプロジェクトの管理に向けて，DSMはもともと，アメリカ
のドン・スチュワードによって1980年前後に考案[4]されたものである。しかし，
スチュワードのDSM技法は，長らく実務に適用されることがなく，1990年代
にMITのスティーブン・D・エッピンジャーとタイソン・R・ブラウニングら
の研究グループによる，自動車（GM），エレクトロニクス（インテル），航空
宇宙産業（NASA，ボーイング社）を対象にした研究プロジェクトの開始によ
り，その有効性が実証[5]され，現在では様々な産業分野で応用されている。

　とくにDSMは「フィードバック」の箇所を突き止めるのに便利であり，「反
復性」を計画的に管理できる点で，一覧性に優れている。現代の複雑化するエ
ンジニアリングは，厳しい開発競争による時間的圧力が大きいことが特色であ
るが，それゆえに，時間のかかるフィードバックや，無意味な反復は極力排除
すべきである。こうした改善作業にはDSMは威力を発揮する。

　DSMはサービス業にも応用されている。とくに親和性が高いのはソフトウ
ェアサービスであるが，接客サービス分野においても，空港セキュリティなど
手戻りが許されない業務の設計には向いている。

1.3　情報の流れに注目する

　ところで，DSMは世にあるプロジェクト管理ツールと違い，作業ではなく，
情報の流れに着目する。一般的な作業管理では，作業者がいつ，どこで，何を
するかを記述するが，これだと作業者がどの情報にいつの時点で頼り，どの段
階で生じた情報をもとに作業に移したかがわからない。一方，DSMでは，情
報の流れを捉えるフローを詳細に描くことができる。

　複雑なプロジェクトを管理できるツールだが，その描き方はそれほど複雑で
はない。現場で作業している従業員に対し，「その作業を行う際に，別のチー
ムから必要とする情報は何か」と尋ね続ければよい。作業から生じるアウトプ
ット情報ではなく，インプット情報を突き止めるわけである。情報がすべての
作業現場から集まれば，**図11-01**のような有向グラフが描けるはずである。

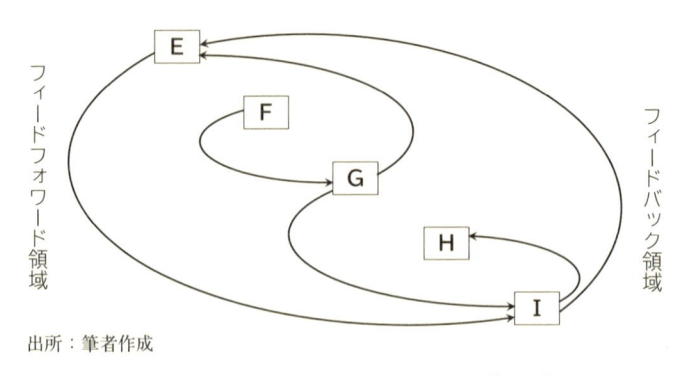

出所：筆者作成

図11-01　有向グラフ（スパゲティグラフ）

　有向グラフというのは，片方向の矢印がついたグラフである。なお，06章3.2の活動システムマップもグラフの一種だが，方向が示されていない無向グラフであった。無向というのは双方向と同義である。つまり，活動システムマップでは，お互いの活動に影響を与え合っている双方向の関係が示されている。一方，ここで描いた有向グラフでは，どの作業場からもたらされた情報をもとに自らの作業を行っているか（フィードフォワード）と，その逆に，自らの作業場はどの作業場に情報を反復的に返しているか（フィードバック）を一覧できるようになっている。

　作業は上流であるEから，下流であるIの方向に流れている。わかりやすいよう，ウォーターフォール（滝）モデル[6]と似た形に描いたが，ウォーターフォールは現実の滝がそうであるように，逆流（フィードバック）はできないのに対し，DSMではフィードバックは大いにあり得ることであって，必ずしも悪いものとはみなされない点が大きく異なる。ただし，DSMにおいても，想定外の情報の逆流や，遠すぎる作業場からの逆流があれば，それを改善しようとする。

　図11-01において，下から上に戻ってくる矢印がフィードバック情報の流れである。同図の中では，GからEに，そしてIからHとEに，それぞれ情報をフィードバックさせているのがわかる。

　そして，フィードフォワード情報としては，EからIに，FからGに，GからIに，というように流れているのもわかる。

　ただ，有向グラフはもちろんだが，無向グラフであっても複雑な開発業務の
情報経路を書き込めば，どんどんゴチャゴチャしてくる。図11-01に括弧書き
したのはスパゲティのように錯綜したグラフになってしまうという意味（一般
に，多数の線で示されるグラフのことを指す）である。これでは困るので，
DSMでは行列（マトリックス）表現を使う。

2　DSMを作成する

　ここではDSMの行列表現を見ていこう。エッピンジャーによるDSMの基本
モデル[7]を**図11-02**に示す。

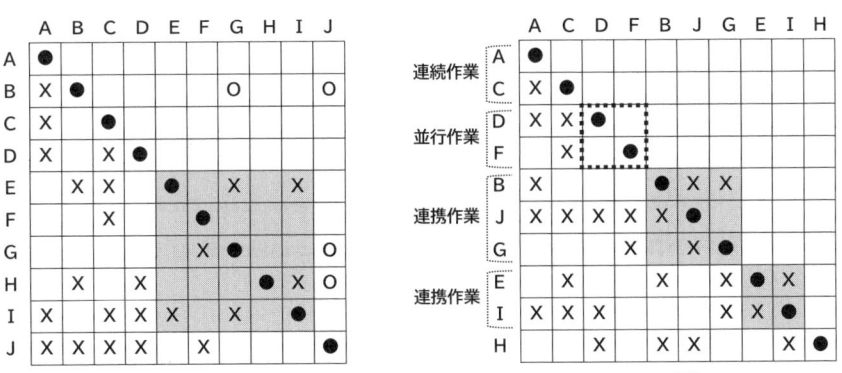

X：情報の流れ　□：計画した反復　O：計画外の反復
X：情報の流れ　□：計画した反復
出所：Eppinger（2001），訳書pp.66-68より作成

図11-02　DSMの基本モデル

2.1　DSMの読み方・使い方

　まずは，図11-02左のマトリックスを見ていただきたい。この行列図の網掛
け部分（作業Eから作業Iまで）は，前述したスパゲティグラフの部分にあた
るが，全体フローは作業Aから作業Jまでの10段階を模式的に想定していた。
読み取り方は有向グラフと同じである。黒丸印のフローを境にして，右上がフ
ィードバック領域，左下がフィードフォワード領域となる。

　網掛け部分の説明は，先程の有向グラフに対する説明と同様である。なお，この網掛け部分は，「計画した反復」となっている点に注目して欲しい。つまり，ここで起こる「X」で記された情報のフィードバックは，いずれも想定外のものではなく，あらかじめ想定されたものである。もちろん，フィードフォワード領域にある「X」も当然ながら想定されたものである。

　次に，左図中に4箇所ある「O」を見て欲しい。これは凡例にもあるように「計画外の反復」すなわち想定外の反復である。こうした想定外の情報というのは，作業のやり直しを要求するようなイレギュラーな情報であることが多い。実作業としては，複数の作業場が連携しないと解決できない問題をはらむものである。ここで対処策とした〈連携作業〉については後述する。

　「計画外の反復」がもっとも上流で現れている左図の作業Bを見てみよう。このBは，Gからの情報を必要としていることがわかる。しかし，作業G自体は，Bからかなり離れた位置にある。つまり，かなり時間が経たないと得られない情報ということになる。実務的には，作業Gから得られる〈であろう〉情報を，予測・憶測しながら，作業Bを進めてしまっている状態にあたる。晴れて作業Gからの情報を得られた際に，作業をやり直さなければならない仕様上の問題が見つかれば，「計画外の反復」作業が必要となってしまう，ということである。

　前述したように，情報フィードバックそれ自体は必ずしも悪いものではないが，「手戻り」を迫る計画外の反復の発生は，プロジェクト進行における時間ロスに他ならない。これら4箇所の「O」は，改善されなければならないであろう。

2.2　情報の流れを最適化する

　次に，図11-02右のマトリックスを見ていただきたい。この右図は，左図の流れを改善したものである。改善するためには，次のステップを踏めば良い。

①　作業の順番（行・列の順番）を組み直す

　最初のステップでは，作業の順番を変えることで流れを合理化することを狙う。

　右図では，もともと左図にて対角線の右上にあった「X」を，できるだけ多く左下に移すことに成功している。フィードバックは必要な情報であるとはいえ，近い作業場の中でやり取りできるに越したことはない。作業Aは誰からも情報を受け取らないので，最初の位置においたままで良い。次に作業Cは，Aからしか情報を受け取らないので，〈連続作業〉としてグルーピングする。

　そして，DとFをこれに続けるが，その理由はD・FがA・Cからしか情報を受け取らないからである。そのため，A・Cと同時に作業ができる〈並行作業〉としてグルーピングしている。

　同様の作業を繰り返し，〈連続作業〉や〈並行作業〉，そして〈連携作業〉（後述）のグルーピングを作っていく。そして最後に，他の作業に何も情報をもたらさない作業があれば，それを最後の行・列に〈最終作業〉として置く。図11-02では作業Hがそれに該当する。

②　作業の編成を見直す（計画外の反復をなくす）

　このステップでは，入れ替えた作業の順番を見直し，反復を減らすことを狙う。

　①の並べ換えの結果，「計画した反復」のブロックが2つの〈連携作業〉に分かれて置かれることになった。これは，前述の「複数の作業場が連携しないと解決できない問題」を解決するために，あえて1つのブロックとするものである。2つの連携作業ブロックのうち，E・Iブロックについては，もともとの左図においても「計画した反復」に入っていた。しかし，新たにグルーピングされたB・J・Gブロックは，左図においては計画されたものではなかった。

　そこで，新たに「計画した反復」の四角形を右図に描いてみると，左図においてGからBへの「O」（「計画外の反復」）が四角の中に収まることになった。よって，GからBのフィードバックを「O」ではなく，「X」に修正している。

　さらに，左図において3つの計画外反復を起こしていたJは，右図ではB・J・Gブロックに入ったため，3箇所のうちの2箇所である，JからH，そしてJからGの計画外反復のフィードバック情報は，左下すなわちフィードフォワード情報へと転換されている。しかも，このうちJからGは「計画した反復」の四角形に収まっている。

　最後に残ったJからBの計画外反復の「O」は，B・J・Gブロックで新た
に作られた「計画した反復」の四角の中に収まっている。よって，これも
「O」から「X」に修正している。

　以上の処理により，右図の右上部分のフィードバック領域には，計画した反
復以外のフィードバック情報がなくなり，左図に比べて，すっきりした流れに
変わったことが一目瞭然となった。

3　DSM分析のサービスへの活用

　前節で見たように，DSMは情報の流れに着目した開発プロジェクト管理ツ
ールである。そして，開発業務に限らず，製造業のサプライチェーン管理，組
織アーキテクチャの記述といったように，複雑なシステム分析に対して有効な
可視化に優れた分析ツールである。その多様な使い道については，DSM分析
の様々な応用可能性を示したエッピンジャーとブラウニングの著書[8]を参照し
ていただくとして，サービスへの適用については筆者の考えを述べておきたい。

3.1　DSM分析に向いたサービス

　前述したように，もともとDSMは製造業向けに考案されたものであり，エ
ッピンジャーとブラウニングらの研究で応用可能性を拡げたものである。既に
ブラウニングらはサービスへの適用も一部で行っており，空港業務（チェック
イン，手荷物引受け，搭乗口アクセスなど）のプロセスデザインにDSMを応
用しているようである[9]。

　空港業務の場合，いったん預けた手荷物は乗客の手元に戻さないことが前提
となっており，チェックインしてから，搭乗ゲートをくぐった後は，保安の観
点から再び出発ロビーに戻れないようになっている。もちろん，就航中は地上
に情報を送ることもない（最近では機内LANの整備で不可能ではなくなって
いるが）ため，想定外の指示が出発地のグランドスタッフに手戻りする可能性
は低い。このように，手戻りが許されないサービスの設計時には，フィードバ
ック領域を削減しながら設計できるDSMは有効であり，製造業への適用時と
同様に，ツールとしての効力を発揮してくれる。

　別の角度から説明すれば，在庫を極力置かないことを理想とするリーンなサプライチェーンを目指すサービスには，DSMを活用することが向いている。このことを説明するため，10章4.1で登場した図10-03「サプライチェーンの基本形」の図を再度思い出していただきたい。この図中にあった「バッファ（緩衝装置）」とは，トヨタのような自動車産業の場合では，部品在庫を意味したし，マクドナルドのようなファストフード店の場合は，商品ストックを意味すると説明した。しかし，寿司屋の事例で説明したようにバッファには「調整装置」としての役割もある。

　これらの事例のうちトヨタ生産方式（TPS）に注目して説明を続けよう。トヨタでは，必要なものを，必要なときに，必要なだけ送り届けるというジャスト・イン・タイム（JIT）生産方式を備えている。このJITの考え方により，不良品を後工程に送ることがないよう，つまり計画外のフィードバックが極力発生しないようなラインが設計されている。このように手戻りが許されないサービスの現場は，DSM分析の得意とする対象であることがわかる。

3.2　現場で判断することの重要性

　しかし，TPSの優れた点は，JITだけにあるのではなく，ある工程で異常を検知した際には，すぐさま「アンドン」と呼ばれる通知ランプを灯し，他の工程にも異常を周知して，すべてのラインをいったん停止するという「自働化[10]」の仕組みにも求めることができる。自働化とは，異常を検知した際に機械が自動で装置を停止する「自動化」だけではなく，そこに人が介在（人がかかわるから人偏の「働」を用いている）し，人間が機械を簡単に止める機能を加え，さらに人間が問題を早期に解決する役割を織り込んだものである。そして，こうした製造ラインで生じる問題を解決するためには，技術者に「多能工」化が必要となる。

　ここで言う多能工とは，万能工ということではなく，「多工程持ち」の職工である。この技能は，1人の職工が複数の工程を担当することで育成できる。この技能の養成を職工に対して行うことで企業は，たとえ問題が発生し，それが複数の現場にまたがる複雑な問題であっても，直ちに職工が独力で解決できることを狙っている。もちろん，早期にライン稼働を再開させるためである。

　つまり，TPSのバッファは，この自働化を目指した多能工の配置によっても実現されているとみなせる。TOCのところで説明したバッファ・ロープの考え方と同じである。単純な在庫だけでなく，多能工が速やかにラインを復旧させられることも想定したバッファ・マネジメントがなされているということである。

　こうしてTPSを見てみると，DSMが狙いとした「計画した反復」ブロックを作ることの狙いがよくわかるのではないだろうか。例えば，TPSにおいて，トラブルにかかわるフィードバック情報が流れてきたとする。TPSであっても，あまりに離れたフィードバックは対処しにくいはずである。つまり，多能工がよく知る現場（工程）にまたがる問題であれば速やかに解決できるが，その範疇にないような遠い現場のことまではわからない。しかし，それでも多能工がいることによって，ライン復旧までの速度は大いに向上しているはずなのである。

　翻ってサービス業においても，現場で判断することでサービスが速やかに流れることは多いであろう。例えば，よくある苦情・トラブルが，あらかじめ職場のどの範囲に影響するものであるか見定めておけば，職場組織をDSM作成の手順で見たように組み替え，さらに影響範囲にある従業員のジョブ・ローテーションを増やし，トヨタのような多能工的なサービススタッフを増やしておくこともできる。これらによって，計画外の反復の少ないサービス組織を実現し，いざ想定外の対応が求められたとしても，自分で問題を解決できるスタッフを準備しておくことで，現場内で対応を完結させられる可能性が高まる。つまり，状況適応的サービス（05章3節参照）段階から，いち早く定常業務サービスへと復帰できるということである。

　もちろん，現場判断を行うためのパワー付与として「権限委譲」も欠かせないであろう。

　こうした生産管理から組織運営にまで至るマネジメントが，企業全体に波及することにより，強靭なサービス組織は作られるのである。

4　DSMの応用例

　DSMの基本的利用法は有向マトリックスによる用例だが，分析対象とその目的に応じて様々なバリエーションが見られる。ここで紹介するのは，職場に設置されることの多いコーヒー抽出機のサービスプロバイダーとそのユーザー（社員向けにコーヒー抽出機を置いている企業）の全体サービスを一覧するためにDSM型のマトリックスを応用した例である。これはもともとサービスの統合機能モデリングを目的とした研究の一部である。この研究は，コーヒー抽出というサービスの一連の流れを典型的なケースとして用いながら，サービスを多面的に捉えるビュー（視角）を開発することを目的としていた。ここではDSM型マトリックスはサービスを分析的に捉える際のビューの1つとして応用されているので以下に紹介しよう。

4.1　統合機能モデリングにDSMを活用する

　ここで取り上げるのは，ボリス・アイゼンバートら[11]が，機械系システムと人間系システムの機能を切れ目なく統合的に記述できるよう提案した機能モデリング手法である。彼らは，コーヒーを自動抽出する機械（いわゆるミル挽きタイプの本格的コーヒー自動販売機）を提供する企業（サービスプロバイダー）を例として，多面的にサービスを記述する方法を提案している。

　彼らの言う統合機能モデリングとは，様々な分野で独自のモデリング手法が混在し，異分野間の対話がなかなか進まない状態を整理し，サービスの生産性を高めようとするものである。メーカーや技術を持つベンダーが主導するビジネスの設計手法は，機械工学で用いられるようなモデリング手法が採用されがちである。しかし，メーカーやベンダーが提供するビジネスは，技術だけで解決できるわけではなく，サービス部分が連結されている。そのため，実際のビジネス提供時には，経営管理系のスタッフや，マーケティング系のスタッフも参加することになる。もちろん，サービスには多かれ少なかれ，共同生産の側面があるため，顧客やユーザーもそこに巻き込んでいく必要がある。

　こうなってくると，全体サービスを機械工学のモデリング手法で記述するわ

けにはいかなくなる。当該ビジネスのステークホルダー（参加しているすべての
アクター）の多くが理解できる方が望ましいからである。上記のコーヒー抽
出機のプロバイダーの例ならば，ユーザー企業の従業員にもわかるモデリング
手法が採用されていることが理想であるが，そうなると逆に，技術的な機能を
表現することができなくなる可能性が出てくる。これでは本末転倒である。

　そこで彼らの統合機能モデリング研究では，ビジネス現場に存在する単一の
サービスを，複眼的に眺められるような手法が提案されている。これにより，
技術的な立場からも，サービス詳細設計を眺められ，ユーザーの立場からも，
特別な技術的知識がなくてもサービスの全体フローを理解できるようにしてい
るのである。

　彼らの用意したビューは，顧客に提供するまでの時間経過の中で，（人だけ
でなく人工物を含む）誰あるいは何が，どの作業をしているかを一覧できる
「アクタービュー」や，プロセスがどのような順番で流れるかを示す「プロセ
スフロービュー」など，合計6つである。6つのビューを多面的に採用しなが
ら，それらが相互にリンクするマルチドメインビューとして考案されている。

　ビジネスに参加するステークホルダーは，それぞれの立場で見やすいビュー
を利用するが，それぞれのビューは単一のシステムにつながっているという全
体構図である。ここでDSMは，そのビューの中の1つを表現するためのツー
ルとして応用されているのである。

4.2　アクタービュー

　まずは，図11-03「コーヒー抽出①：アクタービュー」を見ていただきたい。
この1行目には，1から6までの過程の中で，過程1「一杯受注」に始まる
〈コーヒー抽出〉作業にかかわるアクターの相互作用がどのように促されるか
が示されている。

　なお，アクターには，人だけではなく，機械装置など何らかの機能が付与さ
れた人工物を含み，過程の中で一定の役割を果たす「環境」もアクターの1つ
とみなされる。付言すると，この図は行列ではなく，業務に参加するアクター
の相補的な役割を，過程ごとに単純に記述するものとなっているに過ぎない。

　それでは以下で，1行目のフローを2行目以降の参加アクターとともに見て

みよう。過程2「湯を沸かす」と過程3「豆を挽く」については，実際にはほぼ同時に起こる過程である。つまり，過程1において，〈ユーザー〉により，〈"コーヒー"ボタン〉が押されると，〈制御ユニット〉が作動し，過程2の〈加熱システム〉の始動と同時に，過程3の〈グラインダー〉を始動することを続けて実行するのである。

		過程1：一杯受注	過程2：湯を沸かす	過程3：豆を挽く	過程4：湯と粉を混合	過程5：カップに注ぐ	過程6：廃棄処理
	"コーヒー"ボタン	X					O
	加熱システム	O	X		X	X	
	グラインダー	O		X	X	X	X
アクター	カップ					O	
	制御ユニット	O	X	X	X	X	
	...						
	サービス会社						X
	ユーザー	X		O			
	環境		O	O			O

X：影響を与える
O：影響を受ける（オペランド）
- - - ：システム境界線

出所：Eisenbart, Gericke, Blessing, & McAloone（2017）

図11-03　コーヒー抽出①：アクタービュー

その次の過程4「湯と粉を混合」でも〈制御ユニット〉が，〈加熱システム〉にある湯と，〈グラインダー〉にあるコーヒー豆の粉末とを操作して，両者を混合する。ここまでの作業によって，湯と粉はコーヒーへと変換される。

さらに，その後にくる過程5「カップに注ぐ」と過程6「廃棄処理」も，実際には同時並行的に処理がなされる。つまり，制御ユニットは過程5において〈加熱システム〉を停止させ，〈グラインダー〉に残渣の廃棄を指示し，〈カップ〉にコーヒーを注ぐとともに，過程6において〈グラインダー〉が受けた指示である廃棄を実行する。そうすると，再び注文が可能なように〈"コーヒー"ボタン〉が待機状態に戻るというわけである。

ちなみに，この6つの過程が，「プロセスフロービュー」には表示されていため，プロセスフロービューについては図の引用を省略した。

それでは，視点をアクタービューに再び戻そう。2行目以降のアクター部分

の記号に注目して欲しい。この記号の見方は次の通りである。

　ある列（過程）のタイミングにおいて，「X」記号は〈影響を与える〉側のアクターとして想定されている。一方で，「O」記号は，〈影響を受ける（オペランド）〉側のアクターを示している。なお，「オペランド[12)]」という用語は，変換の対象となる物質や環境，そしてエネルギーのことを意味しており，例えば過程1「一杯受注」という作業では，コーヒー抽出機の"コーヒー"ボタンを押したユーザーが，影響を与える側となり，加熱システム，グラインダー，制御システムの各オペランドに影響を与えている。なお，ユーザーによってこのボタンが押されると，その次に起こる反応として，加熱システム，グラインダー，制御システムの3つが作動し始める，というように見るわけである。

　ここでオペランドとは，一方的に影響を受ける対象のことを言うのであって，他に影響を与える場合にはオペランドとはみなさない。もちろん，過程が遷移すれば，各アクターの役割も変わるので，オペランドでなかったアクターがオペランドになることもあるし，その逆もある。そのため，アクタービューをフロー順に目で追えば，影響を受ける側のアクターが影響を及ぼす側に転じている様子もわかるようになっている。

　なお，図中の網掛け部分は，顧客側が何らかの形で影響を与えることのできるコントローラブルな対象を意味している。一方で，網掛けのない部分は，サービス会社側の影響範囲や，環境などの顧客が完全にコントロールできない対象である。こうした区分で切り分けることは，アクターごとのオペレーション対象や責任範囲を明確にする際に役立つ。

4.3　相互作用ビュー

　次に，**図11-04**「コーヒー抽出②：相互作用ビュー」を見ていただきたい。この図は一見してわかるように，DSMの応用である。

　アイゼンバートらは一連の統合機能モデリングを提案するにあたり，ディシプリンの異なる分野の者が設計図を見ても，一見してその図の意味する内容がわかるということを狙っていた。前述の通り，実際のビジネス現場では，様々なバックグランドを持つ者たちが参加して，その設計図を参照する可能性があるからである。その中の1つにDSMを採用したのは，その直感的理解が容易

な点と，何より既に多くの生産管理技術者によく知られているツールであったからであるという。

　ただし，あくまでもDSM型マトリックスの応用であるため，前節で説明したDSM基本モデルとは，その読みとり方が若干異なる。具体的に，DSMの基本モデルでは，作業の流れにそって記述されていたが，上記のアイゼンバートらのモデルでは，作業の流れを示す役割はプロセスフロービューとアクタービューに委ねられており，この相互作用ビューでは，アクターの相互作用の方向，そして各セルの「ズームイン」により，1つの作用が，いかなる具体的な指示内容だったのかを示すことに特化されている。

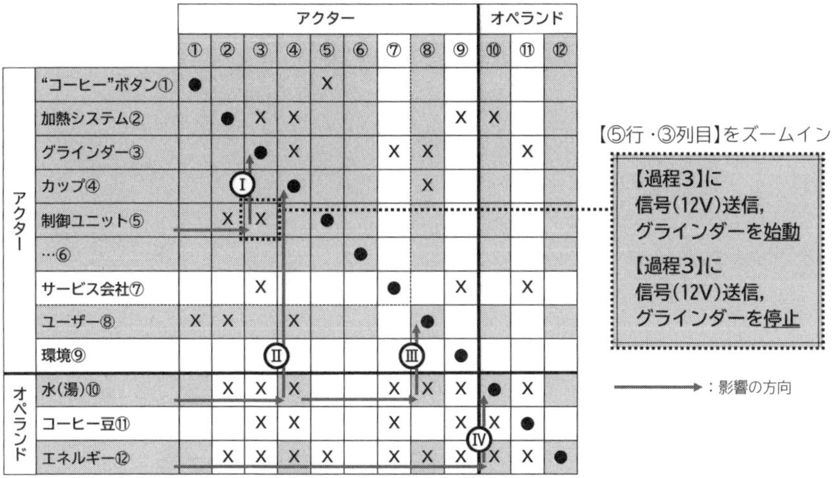

出所：Eisenbart, Gericke, Blessing & McAloone（2017）に筆者加筆

図11-04　コーヒー抽出②：相互作用ビュー

　では，相互作用ビューでは，先に見たアクタービューではわかりにくかったアクター間の相互作用の方向（direction）をどのように明らかにしているのだろうか。既に説明したように，DSMは本来，有向マトリックス表現であるため，相互作用をする際に，誰・何の働きかけによるフィードバックなのか，あるいは誰・何へのフィードフォワードなのかを図示できるものだった。しかし，この図11-04の読み取り方は，それとはまったく異なる。では，どう見るのか。

　まず，図11-04では，左（上）から右（下）の方向に時間が流れていくこと
が想定されているので，すべてのアクターおよびオペランドの動きを，列①か
ら列⑫の方向に見ていく。なお，ここでのDSMの記号の見方は，前項で説明
した通りであるが，先ほどのアクタービューとは異なり，「O」は使わず，
「X」記号のみを使う。

　次に，「X」記号のある箇所には，「⑤行・③列目」のズームイン例示にある
ように，具体的な指示（Ⅰ）が埋め込まれているので，それにそった指示を実
行するのである。すると，この指示（Ⅰ）にもとづき，「過程3」に対して，
グラインダーの始動と停止が時間差で伝達されることがわかる。なお，この
「過程3」とは，前述のアクタービューの「過程3：豆を挽く」と連動してい
るプロセスである。

　さらに，同じ列内にある「オペランド」の箇所を見ると，そのグラインダー
始動・停止という指示には，「⑩水」，「⑪コーヒー豆」，そして「⑫エネルギ
ー」が投入されていることが一覧で理解できる。

　同じように説明を続けていこう。

　指示（Ⅱ）は，水が湯になったタイミングで，紙製のカップを抽出口に置き，
グラインダーからコーヒー粉を落とし，湯と混ぜる処理である。

　指示（Ⅲ）は，前プロセスまでに混ぜ合わせが終わっているので，ユーザー
にでき上がったコーヒーの入ったカップを受け取ることを促す処理である。な
お，このタイミングでグラインダーに残った豆は廃棄する指示も与えられる。

　指示（Ⅳ）については詳細な説明は加えられていなかったが，おそらく待機
モードのような状態であろう。水の補給等にかかる指示がなされ，コーヒー豆
の保存にかかる温度管理などの待機処理が想定されていると思われる。

　なお，アクタービューと同様に，図中の網掛け部分は，顧客側が何らかの形
で影響を与えることのできるコントローラブルな対象であり，網掛けのない部
分は，サービス会社側や，環境などのように，顧客が独自にはコントロールで
きない対象として区分されている。

　以上がアイゼンバートらによるサービスの統合機能モデリングの概要である。

　既に説明しているように，DSMは製造業のサプライチェーンはもちろん，

一部のサービス記述には適していることがわかっている。ただし，有向マトリックスという本来の活用法にとどまらず，アイゼンバートらの研究に用いられた「相互作用ビュー」のように，有向性を無効にして指示を埋め込む方式の採用など，かなり多くのバリエーションが存在する。

　サービス事業の全体像を，設計図のような参照モデルに落とし込んで，ステークホルダー間で共有する必要のある実務家にとって，DSM的な整理法はきっと参考になるはずである。

〔注〕
1)　独アウディが独フォルクスワーゲン（VW）の傘下に入ったのは1965年。伊ランボルギーニ社は1998年にVWの傘下に入り，現在はアウディ社の子会社という位置づけにある。
2)　CASEとは，通信制御「Connected」，運転自動化「Autonomous」，自動車の所有ではなく利用ニーズに着目した「Shared & Service」，そして電気自動車「Electric」といった4つの言葉の頭文字をつなげた造語で，自動車企業のトップが頻繁に言及する業界用語となっている。
3)　製品開発の各段階を同時並行的（コンカレント）に進める手法。協調工学とも呼ばれる。欧米系企業よりも日本企業でよく採用される。コンカレント・エンジニアリングは開発リードタイムを大幅に削減し，開発に要する経営資源を節約し，製品品質の向上にも役立つとされている。1984年の国際開発協会（IDA）レポート（R338）により提唱された。
4)　Steward, D. (1981), *Systems Analysis and Management: Structure, Strategy, and Design*, Petrocelli Books.
5)　エッピンジャーとブラウニングらによって，DSMを各産業に実際に適用して得た研究成果は，Eppinger & Browning (2012) に詳しい。出所：Eppinger S. D. & Browning, T. R. (2012), *Design Structure Matrix Methods and Applications*, The MIT Press.（大富浩一・関研一訳 (2014)『デザイン・ストラクチャー・マトリックス DSM』慶應義塾大学出版会）
6)　ソフトウェア開発手法の古典的モデルの1つ。開発活動（要求定義から運用まで）を線形（リニア）の連続的フェーズに分解して表示しガントチャートを使って進捗管理をする。モデル自体は製造業や建設業で生まれたが，実践適用面ではソフトウェア業界で定着した。代表的なウォーターフォール・モデルの実用例として，IBMにおけるアプリケーション開発標準化ガイドなどがある。
7)　Eppinger, S. D. (2001), Innovation at the Speed of Information, *Harvard Business Review*, 79(1)：149-158.（スコフィールド素子訳 (2003)「デザイン・ストラクチャー・マトリックス法」，『Diamondハーバード・ビジネス・レビュー』，2001年2月号，pp.62-75）
8)　Eppinger & Browning (2012), op.cit.
9)　Danilovic, M. & Browning, T. R. (2007), Managing complex product development projects with design structure matrices and domain mapping matrices, *International Journal*

of Project Management, 25(3), pp.300-314.

10) 自働化とは，単なる「自動化」とは異なり，異常の発生を検知したあと，作業を停止すると同時に，問題を究明することまでを素早く行う仕組みである。ジャスト・イン・タイム方式そのものよりも，自働化を担える多能工的人材の豊富さがトヨタの武器であるとみなせる。出所：大野耐一（1978）『トヨタ生産方式』ダイヤモンド社.

11) Eisenbart, B., Gericke, K., Blessing, L. T. M. & McAloone, T. C. (2017), A DSM-based framework for integrated function modelling: concept, application and evaluation, *Research in Engineering Design*, 28, pp.25-51.

12)「オペランド」は，対概念である「オペラント」とともに，サービス・ドミナント・ロジック（SDL）でも使われる用語である。SDLでは，「オペランド資源」を，ベネフィットを提供するにはそれらの行為を施す別の資源を必要とする資源と位置づける。同様に「オペラント資源」とは，ベネフィットを創出するために他の資源に行為を施すことのできる資源とされる。出所：Lusch, R. F. & Vargo, S. L. (2014), *Service-dominant logic: premises, perspective, possibilities*, Cambridge University Press.（井上崇通監訳，庄司真人・田口尚久訳（2016）『サービス・ドミナント・ロジックの発想と応用』同文舘出版），（訳書），p.66.

第 | **12** | 章

社会＝技術システム（STS）論

1　社会＝技術システム（STS）論とサービス

　前章ではDSMによる生産性向上のための技法を紹介した。この章で扱うの
は「社会＝技術システム（socio-technical system：STS）論」に基づく，生
産性へのアプローチである。STS論は，今では古典的と言ってもいい理論であ
るが，組織と技術の同時（共同）最適化を目指すSTS論には，サービス生産性
を考える上で参考になる部分が多い。ここでは，STS論をサービスの設計や改
革・改善に活用するための分析技法を紹介していく。

1.1　STS論の誕生と実務への適用

　STS論は1950年代の炭鉱労働研究[1)]に起源を持つ大変古い理論である。この
理論を生んだのは，イギリス・ロンドンのタビストック人間関係研究所にいた
エリック・トリストやフレッド・エメリーである。同研究所はイギリスにおけ
る組織開発の中心的存在となっている財団法人で，現在まで組織の人間関係の
研究，コンサルティング，実践者へ向けたトレーニングなどを行ってきた。そ
して，そこから生まれたSTS論は，日本を含む世界中で広まり，とくに北欧で
はいち早く実務に取り入れられた。ボルボなどスウェーデン企業の現場に取り
入れられたことは有名である。その理由は，折しも労働疎外の問題が声高に叫
ばれていた時期に，QWL（Quality of Working Life）や「労働の人間化」の要
求に応えるべく，働く人のモチベーションを高めようという意識が，とりわけ
北欧で高まったためである。ボルボ以前にも1960年代にノルウェーにおいて，

産業民主化プロジェクト[2]としてSTS論が導入され，ボルボに大きな影響を与えている。ここで言う「産業民主化」というのは現在の感覚からすると，やや大げさな表現のようにも見えるが，経営者の権力の一部を，労働者に移管するという権限委譲は，フォーディズム全盛の当時としては，まさに産業界における民主化と呼べるものであった。

　ちなみにボルボは，ベルトコンベア方式に象徴されるフォーディズムに対するオルタナティブ方式として，1970年代，同社のカルマール工場にSTS論のアプローチを導入し，職務を固定しない自律集団型の作業組織を編成した。

1.2　技術システムと社会システム

　STS論の言う「技術システム」とは，生産機械や工具，工場内において原材料を部品に変換する生産システムといった機械系だけを示す概念ではない。従業員が備える技術はもちろん，コンピューターの操作能力や，人的対応スキルも含まれる。そして，企業が持つ研修制度や職場環境そのものも含まれ，いわば人工物全般が技術システムの範疇にある。

　一方，STS論の言う「社会システム」とは，上記の技術システムが順調に活動できるような，様々な「境界管理活動」を行う社会集団のことを示している。組織制度そのものは上述のように技術システムにあたるが，組織構成員によって行われる活動は社会システムである。つまり，「活動」に注目する概念が社会システムである。

　そして，この境界管理活動は3種類に分かれる。機械の稼働や誘導に直接的にかかわって行う「作業活動」，原材料，労働力，機械・工具など諸資源の確保・維持を行う「保全活動」，そしてそれら諸活動を調整・統合して，状況に合わせたり，要求に応じたりする「統制活動」の3つである。つまり，技術システムに介入する活動が社会システムなのであり，その中には，モチベーション，職場の人間関係（関係性），職場内での信頼などが内包される。

　そして，STS論の適用においては，組織構造上の最小単位である「チーム」において実践する。これはSTS論そのものが当初からチームへの導入を規定したわけではなく，STS論の研究過程で，自律的作業集団の単位としてチームがふさわしいと理解されるようになったものである。

　STS論では，すべての生産システムは技術システムと社会システムから構成されると想定する。そして，その両システムから構成される生産システムは，閉鎖型ではなく開放型のオープンシステムであることが強調される。例えば，工場の生産システムであれば，外界からの影響をまったく受けない隔絶された生産システムではなく，常に外部環境の変化に影響される存在であると規定される。したがって，安定的に生産システムを稼働することを前提視せず，環境変化に常に対応できるような技術システムと社会システムを想定するのがSTS論の特徴となっている。

　そのため，STS論では，安定的な状態を「定常状態」と呼び，当然あり得る環境変化をもたらす因子を「変異性」と呼び分ける。なお，この用語は本書では既に05章3節の状況適応的サービスに関する説明部分でも登場している。常に変化への対応を迫られるサービスのマネジメントには，STS論の適用可能性が高いということである。

1.3　STS論の独自性

　STS論について，サービス経営との結節ポイントを示しながら説明していこう。なお，STS論の独自の立場は技術（組織論における技術変数）に対する考え方にとくに強く表れている。このことを近藤隆雄が図解[3]した**図12-01**をもとに確認していくこととする。

　図12-01のイは，作業組織をまなざす際の分析対象となる社会システムに対して，技術変数を環境要因の一部とみなす「環境部分説」である。ある社会システムが形成されるときに，最初の形態を左右する初期条件として，環境要因も技術システムも，社会システムとの影響が考慮されているが，いったん成立してしまえば，その後は社会システム内部に影響を与えないものとみなす。よって，図の矢印は初期のみに示されるもので，その後は一種の閉鎖型（クローズド）の社会システムとなる。このような捉え方は，ミシガン研究を率いたレンシス・リッカート[4]に顕著である。

　リッカートは，組織の中には，原因変数（組織に影響を与える要素），仲介変数（組織内の相互作用に関する要素），結果変数（組織の業績に関する要素）の3つが存在するとした上で，原因変数が仲介変数に影響を与え，仲介変数が

結果変数を左右するという関係性を示した研究者である。例えば，従業員の意欲やモラール（士気）は仲介変数にあたるが，それが組織の業績，生産性，離職率などの結果変数を変化させる。そして，意欲やモラールなどの仲介変数は，リーダーシップのスタイルや，組織構造などの原因変数が規定している。つまり，リッカートによる組織の3変数には，環境は考慮されていない。

　なお，彼の研究グループは，リーダーシップの分野で数々の研究を残した。有名な「連結ピン」としてのリーダーシップの役割モデルや，管理方式の類型[5]とそれぞれの組織業績の関係などがそれである。そして，これらの研究においても，環境は変数化されておらず研究対象とみなされていない。

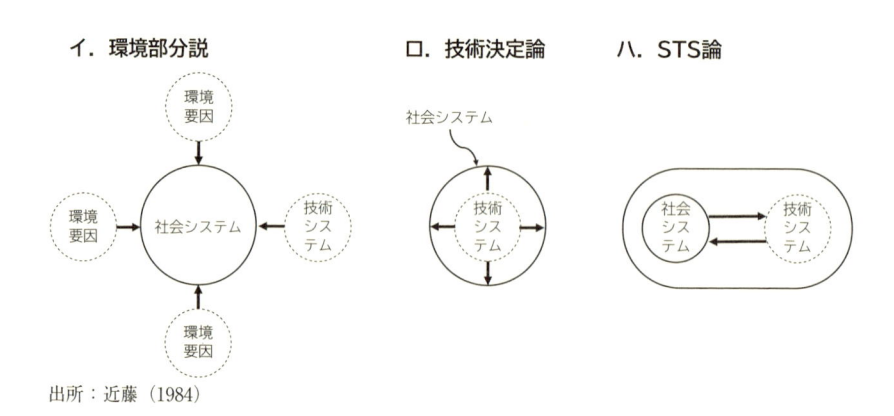

イ．環境部分説　　　ロ．技術決定論　　ハ．STS論

出所：近藤（1984）

図12-01　技術と社会システムの関係図

　次のロは，いわゆる「技術決定論」的な立場である。技術変数が社会システムを理解する上で最重要と見る立場であり，工場の作業組織を見る場合にも，技術こそが生産システムの特徴を決定づけるものとして見る。技術システムの中には，組織構造が含まれるので，技術決定論的な立場からは「作業組織は組織構造に従う」という職場観を呈することになる。そして，技術こそが個人の行動や態度などの社会システムに影響を及ぼす源であると見る。このような見解を有する組織論研究者の代表に，ジョン・ウッドワードがいる[6]。彼女の研究では，イギリスの工場100社に対する調査を行った結果，技術システム（とくに生産技術）が異なれば，有効な組織構造は異なり，組織の効率は技術シス

テムと組織構造の適合性に依存すると結論づけている。

　彼女の見解によれば，技術システムに応じて，有効な組織構造は異なり，例えば技術システムの高度化・複雑化の度合いが高まるにつれて，組織の管理階層，従業員に占める管理者の割合，経営者の管理対象が増大する。また，大量生産を導入する場合，責任と権限が明確に規定された「機械的組織」が採用され，個別受注生産と装置生産を導入する場合，参加型の管理が実践され，「有機的組織」が採用される。

　技術決定論では，社会システムのあり方も技術中心に決定されると考えるのが特徴である。実際，ウッドワードの研究においては，従業員個人のモチベーションにはほとんど関心が払われていない。

　なお，技術決定論では技術変数を組織の外部条件（環境要因）と考え，その他の環境要因は考慮しない。そのため，図の中にも環境が描かれていない。その意味で，技術決定論はオープンシステム論に基づいたものではない[7]。

　最後のハは，STS論の立場である。STS論は明確にオープンシステム論に立脚する[8]ため，システムが環境から影響があることは所与のものであるので，システムと環境に境界は引かれない。そのため，環境の存在は前提であり一体化されたものでもあることを示すために，図の中には環境が描かれていない。

　よってSTS論では，組織の活動を理解するためには，組織内の相互依存的な過程に注目することはもちろん，環境と組織の両方向から起こる相互依存的な過程にも注目しなければならないとみなす。さらに，環境自体に属する領域にも相互依存的な過程を想定し，それが組織に作用する過程にも着目しなければならないと考えるのがSTS論のアプローチである。組織内では従業員の意欲やモラールなど，動機づけによってもたらされる過程があるはずだし，環境と組織の関係においては，STS論が想定する変異性が，内部の従業員を脅威にさらしたり，その感情を揺さぶったりするはずである。もちろん，外部の環境は内部に関係なく複雑な依存関係を持っており，それらがいつ内部に何らかの影響をもたらすかわからない。これらに対応しようとするのがSTS論のアプローチであるが，ここで書かれた内容は，サービスのマネジメントにおいてもほぼそのままあてはまるであろう。

2　STS論によるサービス生産性へのアプローチ

　ここでは，STS論を用いて，サービス生産性の問題にアプローチするための原則を紹介する。STS論はかつて生産工場に適用がなされてきたように，その生産システムとしての生産性を高めるために誕生した理論であることは間違いないが，単純に労働生産性を高めるものとして想定されているわけではなく，労働者の満足を「同時」に引き出すことを目指した理論である点に再度注目してほしい。STS論は，技術システムと社会システムを「合同」的に扱うことによって，経済的な成長を図るとともに，人間性を回復することも目指した，合同（同時）最適化（joint optimization）の理論だからである[9]。そして，このような理論的スタンスこそが，サービスのマネジメントや，その生産性問題を考える際に役立つわけである。

　とはいえ，STS論は，極めて実践的な理論であり，理論が現実に先立つような絶対的なものではない。STS論はアクション・リサーチ法[10]によって生まれた出自を持つ理論らしく，現実を観察しながら調整され，現実問題に適応するように見直されるべきものである。よって，ここで紹介するデザイン原則や，次項で説明する設計ツールのいずれも，絶対的なものとして考えるのではなく，柔軟に適用方法を工夫することが奨励される。

　STS論は古い歴史を持つ理論であり，現在は関連研究が行われることは少なくなってきている。そして，上述したような理論としての柔軟な性格づけにより，統一理論の構築はなされなかった。そこで，ここでは主に近藤（2012）[11]によって整理されたSTSデザインの方法について，要約して述べていくこととする。このデザイン手法は，サービスを含む生産システムのデザインやその改革に用いることができるが，とくにサービスへの適用を念頭に置いている。

2.1　STSデザインの手順

　STS論の方法は，生産システムをオープンシステムとして捉えたプロセスに着目したものである。このプロセスには，前述のように3つの境界管理活動（作業活動，保全活動，統制活動）が加わることで技術システムと社会システ

ムが交差する。その結果，環境からインプットされたものが，システム内部の
スループット機構の中で「変換（トランスフォーメーション）」され，環境に
アウトプットされる。この構図はサービスにおける「サービス〈過程／経験〉
モデル」と基本的には同じである。

　このインプットからアウトプットまでが，目に見えやすい形で現れるのは技
術システムの方なので，まずは技術システムに視点を置いて，「変換」されつ
つある製品・サービスの分析を行う。これにより，本来は技術システムと社会
システムが交差するものとして生じるタスクを，その「変換」活動において，
技術システムと社会システムとがそれぞれどのようにかかわっているのかを，
分離して客観的に捉えるのである。

表12-01　Unit Operations（チーズ生産の例）

	ユニットオペレーション	タスク
1	滅菌された原料の牛乳	滅菌
2	乳酸発酵した牛乳	ヨーグルトを加え乳酸発酵させる
3	牛乳をつぶつぶに凝固させた「凝乳*」	レンネット（凝固剤）を入れる
4	乳清を分離した凝乳	凝乳の中の分離した水分を取り出す
5	発酵した凝乳	凝乳をくるみ，重しを載せ，発酵させる
6	塊にした凝乳	凝乳を揉んで塊にする
7	成形したチーズ	決まった形に成形する

＊　凝乳は「カード（curd）」とも呼ばれる。牛などの乳を，レンネットや菌，あるいは酸
　　などを使って凝固させたものである
出所：近藤（2012），p.277を一部改変

　そして，この変換「されつつある」状態を示すのが，「ユニットオペレーシ
ョン（unit operations）」である。近藤（2012）では，チーズの製造工程の
例[12]で，このユニットオペレーションの考え方を示しているので表12-01に引
用する。ここで想定されているのは手作りチーズである。表の左側にはタスク
が表示されているが，実際の技術システム分析ではタスクは表記しない。この
ことはSTS論の関心が，実際に行うタスクではなく，それを行い得る能力にあ
ることを反映している。ユニットオペレーションで示されるのは，「変換（さ
れつつある）状態」であって，スループット中のタスクではない。

　次に，この変換されつつある状態について，1.2で説明したように，正常な状態を「定常状態」とし，そこから逸脱する可能性を持つ要素を「変異性」として想定する。

　この変異性には2つのタイプがある。1つ目は，インプットする変換対象自体から発生する変異性である。チーズの場合，原料である牛乳の乳脂肪分，蛋白その他の成分構成比，そして細菌の種類と量などである。2つ目は，変換過程そのものから発生する変異性である。チーズの場合，発酵に適した温度や時間などである。

　チーズ，とりわけナチュラルチーズ[13)]の手作り生産の場合，その原料は自然の恵みであるため，工業製品用の部品とは異なり，乳牛の体調，その年の気候変化，与えた飼料の変化によって原料の乳脂肪量も成分構成比もばらつきが生じる。それを技術システムと社会システムの調整作用によって，なるべく均一の性能（色，風味，硬さ）を持つチーズに成形することが求められる。実際のチーズ作りにおいて，この調整を行っているのは人間である。そして，彼ら彼女らの能力発揮は，技術システム（機械の性能，組織制度）によっても，彼ら彼女らを取り巻く社会システム（意欲，信頼，人間関係）によっても変わってくるため，両システムの合同（同時）最適化が必要になるわけである。

　変異性の概念説明に戻ろう。変異性のうち，変換過程を経る上で生産量・質・コストに重大な影響を与えるものをとくに「主要変異性＝キーヴァリアンス（key variance）」と呼ぶ。そして，この主要変異性をいかなる統制活動によって標準内に収めるかが，STSデザインでは問われる。チーズの場合にはそれは人間によって行われる，乳酸菌の発酵温度管理や，熟成時間の管理などである。これらに対する統制活動の成否がチーズの品質を決定づけることになる。もちろん，こうした主要変異性は，サービスの構築・提供プロセスにも存在し，サービス品質を決定づける。つまり，主要変異性とは，最終的な顧客満足度との相関が高いにもかかわらず，変異性が大きい要注意因子である。

2.2　STSデザインにおける仕事役割

　STS論の理想とする生産システムでは，作業員の自律的な集団行動を創出する狙いがあったのは前述した通りである。ただし，ここで言う「集団」と社会

システムは同じではない。組織図上，部の下位に置かれる「チーム」を，その
まま社会システムの一部とみなすのではなく，チームの中の人が織りなす「仕
事に関連する活動とメッセージ（情報）が作り上げるネットワーク」のことを
STS論では社会システムとみなす。つまり，人が作り上げる集団としてのチー
ムそのものではなく，チームの中の人や関係性の諸要素のまとまりが社会シス
テムである。このことは少しわかりにくいので，中原淳と中村和彦（2018）に
よる図解[14]の一部を**図12-02**として引用しておく。

　図12-02では，組織の中の様々なシステム（内部の要素が相互に関連するま
とまり）に着眼し，部というシステム（まとまり）の下位システムである「チ
ーム」を左側に描いている。このレベルにおいて，チームのメンバー各人は要
素とみなされ，メンバーとメンバー，そして職場環境やタスク，手順などもメ
ンバーとの間で（要素間で）相互に影響し合っている。リーダーと「目標」管
理のあり方も同様である。

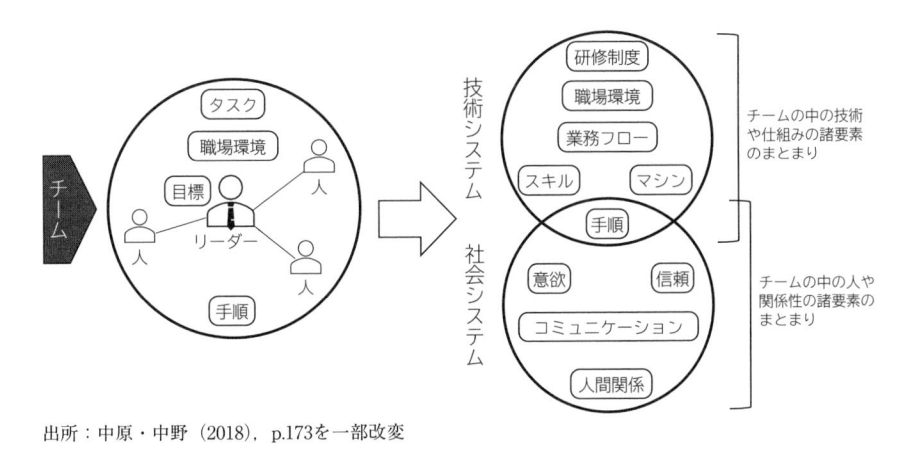

出所：中原・中野（2018），p.173を一部改変

図12-02　社会＝技術システム（STS）の諸要素

　一方で図の右側では，左側にあったチームという下位システムを，STS論で
言う技術システムと社会システムで捉え直している。技術システムは，仕事を
こなすための技術や仕組みの諸要素（研修制度，職場環境，業務フロー，マシ
ン，スキルなど）のまとまりとされ，社会システムは，チームの中の人や関係

性の諸要素（意欲，信頼，コミュニケーション，人間関係など）のまとまりとされている。また，両システムにまたがる「手順」は，社会システム内部に共有された手順であり，技術システムとの橋渡しをする手順でもある。

　つまり，この社会システムにおける諸要素のまとまりこそが，「仕事に関連する活動とメッセージ（情報）が作り上げるネットワーク」である。

　図12-02の左側にあった「タスク」が，右側では消えていることに注目してほしい。STS論が言う「活動とコミュニケーション」は，実際には仕事役割（work role）として具体化される。この役割は，職務（job）とは異なり，関係性の中で決まるものである。よって，タスクとして定式化せず，全体から見た部分として，仕事役割が定まってくると考えるのである。

　表12-01のチーズ生産の例でも，「ヨーグルトを加え乳酸発酵させる」とか「レンネット（凝固剤）を入れる」といったタスクを便宜上は示したが，実際の技術システム分析では表記しないとも述べていた。このことが意味するのは，全体の作業の進捗や環境変化の影響次第では，ユニットオペレーションに示した「凝固させた凝乳」や「乳清を分離した凝乳」を作るためのタスク内容は変わってくるはずだが，タスクを定式化してしまうとそれに対応する姿勢も硬直化しがちであるということである。タスクを決めず，ユニットオペレーションが示す状態を実現すべく，〈変異性〉の統制活動を柔軟にこなしていくことがSTS論アプローチの狙いなのである。

　付言すると，上記のタスクと同様に，図12-02の左側にあった「リーダー」そしてリーダーによる職場管理の手法である「目標」は，右側では消えている。これはSTS論が想定するチームが自律的集団だからである。実務的にも，仮にリーダー的役割が必要な場合は，メンバーの互選で決める。

　つまり，STS論では，タスクとしての人間活動は，仕事役割に内包されているとみなす。そして，そう位置づけることによって自律的な集団が実現する。さらに，必要であれば，「役割拡大[15]」をはかる。こうしたSTS論の発想は，作業現場で職場集団が中心となっている日本とは異なり，職務中心の仕事体系を持つ欧米の作業現場ではかなり新奇性のある主張であった[16]。

2.3　STSデザインの原則

　ここでは，かつて米国のUCLA労使関係研究所付属QWLセンターに在籍し，数多くの職場開発研究を行ったジェイムス・C・テイラーら[17]による「STSデザインの11原則」を**表12-02**にて紹介する。

　このデザイン原則は，仕事役割，職場集団の構造，組織の構造などを含むすべての社会システムの設計原理であり，この原理にもとづく生産システムデザインにより，作業員の自律的な集団行動の創出を狙うものである[18]。

　テイラーらによる11原則のうち，組織の目的との「整合性原則」として1と8がある。1は全体的なSTSデザイン原則であり，8は現場の作業員（従業員）への仕組み設計上の原則である。いずれも組織目的と離齬がないように設計すべきということである。

　次に，「関係性原則」として，3と4，そして5がある。変異性の統制は

表12-02　STSデザインの11原則

	原則	命題
1	整合性の原則	デザインの設計や進め方は目的と整合させなければならない
2	必要最小限の規定	目的は明確に示すべきだが，どのように実現するかは現場に任せるべき
3	変異性の統制	変異性は発生場所に近いところで統制すべき
4	境界の引き方	組織やチームの境界は，メンバーの情報・知識共有を妨げないように引くべき
5	情報の流れ	情報は必要なアクションを取る所に最初に伝えられるべき
6	権限と責任	必要なアクションを取る部署に必要な権限と責任を与えなければならない
7	複合的な機能と技能	同じ目的の達成にも複数の経路があることを自覚し，多くの技能に習熟すべき
8	支援システムの整合性	作業員の行動に直接影響を与える仕組みは，組織と合目的的であるべき
9	人間的価値の設計	選択余地を残し，自律性を担保できるような設計を行うべき
10	変化に橋を架ける	激変はせず，抵抗感やストレスを抱かせずバランスのとれた変革を行うべき
11	未完成	デザインは繰り返し更新されることを前提に，変化の道を閉じてはならない

出所：Taylor & Felten(1993), pp.154-159より作成

STS論の特徴だが，変異性の発生箇所から遠すぎる作業員には，現象の理解が難しく統制も難しい。また，近くで起こる変異性であっても，部署が分かれていると口出しがしにくくなってしまう。そして，情報はアクションを実際にとる作業員に伝わるようコミュニケーションやメッセージの流れを考慮する必要があるということである。

　さらに，「自律性原則」として，2，6，7そして9がある。これらはいずれも作業チームの自律性を機能させるための設計上のコツと言える。現場に任せるべく，必要な権限を持たせ，また自力で解決する能力を与え，決断と選択に対する自由度を残すといったものである。

　最後の10と11は，いずれも「継続性原則」と言えるものである。組織改革というと，どうしても抜本的な改革を構想してしまいがちである。しかし，劇的な変化には従業員がついてこられず，大きな抵抗感とストレスを抱かせてしまう。これではかつて労働の人間化を目指したSTS論の趣旨とは外れる。デザインは繰り返し何度も更新されることを前提に，バランスのとれた変化・変革を未来に開かれた形で行っていくべきということである。

　なお，STSデザインにおける原則の抽出を目的とした研究は，現在も各国の研究者によって続けられており，数十年にわたる研究蓄積を踏まえた上で，網羅的に原則を列挙したもの[19]も存在する。しかし，STS論のように長い歴史を有する理論をカバーしようとすると，原則の数が増え過ぎてしまうし，新たに加えられた原則の中には，本章でここまで説明してきたようなSTS論の独自性に由来するものも含まれ，記述が重複するためここでは取り上げない。

3　ヴァリアンス・マトリックスを用いたSTS分析

　STS分析には様々な方法があるが，比較的よく用いられるのが，無向マトリックス（行列）図を用いた方法である。前章で説明したDSMの基本形では有向マトリックスを用いていたのに対し，STS分析が無向（双方向）のマトリックスを用いることには理由がある。以下で説明しておこう。

3.1　変異性の統制

　前述のようにSTS論では，境界管理活動を人間の手によって行う。変異性（ヴァリアンス）についても統制活動によって調整し，定常状態を妨害する因子を排除しようとするが，そこで想定される生産システムは，ベルトコンベア方式のように眼の前しか見えない閉鎖空間ではなく，自由に影響を及ぼすことのできる（オープンシステム観に基づく）開放空間である。よって，手戻りの発生を忌避する必要はなく，一定の範囲内で相互関係の発生を織り込んだものとなっている。

　一方，製造業向けのDSMは，手戻りを回避させることを好む。そのため，前章で詳しく紹介したように，フィードフォワード領域とフィードバック領域を想定した有向マトリックスを使い，フィードバック領域の影響をなるべく少なくする処置（作業順の入れ替えなど）を再設計の重点箇所としていた。しかし，STS論では，それらの区分にはあまり意味がなく，むしろ，変異性の原因因子が，物理的あるいは制度的に遠い場所にあって，変異性に作用し続けることに着目する。この「依存（dependency）関係」を「ヴァリアンス・マトリックス」で明確化するのである。

　なお，DSMにおいて「想定外の反復」を，「想定内の反復」に収めるような順番入れ替え法は，STS論でも，変異性の原因因子を作業員の目の届く範囲に収めるためには用いられる。ただし，STS分析の場合は無向マトリックスを用いるため，DSMのようにフィードフォワードとフィードバックの領域を呼び分けることはしない。確かに，STS分析においても問題解決のために，依存関係にある要素を近づけることは，１つの再設計の方法ではあるが，STS分析のマトリックス表現は，作業手順の並べ替えだけのために使うものではなく，むしろ問題を発見するために描くものだと理解しておいた方が適切である。

3.2　依存関係の特定

　具体例を見てみよう。**表12-03**は，保険会社の保険金支払い部門（保険金部）において，年金保険の支払いにかかわる査定プロセスを改善するために，STS分析を利用したテイラーらによる研究[20]の引用である。通常，STS分析では

表12-03　保険会社・保険金部のVariance-Matrix

左側：ユニットオペレーション

- 受信・分類済み保険金請求
- 他の情報と照合された請求
- 承認または拒否された請求
- 保険金支払い and/or その情報

中央：ヴァリアンス（変異性）

No.	ヴァリアンス（変異性）
①	受け取った郵便物の量
②	請求者（主な受取人・遺族）のタイプ
③	保険証券番号の正確性／完全性
④	緊急依頼の有無（量）
⑤	郵便物1通あたりの請求数
⑥	請求の複雑さ
⑦	他部署からの技術情報の適時性
⑧	標準ポリシーファイルの可用性
⑨	保険金請求の妥当性
⑩	請求に含まれる情報の完全性
⑪	取引のタイムライン
⑫	計算条件の数／種類（複雑さ）
⑬	査定額の正確性
⑭	求められる署名押印の数と正当性
⑮	取引完了に必要な資料の可用性
⑯	回答の形式（小切手、書面、書式）
⑰	資料のタイムリーな振り分け
⑱	（完了）

右側：依存関係：キーヴァリアンスに網掛け（Variance-Matrix、左上から右下に①〜⑱を配置し、依存関係のある箇所に「X」を置く。網掛け（キーヴァリアンス）は①、④、⑧、⑫）

	1	2	3	4	5	6	7	8	9	10	11	12	13	14	15	16	17	18
1	1																	
2		2																
3	X		3															
4				4														
5		X			5													
6				X		6												
7		X				X	7											
8	X	X	X			X		8										
9			X		X				9									
10		X		X						10								
11	X		X		X	X	X	X			11							
12			X	X							X	12						
13	X		X	X						X	X	X	13					
14		X		X	X								X	14				
15														X	15			
16										X		X				16		
17	X									X	X	X		X			17	
18																		18

出所：Taylor & Felten（1993），p.73を翻訳

　現場での聞き取りをもとに，実態を把握するが，彼らの研究においても，実際の中小規模の保険会社における現場リサーチがもとになっている。

　分析結果を示す表12-03の左側には，保険金部が郵送で保険金支払い請求を受信・分類し，他の情報と照合し，その請求を「承認」または「拒否」し，実際の支払いを行う（または支払わなかった情報を残す）までが，4つのユニットオペレーションの箱として並んでいる。

　なお，それぞれのユニット内部にはヴァリアンス（変異性）が18に分かれて詳細に羅列されている。そして右側にあるマトリックスでは，このヴァリアンス（変異性）の項目分だけ行列をつくり，変異性の要素間に依存関係がある箇所に「X」が置かれている。これにより，当該部位の変異性と依存し合う変異性因子を特定し，その依存関係を示している。

　次に，左上から右下にならぶ項目番号のうち，網掛け箇所が「キーヴァリアンス（主要変異性）」である。ここでは，18個の変異性のうち，4箇所（①，④，⑧，⑫）が主要変異性と判断された。

　表12-03における主要変異性は，いずれも保険金部のパフォーマンス（支払い業務の処理スピードのタイムリーさと，その処理の正確さ）に作用する重大因子として特定されていることがわかる。

3.3　分析後の再設計

　STS分析では，こうしたヴァリアンス・マトリックスを作成したあとに，主要変異性をいかにコントロールするかを考慮し，必要であればユニットオペレーションを再設計する。例えば表12-03を作成したテイラーらは，主要変異性の項目ごとに，次のような再設計上の示唆を提出している。

　　①の郵便物は曜日によってばらつきがあり，その日の作業量が変わる
　　④の緊急依頼の中には，緊急にする必要がないものが混入している
　　⑧の査定に必要なファイルは，誰かが査定業務中に所在不明になりがち
　　⑫の支払額算出のための計算は，ときに非常に複雑になりがち

　詳細は割愛するが，テイラーらはこのSTS分析による示唆をもとに業務システムを再設計し，保険金部のパフォーマンスを持続的に10%向上させたという。
　以上，ヴァリアンス・マトリックスを用いたSTS分析の具体例を示してきた。上記はあくまでも一例であり，STSの原則にそった再設計を行うためならば，実務上の必要性に応じて，STS分析ツールは自由に変形させて構わない。

4　キーヴァリアンスを特定する際のSTS分析の用例

　STS分析ツールを発展的に応用している例を紹介しよう。**表12-04**は，米国中西部のあるクリニック（外来診療所）において，診断検査プロセスを改善するために，STS分析を用いたものである。これは，メリッサ・ハロックらウィスコンシン医科大学の研究グループによる調査発表資料[21]からの引用である。
　表12-04の左側には，クリニックにおける病理診断検査に用いる検体（サンプル）の収集から配送，ラボ工程をはさみ，結果の追跡・伝達・レビュー，そして患者への通知までがユニットオペレーションとして並んでいる。

　そして，それぞれのユニット内部には変異性のもととなる要因が描かれている。これは実際の医療機関への聞き取り調査によって聴取された変異性である。

　中央右寄りにあるマトリックスでは，変異性の要素分だけ行列をつくり，要素間に依存関係がある箇所に「X」が置かれている。これにより，その変異性の原因因子を特定して因果を示すことができる。例えば，「①検体の置き忘れ」は「②検体のラベル付けミス」と依存関係にあることは同じユニットにある要素なのでわかりやすい因果関係だが，②と「⑤リクエストフォームの問題」とが依存関係にあることは，現場レベルでは発見し難いであろう。

　次に，左上から右下にならぶ要素項目番号のうち，網掛け箇所が「主要変異性（キーヴァリアンス）」である。ここでは，11個の変異性のうち，10個までが主要変異性と判断された。

　なお，下段にある「成功基準」は，各変異性の存在が，診断検査過程に与える影響度（1＝影響度が低い，4＝影響度が高い）を示している。選択基準は，患者のウェルビーイング（ここでは「健康」の意味），検査のターンアラウンド時間，患者満足，提供者満足である。

　表12-04の場合，ほとんどの変異性要素でいずれも影響度が高いレンジにあ

表12-04　診断検査過程のVariance-Matrix

ユニット	ヴァリアンス（変異性）	依存関係(主要変異性に網掛け)	再設計のアイデア
検体収集	検体の置き忘れ ①	1	・未使用の容器は包装する ・患者識別ラベルを添付
検体収集	検体のラベル付けミス ②	X 2	
検体配送	検体が配送されない ③	3	・日をまたがず，終日収集
検体配送	検体の破損 ④	X X 4	
ラボ工程	リクエストフォームの問題 ⑤	X 5	・入力電子化とペーパーレス化
結果追跡	結果追跡の中断 ⑥	6	・検査情報の追跡システム導入
結果伝達	結果伝達の遅延 ⑦	X 7	・全検査結果を自動プリント
結果伝達	結果を見ることができない ⑧	X X 8	
結果レビュー	カルテから情報が欠落している ⑨	9	・電子カルテで患者情報一元化
結果レビュー	情報が複数の場所に散逸している ⑩	10	
患者に通知	患者への通知の遅れ ⑪	X 11	・検査結果通知ダイヤルを設置

成功基準 Range：1-4 （1＝low, 4＝high）	1.　患者のウェルビーイング	4 4 4 4 4 4 4 4 4 4 4
	2.　検査のターンアラウンド時間	4 4 4 4 4 4 3 4 4 4 4
	3.　患者満足	4 4 4 4 4 3 4 4 4 3 4
	4.　提供者満足	4 4 4 4 4 4 4 4 4 4 4

出所：Hallock, et al.（2003）を一部改変

るため，ややわかりにくいのだが，こうした基準を導入することで，主要変異性を突き止めることが容易になる。表12-04の場合は，診断検査過程に与える影響度がいずれも高いレンジにあるため，11の変異性のほとんどを主要変異性とみなしたのであろう。

　前述したようにSTS分析では，こうしたヴァリアンス・マトリックスを作成したあとに，主要変異性をいかにコントロールするかを考慮し，必要であればユニットオペレーションを再設計する。表12-04では，メリッサ・ハロックらが示していた，各キーヴァリアンス（主要変異性）に対応する再設計のアイデアを，表の右端に要約的にメモしておいた。これは著者らの資料では別の資料に分かれていたものだが，問題点の把握とその解決方法とを一覧したい場合などには，こうしたプレゼンテーションのスタイルも有用である。

〔注〕

1)　Trist, E. L. & Bamforth, K. W. (1951), Some social and psychological consequences of the longwall method of coal-getting, *Human Relations*, 4 (1), pp.3-338.

2)　ノルウェー産業民主化プロジェクトについては，赤岡（1985）に詳しい。出所：赤岡功（1985）「ノルウェー産業民主化プロジェクトと社会・技術システム論」，『經濟論叢（京都大学）』，135(3), pp.239-257.

3)　近藤隆雄（1984）「ソシオ・テクニカル・システム論―オープン・システム・アプローチからの再検討―」，『杏林社会科学研究（杏林大学）』，1 (1), pp.315-334.

4)　Likert, R. (1961), *New Patterns of Management*, McGrow-Hill.（三隅二不二訳（1964）『経営の行動科学』ダイヤモンド社）

5)　リッカートは管理方式の類型を，システム1（独善的先制型），システム2（温情的専制型），システム3（相談型），システム4（集団参加型）に分類し，このうちシステム4が組織業績の面でもっとも優れていることを示した。

6)　Woodward, J. (1965), *Industrial organization: Theory and practice*, Oxford University Press.（矢島鈞次・中村寿雄訳（1970）『新しい企業組織：原点回帰の経営学』日本能率協会）

7)　黒川普（1984）「「技術決定論」仮設の検証」，『彦根論叢（滋賀大学）』，225, pp.93-110.

8)　近藤（1984）前掲論文によれば，STS論が理論を生み出した段階（例えば，Trist & Bamforth, 1951）からオープンシステムを標榜していたわけではないが，似たような考え方を共有しており，1959年に出版されたエメリーとトリストの共著では一般システム論との関連が明らかにされ，オープンシステム論に立脚することが明確化されている。出所：Emery, F. E. & Trist, E. L. (1959), 'Socio-technical Systems' 1960, in Emery, F. E. (Ed.), *System Thinking*, Penguin.

9)　Joint Optimizationは直訳すれば「合同最適化」であるが，「同時最適化」と訳すことの

理由については，赤岡（1982）を参照のこと。出所：赤岡功（1982）「社会・技術システム論批判の検討」，『經濟論叢（京都大学）』，133(3)，pp.114-136.

10) 組織開発の概念やツールを生み出したクルト・レヴィンによって考案された調査法。直訳すると「研究的な実践（実践的な研究)」となるように，研究成果を現場の人々に還元することで，現場そのものを変える研究手法。多くのアカデミックな研究において，フィールドから得られた研究資源が，研究上のデータとされるだけで，現場には何も還元されない状況を嘆いたレヴィンが，現場にフィードバックすることを企図して生み出した。フィードバックという用語の人文・社会科学分野への適用もレヴィンが嚆矢である。出所：中原淳・中村和彦（2018）『組織開発の探求』ダイヤモンド社，pp.142-144.

11) 近藤隆雄（2012）『サービス・イノベーションの理論と方法』生産性出版，pp.270-314.

12) Taylor & Felten（1993）にもチーズの例示があり，近藤（2012）の説明はそのチーズ生産工程の例を用いながら，より詳しくユニットオペレーションについて解説を加えたものになっている。出所：Taylor, J. C. & Felten, D. F.（1993），*Performance by Design: Socio-technical Systems in North America*, Prentice Hall.

13) ナチュラルチーズでは，産地の風土などの環境条件によって得られる風味が魅力となる。地理的表示保護制度（GI）の対象となるナチュラルチーズが多いのはこのためである。

14) 中原・中村（2018），前掲書，p.173.

15) 「職務拡大」とは異なる概念である。職務拡大はハーズバーグの「動機づけ─衛生理論」が理論的基盤となっているように，職務満足を高める手段としての側面が強いが，「役割拡大」にはその側面はない。また，職務拡大はタスクも職責も増える水平（横）方向の拡大だが，役割拡大では仕事をやりとげるために組織の多くのメンバーと接触し，コミュニケーションをとりながら，役割を垂直（縦）方向に拡大することで職務を単純化することを目指す。出所：Davis, L. E. & Taylor, J. C.（eds.）（1972），*Design of Jobs*, Penguin.（近藤隆雄監訳（1978）『新しい仕事の設計』建帛社），（訳書），pp.2-13.

16) 近藤（2012），前掲書，pp.278-279.

17) Taylor & Felten（1993），op. cit.

18) 近藤（2012），前掲書，pp.279-281.

19) Imanghaliyeva, A., Thompson, P., Salmon, P. M. & Stanton, N. A.（2020），A Synthesis of Sociotechnical Principles for System Design, in Rebelo, F. & Soares, M.（Eds.），*Advances in Ergonomics in Design*, pp.665-676.

20) Taylor & Felten（1993），op cit.

21) Hallock, M., Alper, S. & Karsh, B.（2003），Process Improvement in an Outpatient Clinic: Application of Sociotechnical System Analysis, *Proceedings of the Human Factors and Ergonomics Society 47th Annual Meeting*, 47(12), pp.1406-1410.

第 13 章

製品サービスシステム（PSS）論

1 経済のサービス化トレンド

　本章では，製品とサービスの融合を扱った議論である製品サービスシステム（Product Service System：PSS）論について紹介したい。PSS論は，ごく簡単に言えば，「モノ」機能をサービスとして提供するビジネスモデル論のようなもの[1]である。PSSの概念は，サービス経済化が進展した現代的な視点から見れば，新味がない考え方のように見えるかもしれない。しかし，PSSをキータームとした研究は現在でも熱心に続けられており，そこには製品分野の生産性と，サービス分野の生産性の問題とを架橋するような議論や，新たなビジネスモデルにつながるような示唆も含まれている。

　具体例をあげれば，トヨタの高級車ブランド「レクサス」のように，ユーザー向けに24時間サポートのレクサスオーナーズデスクが提供され，運転席のステアリングに備え付けられた音声認識ボタンから，いつでもコンシェルジュを呼び出し，ナビサービスはもちろん，ホテルやレストランの予約代行まで手配してくれるといったサービスもある[2]。これは，モノとしてのレクサスの価値を高めるというより，サービスとモノとが一体となって高級車ブランドを作り上げている例であろう。これもPSS型ビジネスモデルの１つの形である。

　それでは以下で，PSSが生まれた歴史的経緯から説明していこう。

1.1 始まりは環境配慮

　PSSの最初の提唱者は，オランダの環境コンサルティング企業であるプレ・

コンサルタント社である。彼らがオランダの環境省と経済省に1999年に提出した報告書においてPSSという用語は生み出されている[3]。なお，同じ1999年には，米国テラス研究所が，環境保護庁に提出した報告書[4]にサービサイジング（servicizing）という造語を盛り込んでいる。このサービサイジング報告では，モノの持つ機能をサービスとして提供することを推奨している。PSS報告も米国の動向を意識して書かれており，いずれも環境配慮を念頭に置きながら，製造業はサービス業の方向に少しずつシフトすべきことをそれぞれの政府に提言していた。

このうち，サービサイジングという言葉は語感的にも，その意味するところである環境配慮とコスト削減という意味を広く伝えるのに効果的であった。なぜなら実業界では，1980年代後半に，「ダウンサイジング」という言葉が，ホストコンピューターとダム端末という組み合わせから，パソコンをベースとしたオフィスコンピューティングにシフトすべきという意味で使われ，実際に企業社会ではそのコンピューター環境のダウンサイジングが世界的に流行していた。とくに日本では一部のシステムベンダーが，ネットワーク，オープンシステム，ダウンサイジング，そしてマルチメディアといった4つの流行技術の頭文字をとった「ネオダマ[5]」という言葉を盛んにメディアで喧伝したこともあり，ダウンサイジングという用語と，その意味する内容については，よく知られていた。サービサイジングはその用語を連想させたのである。

ところで，サービサイジングの考え方には2つの流れがある。まず，①モノ製品のサービス化自体を強調する考えがある。そして，②モノ製品の購買を伴わないことから生まれる環境負荷への影響を削減する（グリーン・サービサイジング）考えもある[6]。このうち②の考え方は欧州に波及し，PSSの考え方を生み出した。

1.2　サービタイゼーション

時代を遡ると，サービサイジングの考え方が生まれる前，まだ製造業が隆盛を誇っていた時代であった1980年代末に，欧州発の考え方としてサービタイゼーション（servitization）という言葉が生まれていた。このサービタイゼーションが最初に提唱されたのは，スイスの研究者であるサンドラ・ヴァンダーメ

ルヴェとファン・ラーダの1988年の共著論文[7]においてである。彼女らは，1980年代の製造業の一部の優良企業が，バンドル化（03章4.1参照）すなわち製品単体ではなく，サポートやセルフサービス，知識提供などといった製品以外の要素とパッケージ化することによって，顧客との新しい関係性を生み出していることに着目し，そうした企業行動を事業の「サービタイズ」と呼んだのである。また彼女らは，サービタイズは高い業績を得ている企業ほど採用しているとし，製造業による統合的マーケティング戦略の正しいあり方として前向きに評価していた。

この議論は，「製造業のための製品を補完するサービス」ということではなく，「顧客の価値を補完するための製品とサービス」と捉える点に最大の特徴がある。コアとなる製品のサブ的役割をサブサービスに期待しているというわけではなく，顧客を支えるという関係性マーケティング（07章3.1参照）に通じる視点の片鱗がこのとき既に見て取れる。つまり，1980年代末の時点で，製品とサービスとのパッケージ化が主張されており，製品の補完ではないサービス主導の企業マネジメントに，大きな期待がかけられていたとみなすことができる。

とはいえ，サービタイゼーションの議論自体は，その発表以後，直ちに大きな研究潮流ないしは実務的な流行を生むことはなかった。再び脚光があてられた理由として，学術的には前述のサービサイジングとPSSへの注目が1999年以降に起こったこと，そして2004年に発表されたサービス・ドミナント・ロジック[8]の影響があげられる。

1.3　XaaS型ビジネスの隆盛

実務的にはさらに，2000年代後半に生まれたクラウド上のソフトウェア提供サービスが，ソフトウェアの買い切りモデルが終焉する契機を作り，ソフトウェアを購入せず，ソフトウェアサービスを利用する（Software as a Service：SaaS）というモデルに転換したことが，サービタイゼーションの再注目につながったと考えられる。

実業界ではその後も，車のライドシェアやカーシェアリングを含むMaaS（Mobility as a Service）のように，サービスに包括された様々な（＝"X"）ビ

ジネスが「"X" as a Service：XaaS」と呼ばれる形で誕生（**表13-01**を参照）し，ビジネス環境がサービス寄りに変化し続けていることも影響している。

　冒頭で述べたように，現代的な視点から見れば，サービタイゼーションも，そしてそれ以後に生まれた用語であるPSSもサービサイジングも，もはや古めかしい用語になっていると言えなくもない。しかし，旧来型の製造業は現代でも存在しており，これらの製造業がいかにサービス化し，サービス業へと進化すべきなのかを考える際には，かつてどのような議論がなされたかを知ることには意義があるはずである。実際，サービタイゼーションを提唱した最初の論文（Vandermerwe & Rada, 1988）は，掲載誌である『ヨーロピアンマネジメントジャーナル』の過去40年間の論文中でもっとも引用された20論文のうちの1つになっている[9]。欧州を中心に，サービタイゼーションは現在でも高い関心を持たれている考え方であると言えるだろう。

表13-01　様々な「"X" as a Service」

X as a Service	内容
MaaS： Mobility as a Service	移動手段をサービスとして提供するもの。例として，小田急電鉄の観光型MaaSアプリ「EMoT」や，北海道芽室町におけるサブスクリプション型乗合タクシー「めむろコミ☆タク」など
SaaS： Software as a Service	ソフトウェアやアプリをクラウド経由で提供するもの。例として，サイボウズ社が提供する業務アプリ「kintone」など（近年はマイクロソフト社のOfficeスイートもSaaS型に移行しようとしている）
IaaS： Infrastructure as a Service	ITインフラ（物理サーバー，ストレージ，ファイアウォールなど）をクラウド上に移行し，仮想サーバー化したもの。例として，AmazonがAWSを通じて提供する「Amazon EC 2」など
PaaS： Platform as a Service	OS，ミドルウェア，データベース，開発ツールなど情報システム開発プラットフォームをクラウド経由で提供するもの。例として，ServiceNow社のアプリ開発プラットフォーム「NowPlatform」など
LaaS： Logistics as a Service	物流センターの共有化や，ラストワンマイルの（ドローン利用等での）無人化，トラック専用道路整備など，物流革命にかかわる構想段階のサービス（国土交通省が2019年に発表した物流将来ビジョンでもある）

出所：筆者作成

1.4　PSSの定義

　一通り，PSSに至る環境配慮とサービス化の合流点を見てきたところで，PSSの学術的定義を参照しよう。PSSについては欧州の研究者を中心に，理工系，経営学系そして環境学系など様々な研究者によってなされた研究が現在では存在しているが，ここではPSS研究における初期のレビューであり，いくつかの定義を参照した上で，総括的な定義づけを行ったものを紹介する。

　イギリスの研究者グループであるティム・S・ベインズら[10]は，PSSを以下のように定義している。

> 使用時に価値をもたらす，製品とサービスとの統合商品であり，同時に経済活動による環境への負荷を軽減しようとするもの

　この定義づけにある「環境への負荷を軽減」しようとするという箇所については，PSSにしても米国初のサービサイジングにしても，その概念が提唱された当時の問題意識を考えれば，概ね首肯できるものであろう。ただし，「使用時に価値をもたらす」という点については，サービス視点というよりも，やや製品視点の側に寄った定義づけと言えるかもしれない。

2　PSSのビジネスモデルを分類する

　前述したように，PSSはモノ機能をサービスとして提供するビジネスモデル論のように捉えることが可能である。ここではPSS型のビジネスモデルのバリエーションを示し，日本企業におけるPSS型ビジネスモデルの具体例を示していこう。

　PSSはモデルであるため，その事業展開パターンは何通りかに分類することができる。もっともわかりやすいと思われるのが，オランダのアーノルド・タッカーによる**図13-01**の分類図である。

　図13-01では，商品の価値が製品寄りかサービス寄りかを示すスペクトラムが描かれており，純粋な"製品"を左端の網掛け色の濃い方に，純粋な"サービス"を右端の網掛け色の薄い方に置き，その中間に〈PSS〉的な価値にもとづ

くビジネスモデルがAからCまでの3通り置かれている。以下，タッカーの記述[11]をもとに，順に説明していこう。なお，実例による説明部分については，筆者が日本企業あるいは日本でも事業を展開する企業の事例を探し，あてはめたものである。そのため，展開企業自身はPSS的なビジネスモデルとして事業構想したわけではないことをあらかじめお断りしておく。

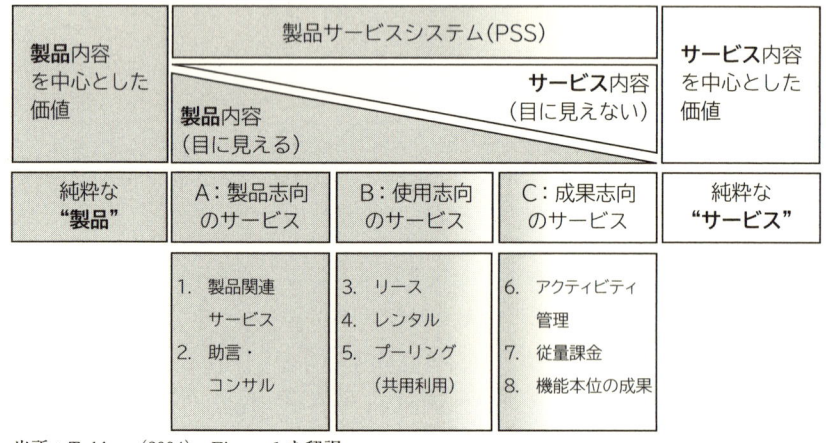

出所：Tukker（2004），Figure 1 を翻訳

図13-01　PSSの分類

2.1 【分類A】製品志向のサービス：スマート家電，スマート工場

　分類Aは，網掛けで描かれた直角三角形の対辺すなわち，純粋な"製品"に近いサービス提供のあり方である。PSSにおいては，商品はすべてサービスとみなされるため，モノを介したビジネスの提供であっても，それは製品を介在させたサービスとみなす。そのビジネスモデルの具体例の現れ方は，モノ製品の買い取り型にもっとも近いが，売りっぱなしには決してしない。例えば，モノ製品に付随する保守契約，融資制度，消耗品の供給などのメンテナンス契約や，製品が寿命に達したときに引き取り契約することを「1　製品関連サービス」としてバンドルする。

　あるいは，モノ製品の使い方や，使用するチームの組織編成に関する助言を

行ったり，モノ製品が製造ユニットとして使用される工場において，製造ラインでの稼働を最適化するコンサルテーションを行うなど，各種の「2　助言・コンサル」をバンドルする。

　日本企業の実例として，いわゆるスマート家電の例を取り上げよう。日立グローバルライフソリューションズ（GLS）が販売する電子レンジ「ヘルシーシェフ」は，IoTモジュール[12]が組み込まれており，レンジ本体に組み込まれていないレシピを，スマートフォンのアプリ経由でダウンロードして増やすことができる。他にも日立GLSでは，炊飯器が自宅にあるコメの在庫量を管理できたり，レンジと同様にアプリと連動する形で炊き込み具合を自動調整できるようになっている。これらは「1　製品関連サービス」の例である。

　次に，日本の産業用ロボット大手である安川電気の事例を紹介する。同社は，工場の生産ラインの1単位（「セル」と呼ばれる）を自動化することを得意とする。近年，同社のロボット製品を納入するユーザー企業に対して，ライン自動化だけでなく，稼働状況や生産状況のデジタルデータを管理する技術を提供し，ユーザー企業の生産工場の「スマート工場化」を支援するようになっている。これは「2　助言・コンサル」の例である。

2.2　【分類B】使用志向のサービス：車のサブスク，タイムズクラブ

　分類Bは，網掛けで描かれた直角三角形と，白く描かれた直角三角形とのちょうど中間部にあたる。つまり“製品”と“サービス”の中間的ビジネスのあり方である。この事業モデルでは，基本的にモノ製品の所有権は移転させない。その意味では，製造業的な売り切りモデルではまったくなく，サービス事業の範疇に入るものであるが，ユーザーの認識としては，製品購入をサービス購入で代替しているという意識がまだ強いという特徴がある。

　サービスプロバイダー側に所有権があるため，当然ながら保守，修理，管理の責任も負うことが多い。借主であるユーザーは，製品の使用に対して定期利用料金を支払うことにより，当該モノ製品にアクセスできる権利を得る。

　ただし，その占有については，リース（期間内無制限），レンタル（都度利用），プール（権利共有者間で融通し合う）というように，形態バリエーションごとに差がつけられているというものである。

　日本企業の実例をあげておこう。「3　リース」の例では，トヨタグループのKINTOによる「車のサブスク」が近年話題となった。サブスクとはいえ，その実質的な事業モデルはカーリースビジネスの応用である。ただ，旧来型のカーリースとは異なり，サブスク料金の中には，車検，保険，ロードサイドアシスタンス，メンテナンスがすべてバンドルされている。さらに，通常のリースは金融商品の一種であるため，契約にあたってはユーザーの信用に関する審査が必要となるが，「車のサブスク」では必要ない。新車に乗る期間も，通常のリース契約が3年から5年が主流なのに対して，最短で3カ月という短さである。もちろん，期間が短ければコスト負担額は大きくなるが，なるべく多くの車に乗りたいというニーズにも対応できる。

　次に，「4　レンタル」と「5　プーリング」の例としては，サービス業の例になるが，タイムズモビリティによる事業がわかりやすいであろう。同社はレンタカーとカーシェアを同時展開している。このうち，レンタカー事業については詳しい説明は必要ないと思われるので省略するが，同社のカーシェア会員「タイムズクラブ」に入会すると，レンタカーの貸出手続きが一部省略でき，料金も割り引かれる。

　なお，同社のカーシェア事業の特徴としては，同社グループが展開する時間貸し駐車場「タイムズパーキング」の駐車領域の一部が，カープールにあてられており，カーシェア会員は，全国どこでも，このカープールに空車さえあれば，24時間いつでもスマートフォン上の簡単な手続きだけで乗車することができる。30分程度の買い物にも利用することができるという気軽さである。

　近年は，都市部の賃貸マンションや分譲マンションの一部で，シェアカーを置くことを想定したカープールを新築時から設ける動きがある。タイムズモビリティもこうした事業を行っており，都市部でマイカーの維持費を節約したい顧客ニーズに対応している。また，タイムズパーキングも，全国の駐車場開発時には，あらかじめカープールのスペースを確保し，カーシェアのサービススポットを増加させて，タイムズクラブ会員の利便性を高めている。

2.3　【分類C】成果志向のサービス：ゼロックス，コモレビズ

　分類Cは，白く描かれた直角三角形の対辺すなわち，純粋な"サービス"に近いサービス提供のあり方である。とはいえ，PSSである以上，モノはそこに介在する。しかし，分類Cではユーザー側に，モノ製品に利用料を払っているという意識が薄く，むしろモノを含むサービスが結果として及ぼす「成果」に対し，料金を支払っているという意識が濃いビジネスである。

　かつては企業や学校の備品であり，内部管理の対象であったものが，時代とともに徐々に外部にアウトソーシングされている。清掃代行や守衛など従来は内部スタッフによって担われていたものが，今や当然のようにアウトソーシングされている。これらは清掃備品や警備に必要なシステムまで含めてアウトソーシングサービスの一部にバンドルされていることが多い。こうしたビジネスでは，その活動成果に対して報酬が支払われており，清掃のための薬液や用具をいくつ購入したとか，夜間警備に必要なデータ記録媒体をいくつ使い切ったといったような，モノに対する細かな請求は行わない。あくまでもオフィスや学校が清潔に，安全に保たれているという成果に対して課金される「6　アクティビティ管理」モデルである。

　また，オフィス機器の買い切りが当然だった時代に，いち早く成果志向を取り入れた情報機器の例もある。そのもっとも身近でわかりやすい例がオフィスや学校に導入されているコピー機（複写機）であろう。世界初のコピー機が米国のゼロックスによって開発・販売された1960年以降，同社はそのコピー機を売り切るのでもなく，また同業他社のようにリースするのでもなく，サービス部門を整備して「複写サービス」のプロバイダー（提供企業）となって世界中に提供した。これが事務機器部門における「7　従量課金（pay per）」モデルの元祖である。

　なお，ゼロックスの複写技術は，中核的な特許だけでなく，周辺特許まで含めて頑強に守られたものであり，ゼロックス王国はしばらく揺るぎない存在だと思われていた。特許によってライバル企業から守られているうちに，複写機能をサービスとして提供することによって，得意先企業のオフィス業務のパートナーとなることを狙っていたのである。同社は，2010年代には「ゼロック

ス・オフィス・サービス（ZOS）」としてサービスブランドを設け，ビジネスプロセスアウトソーシング（BPO）業務の全般に事業領域を拡大している。つまり，ゼロックスは現在では「6　アクティビティ管理」モデルの事業も行っていることになる。

　最後の「8　機能本位の成果（functional results）」モデルは，アクティビティ管理やアウトソーシングと異なり，特定のモノ製品に依存せずに行う成果志向のサービスを指す。具体例をあげるのは難しいが，株式会社パソナ日本総務部（旧社名：パソナ・パナソニック　ビジネスサービス株式会社）が提供する「コモレビズ（COMORE BIZ）」サービスは，この機能本位の成果モデルの例にあてはまるだろう。

　コモレビズの事業は，オフィスの緑化率を高めることが，オフィスワーカーのストレスを軽減させ，生産性向上をはかるには有効だ，という研究上のエビデンスに基づいたものである。人の目に見える緑の割合である「緑視率」という指標を用い，オフィスの緑視率を10〜15％に高めるための，ワークプレイスデザインを企業から請け負う。つまり，緑視率向上という成果をクライアント企業に与えるが，緑視率の向上そのものはPSS商品としての本質ではなく，クライアント企業が狙うストレス削減や生産性アップといった「健康経営」機能を実現するためのサポートをするための事業なのである。

3　拡大生産者責任（EPR）に対応するPSS

　PSSは前述のように，大きく3領域にそして細かくは8分野に分類されるが，サービスと製品の中間的な位置づけにおけるバリエーションの可能性はまだまだあるだろう。タッカーによる分類を説明する際に使用した事例は，日本企業を中心として選別したものであったため，いずれもPSS的なビジネスモデルを目指して考案されたものではないが，欧州企業とりわけ製造業ではPSS的事業構想は，非常に重要な戦略目標とされているようである[13)]。以下ではPSSの契機となったスウェーデンの動きや，PSSのビジネスモデル活用の可能性を紹介する。

3.1　スウェーデンのEPR対応：エレクトロラックス社，H&M

　具体的に，PSSに自覚的に取り組んでいる企業としては，スウェーデンに本社を置くエレクトロラックス社があげられる。同社は1999年に「Pay Per Wash」というコンセプトで家庭向け高級洗濯機を市場投入し，洗濯機能の従量課金をいち早く実現した。

　また，スウェーデンはPSS研究との関連性の深い拡大生産者責任（Extended Producer Responsibility：EPR）の概念の発祥となったルンド大学を擁する。ルンド大学のトーマス・リンクヴィストは，国連環境計画（UNEP）とともに，1990年代初頭にEPR概念を広め，2001年にはOECD（経済協力開発機構）がこのEPRをガイドライン化[14]している。もちろん，そのお膝元であるスウェーデンはEPR立法および政策への取り入れがEUでも早かった国の1つである[15]。とはいえ，こうした法規や政策が，規制として作用するのではなく，市場経済化の議論とともに考慮されていることは興味深い点である。リンクヴィストによれば，EPRはスウェーデン国内では，政府規制を最小限化し，その実践を産業界に委ねる手法だと考えられているという[16]。また，廃棄物処理やリサイクルの民営化を促し，廃棄物処理費用を税金に頼るのではなく，製品に結びつけることも考慮されているという。こうしたEPRの動きが，結果として，国内企業のPSSへの取り組みを促したと考えられるのである。

　2022年には，EPR法の対象に繊維製品が加えられた。周知のように，スウェーデンにはアパレル大手であるH&Mの本社があり，ファッション分野は同国を代表する産業である。数年前から環境NGOや海外メディアの指摘により，H&Mが衣服を毎年大量に廃棄していることが問題視されるようになっていた。EPR法への対象化により，アパレル産業が衣服の廃棄について，企業としての責任をより強く問われることになったのである。

3.2　PSSの発想で画期的ビジネスモデルを生む

　本書においても欧州における環境対応への意識の高さは度々言及しているように，PSSに取り組んでいることそのものが，企業としての社会性を世に示す際に効果があるということは強調しておくべきだろう。つまり，PSSに限らず，

サービサイジングを含むサービタイゼーションの考え方を応用することは，製造業にとって大きなメリットがあるものである。なぜなら，社会そのものがサービス化に向かっていることに対応できるだけでなく，環境対応を見据えた事業構想という社会的要求をも同時に達成できるからである。

　また，一般的な生産性の議論では，10章でも紹介したように，生み出される付加価値にばかり目が行きがちである。しかし，現実的には企業はその取引先を海外に広げる際には環境問題への配慮などが大いに問われるし，日本の事業環境においても環境対応を含む企業の社会性が問われる傾向が年々強まっている。こうした状況下において，タッカーのようなビジネスモデル分類を念頭に置きながら，事業構想を行うことには一定の意義があるということである。

　とはいえ，製造業の側ばかりからPSSを構想すると，タッカーのスペクトラムにおける製造業寄りのビジネスモデルになりがちである。つまり，自企業の製品を前提としたサービスや，自企業の製品の環境対応をどうするか，といった発想にどうしてもとらわれてしまう。しかし，そのスペクトラムの反対側には，「C：成果志向のサービス」といった，サービスとして斬新な事業もあることは常に念頭に置いておくべきである。

　その意味では，PSS対応型ビジネスは，製造業側からではなく，純粋なサービス企業の側から構想する方が，自社の経営資源や技術的制約に縛られることが少なく，より顧客の価値に着目した画期的なビジネスモデルを構築できる可能性が高まるのかもしれない。

4　スマートPSSとその応用──ペイシェント・エクスペリエンス

　近年登場した「スマートPSS」は，スマートフォンによる体感センサーを一体化し，カスタマージャーニーを計測することで，顧客経験とともにPSSを考慮する新しい概念である。

4.1　ペイシェントジャーニーマップ（PJM）

　スマートPSSの実践適用としては，医療機器やリハビリ支援機器へのセンシング機能の実装などが考えられる。おそらく医療分野は，スマートPSSの導入

効果を人々に実感させやすい対象の1つであろう。なぜなら，医療サービスは対話型サービスの最たる例だが，患者が病状や自己リハビリの進捗について，適切に医師に伝える際に対話能力が低ければ，それによって得られる診断の質も，治療の質も低下してしまうという懸念が生じる。しかし，患者の治療機器やリハビリ機器に，顧客の治療経過やリハビリ過程を記録するセンサーを取り付けることで，患者のカスタマージャーニーであるペイシェントジャーニーが正確に把握できるようになる。そして，それにより対話能力の不足を補うことも可能になる。

　医療へのスマートPSS活用研究の一例[17]をあげておこう。**図13-02**はスマートPSSを導入していない一般的な病院における，ペイシェントジャーニーマップ（PJM）の例である。図中では，リハビリ支援機器を用いた治療を行う，整形外科医との診断時の対話と，リハビリ・トレーニング中の患者・医師それぞれのジャーニーおよびペインポイントが一覧化されている。リハビリ支援器具を取り付け，リハビリデータを手作業で採取・記録する一連の流れが，「トレーニング前」，「トレーニング中」，「トレーニング後」というように，カスタマージャーニーにおける一般的なステージ区分により描かれている。この図の

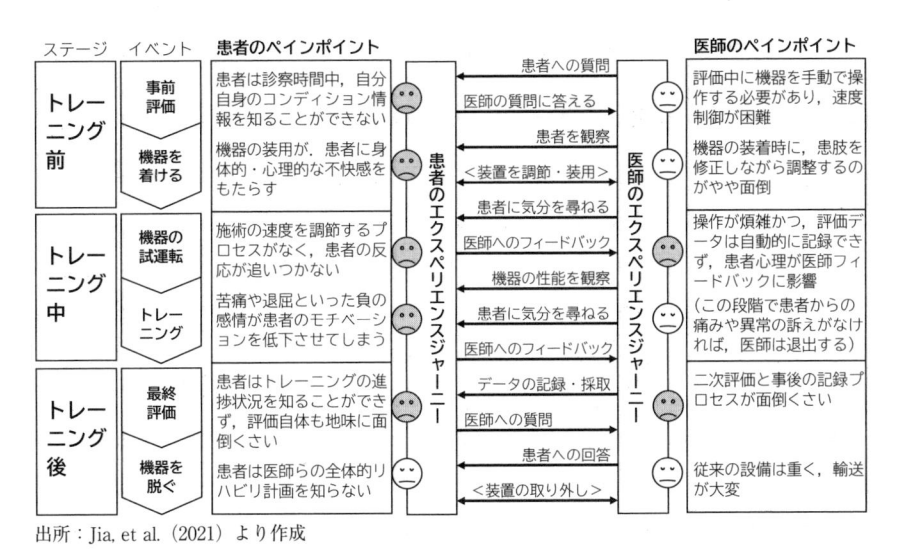

出所：Jia, et al.（2021）より作成

図13-02　リハビリ支援におけるPJM

狙いは，ペインポイントを洗い出し，スマートPSS導入の「チャンスポイント」を発見することである。ペインポイントを患者の苦痛や不便にだけでなく，医師の困りごとや不便にも適用していることが特徴である。

つまり，スマートPSSの導入により，患者と医師との双方のフェイスマークの不満足ステータスを取り去りながら，ペイシェント・エクスペリエンスを高めるということが想定されているわけである。実際，上記の研究では，事例調査を行った中国の病院において，下肢部分の歩行訓練用リハビリ装置にスマートPSSデバイスを実装し，かつ患者本人には手元のスマートフォンにリハビリ支援アプリをインストールさせた実証実験も行っている。

図13-02で紹介したような可視化デザイン手法の医療分野への適用は，PJMの応用研究や現場への実践という形で国内でも徐々に登場してきている[18]。PJMはもともと，患者の導線を記録するなど，ペイシェント・エクスペリエンスをより詳細に把握することで，提供されるケアの質を均一的に向上させることを狙ったものである。そのため，PJMはクリニカルパスの作成などに以前から用いられていた（小坂，2023）[19]。

とはいえ，こうしたクリニカルパスの作成が手作業のままだと医療や看護の現場にとっては負担の増大となる。そこで，スマートPSSのような自動記録ができる装置の導入に，期待がかけられているというわけである。

4.2　患者中心の医療（PCC）そして「患者参加」の実現

しかしながら，単なる省力化ではスマートPSSの真の実力は発揮できない。PSSはモノとサービスの融合により，顧客参加を促し，サービスビジネスとしての進化を狙うものであることを忘れてはならないであろう。

医療や看護の分野では，「患者中心の医療（patient-centered care：PCC）」[20]という，イギリスの精神科医であったイーニッド・バリントによる言葉が古くから伝えられ，医療関係の学会では現在でもしばしば言及される用語であるが，この用語を「患者参加型医療」に置き換えて論じる研究が世界的に見ても増えているという[21]。サービス経営学の立場から見ても，単なる患者中心主義に受け止められがちなPCCより，顧客との〈共同生産〉という考え方を共有できる〈患者参加〉という言葉の使用は頷けるものがある。

　実際，リハビリ治療などでは，作業療法士や理学療法士が患者に付き添っている場面だけでなく，患者が自宅で行うセルフリハビリなど，治癒に向けての患者の主体的で積極的なかかわりが本来は求められている。しかし，その自助部分の経過を正確に医療者に伝えるコミュニケーション能力には，ばらつきが当然ある。たとえ患者参加の意思が高くても，自宅でのセルフリハビリは，患者ごとにトレーニングの巧拙の差が出やすい。また，自宅でうまくトレーニングできなかった事実を，医療者に適切に伝えられない状態が続けば，その治療効果には個人差が出てしまう。さらに，患者のペインポイントの正確な把握は，治療効果を高めるために必要なものであるが，苦痛を表現する能力にもまた個人差があり，十分に医療者に伝えられない場面もあるであろう。

　最近では顧客満足度を把握するために，サービス終了時に，様々な表情をしたフェイスマークから，現在の気持ちにもっとも近いマークを顧客に選び取ってもらう簡易なアンケート手法が流行している。このやり方は，医療においても，現在の患者の痛みや気持ちを伝える際にも応用できる。つまりペインポイントの把握とペイシェントジャーニーの記録が，スマートPSSにより簡単に実現できるのである。

　このように，医療分野に限らず，カスタマージャーニーを把握する便利な道具として，スマートPSSは非常に有効である。

　旧来型の製造業がPSSあるいはスマートPSS化に出遅れている今こそが，サービスで新しい価値を世に提案する好機だと言えよう。

5　「プラスa BOX」がサービスを活性化する

　冒頭で述べたように，PSSはそれなりの歴史を持つ概念である。とはいえ，スマートPSSに代表されるように，その概念にもとづく研究は今でも進展中である。その理由は，有形物である製品と，無形物が多くを占めるサービスとを結節させるという志向性が，それぞれの短所長所を補い合うため，現在でも魅力的であるからだろう。

　実際，サービス全盛の世の中になったとはいえ，人々が完全にサービス中心思考に移行したとは言い切れない。モノ中心の経済価値を捨てきれない年配の

人も多いし，サービスの持つ4特性（04章2節を参照）をメリットではなく，デメリットと感じる人もいまだ多い。

サービスの4特性のうち，製品と対比したときのもっとも目立つデメリットは，やはり「無形性」である。サービスは無形であるがゆえに，存在感がなく，サービスを利用していることを忘れることは珍しくない。例えば，映像配信などのサブスクリプション・サービスに加入していることをうっかり忘れてしまうユーザーも多いのではないだろうか。

モノ製品の場合，具体的には映像をDVDで保有している場合，家庭にある棚の一部を専有することもあって，コンテンツを所有していることを忘れることは考えにくい。そのため，自分のDVDライブラリを折に触れて眺めることで，思わずそのジャケットを手に取り，勢いに乗って再視聴するということも多いはずである。一方，映像のサブスクリプション契約は，いつでも見られることがあだとなるのか，意外に何度も再視聴することは少ないのかもしれない。有形性の効用というのは，あながち軽視できないものである。

5.1 「a BOX」をデリバリーの窓口とする：ペロトンの事例

さて，ここで紹介する「プラス a BOX」という概念は，まさにこの有形性の効用をサービスに取り入れようとするものである。つまり，サービスを提供するサービスプロバイダーが，ほんの少しの有形要素（すなわちモノ）を意図的にサービス機構に取り入れることで，無形のサービスの利用を促進しようとするものである。

一例をあげよう。米国発のオンラインフィットネス事業を展開するペロトン社は，エアロバイクを用いたサブスクリプション型フィットネス事業を展開する急成長企業である。

このペロトンに特徴的なのは，大型モニター付きのエアロバイク（数十万もする）を，あえてユーザーに買い取らせているという点である。ユーザーはこの他に，レッスンに参加するために月額数千円のサブスクリプションプランにも加入する必要がある。

なぜ大型モニターがエアロバイクに備え付けてあるのか。それはペロトンのサービスがオンラインレッスン中心であるがゆえに，リアルタイム配信される

インストラクターによるエクササイズ風景を映し出すサービスの窓が必要だからである（もちろんオンデマンド型のレッスン動画もある）。しかし，それだけではない。モニターというタッチポイントがあることによって，ペロトンは様々なサービスをこのモニターに配信している。レッスン動画というメインコンテンツだけでなく，セルフレッスンのための，ノリの良い音楽も配信することが可能となっている。ユニークなところでは，レッスンをするためのトレーニングウェアもペロトンで購入できる。つまり，このモニターが様々なソフト的コンテンツをダウンロードしたり，ネットショッピングを行うための大きなデリバリー窓口として機能しているのである。このように，ペロトンの「プラス a BOX」とはすなわち，「SaaS + a BOX」ということである。

　一般的に映像配信や，語学やエクササイズのためのサブスクリプションの多くには，モノ的な要素がない。オンラインレッスンは既に手持ちのスマホやPCに配信すれば済むことである。しかし，ペロトンはあえてモノ的要素を用意し，それをサービスデリバリーの窓口とすることにこだわっている。また，それだけでなく，このエアロバイクを配送するスタッフも自社で抱えており，エアロバイク配送後に，以後のリアルなデリバリーをこの配送スタッフに担わせている。

　実際，エアロバイクのような大きなモノは，日本の一般家庭なら邪魔な存在だが，アメリカの広い家なら，問題はないのかもしれない。そして，常に自宅の一角にエアロバイクがあることで，ユーザーはサービスを使い続けることを意識し続けることができる。このことは有形物ならではのメリットである。

5.2　「a BOX」をスマートデバイスにする：ミラーフィットの事例

　ここまでペロトンの事例でもって「プラス a BOX」の可能性を述べてきた。米国市場においては，コロナ禍を境にホームフィットネス分野が台頭し，前述のペロトンにしてもユニコーン企業の一角と見られていた。また，ペロトンと同様の「プラス a BOX」コンセプトを持つ米Mirrorなどは，カナダのスポーツウェア大手ルルレモン・アスレティカ（lululemon athletica）により5億ドルで買収されるなど，新興フィットネス企業としてはかなりの大型買収案件となった。

　ところで，Mirrorのサービスはその名の通り，在宅でのフィットネスレッスンを，大型の鏡を用いて提供する。この鏡は大型モニター画面付きのスマートミラーになっており，インストラクターによる指示通りに自分の身体を鏡に重ね合わせるように動かして，リアルタイムでフィードバックを得る。

　利用している鏡がスマートミラーであるため，送り込むコンテンツは無限に広がる可能性があり，もちろん使い方はレッスンだけに限られるということもない。カナダのスポーツウェア企業に買収されたのも，姿見を使った衣料品の販売につなげる狙いがあったからである。

　そして，スマートミラーを使ったフィットネスの新興企業は日本でも数社が立ち上がっている。その1つがミラーフィット株式会社による「MIRROR FIT.」サービスである。

　ミラーフィットにとっての「プラス a BOX」は，やはりAI機能を搭載したモニター機能付きの姿見型の大型鏡である。この姿見は高さが145センチあり，鏡であると同時に，32インチのタッチスクリーン機能付き大画面モニターでもある。また，備え付けられたカメラでユーザーのレッスン風景を捉え，AIにより姿勢などが解析されるスマートミラーとして機能している。3Dボディスキャン機能により，鏡に全身を投影しただけで，運動の成果を捉えることもできる。

　そして，24時間配信の形で，リアルタイムレッスンや，500通り以上も用意されたオンデマンド型レッスンコンテンツを配信できるようになっている。

　月額サブスクリプション契約をしたユーザーは，自宅にいながらにして，スマートミラー越しに本格的なパーソナルトレーニングを受けることができる。もちろん，オンデマンドでレッスンコンテンツを選ぶことも可能である。さらに，LIVEレッスンを受ける場合には，他の参加者との交流も可能となっていて，自宅にいながらにして「集合的エクスペリエンス」（07章2.1参照）を実感することもできるようになっている。

　同社の「MIRROR FIT.」サービスも，前述のペロトンやMirrorと同様に，有形物を約10万円でユーザーに購入（レンタルプランも用意されている）させ，その後に月額数千円のサブスクリプション契約となる点が共通している。

　スマートデバイスを利用することで，「プラス a BOX」のコンセプトはさら

に進化する可能性がある。スマートPSSがそうであったように，顧客のジャーニーをリアルタイム取得できることで，顧客の体験を高める可能性が限りなく広がるからである。

　ジャーニーをウォッチするためには，必ずしもスマートデバイスのような専用機器に頼る必要はないのだが，専用機器を使うことで，自社のサービスに誘導できる強みが発揮できる。例えば，「プラス a BOX」を用いた自社サービスへの誘導としては，AmazonのAIスピーカーである「アレクサシリーズ」にも顕著に見られる。

　無形性は，既にサービスにとってデメリットではない。しかし，「プラス a BOX」によって得られる有形性に由来するメリットも多く，04章3.1で紹介した分子モデルにおける有形要素と無形要素を組み合わせる狙いに見られるように，現代的なPSSビジネスモデルの1つとして，積極的に取り入れるべきだろう。

〔注〕

1)　近藤隆雄（2012）『サービス・イノベーションの理論と方法』生産性出版，pp.245-246.

2)　レクサスオーナーズデスクの体験イメージおよびコンシェルジュサービスの実像については，野地（2019）がユーザーとコンシェルジュの双方にスポットをあてて，詳細に描き出しており，参考になる。出所：野地秩嘉（2019）『サービスの達人たち：おもてなしの神』新潮文庫，pp.113-138.

3)　PSSまたはproduct service combinations（製品とサービスの組み合わせ）とされた。出所：Goedkoop, M.J., van Halen, C. J. G., te Riele, H. R. M. & Rommens, P. J. M. (1999), *Product Service Systems, Ecological and Economic Basics*, Pre consultants.

4)　テラス研究所が米国環境保護庁に1999年に提出した『Servicizing; A Quiet Transition to Extended Product Responsibility』により世に知られることになった。テラス研究所のサイトに報告書全文が掲出されている。出所：https://tellus.org/tellus/publication/servicizing-the-quiet-transition-to-extended-product-responsibility/ （2024年7月1日最終確認）.

5)　那野比古（1993）『ネオダマの時代：ダウンサイジングに失敗しないための書』NTT出版.

6)　近藤（2012），前掲書.

7)　Vandermerwe, S. & Rada, J. (1988), Servitization of business: adding value by adding services, *European Management Journal*, 6 (4), pp.314-324.

8)　Lusch, R. F. & Vargo, S. L. (2014), *Service-dominant logic: premises, perspective, possibilities*, Cambridge University Press. (井上崇通監訳，庄司真人・田口尚久訳（2016）『サービス・ドミナント・ロジックの発想と応用』同文舘出版)

9)　Vandermerwe S. & Erixon, D. (2023), Servitization of business updated: Now, new, next, *European Management Journal*, 41(4), pp.479-487.

10) Baines, T. S., Lightfoot, H., Evans, S. & Neely, A. (2007), State-of-the-art in product-service systems, *Proceedings of the Institution of Mechanical Engineers, Part B: Journal of Engineering Manufacture*, 221(10), pp. 1543-1552.

11) Tukker, A. (2004), Eight Types of Product-Service System: Eight Ways to Sustainability? Experiences from SusProNet, *Business Strategy and the Environment*, 13, pp.246-260.

12) IoT（Internet of Things）は，あらゆるモノがインターネットにつながる機能を持つことを示す概念で，IoTモジュールとはそれを実現するための機器である。近年，家電などに組み込まれるようになり，そうした家電は「スマート家電」などと呼ばれる。

13) 坂尾知彦(2016)「欧州PSS研究の最前線とその日本製造業への意味」，『サービソロジー』，3(3)，pp.12-17.

14) 国立環境研究所の公式サイトでは，OECDのEPRガイドの日本語要約版を公開している。(https://www-cycle.nies.go.jp/file/report/policy/OECD_EPRJPNsummary201612.pdf)（2024年7月1日最終確認）

15) リングヴィストへのインタビューによれば，EPR法規の始まりをどの法律に求めるかは難しく，1980年代からEPRの考え方に近い法律は存在していた。より包括的な法律として参照できるのはドイツの1991年の包装物法などであり，取り組みの参照国はオランダであったという。ただ，EPRの名称と概念化作業は1990年のスウェーデンにおいて行われ，その中心となったのがルンド大学環境産業経済学部（のちの国際環境産業経済研究所）である。出所：東條なお子(2006)「拡大生産者責任の考え方：トーマス・リンクヴィスト博士（スウェーデン，ルンド大学国際環境産業経済研究所准教授）に聞く」，『千葉大学公共研究』，3(1)，pp.207-222.

16) 東條(2006)，前掲論文，pp.213-215.

17) Jia, G., Zhang, G., Yuan, X., Gu, X., Liu, H., Fan, Z. & Bu, L. (2021), A synthetical development approach for rehabilitation assistive smart product–service systems: A case study, *Advanced Engineering Informatics*, 48：101310.

18) 小坂鎮太郎(2023)「ペイシェントジャーニーマップの作成」，一般社団法人日本ペイシェント・エクスペリエンス研究会編著『ペイシェント・エクスペリエンス』三輪書店，pp.70-79.

19) 小坂(2023)，前掲書，p.72.

20) Balint E. (1969), The possibilities of patient-centered medicine, *The Journal of the Royal College of General Practitioners*, 17, pp.269-276.

21) 小松康宏(2019)「患者参加型医療が医療の在り方を変える」，『国民生活研究』，59(2)，pp.56-80.

索　引

組織名索引

■英数

■あ行

■か行

■さ行

■た行

■は行

■ま行

■や行

■ら行

〈著者紹介〉

内田 純一（うちだ じゅんいち）

小樽商科大学大学院商学研究科アントレプレナーシップ専攻（専門職大学院）教授。
博士（国際広報メディア）（北海道大学）。
1971年生まれ。多摩大学経営情報学部卒業後，AFLAC日本社（現アフラック生命保険株式会社）勤務。この間，北海道大学大学院経済学研究科修士（経営学）課程修了。2002年より大学に転じ，北海道大学大学院国際広報メディア・観光学院准教授等を経て2017年より現職。著書に『地域イノベーション戦略：ブランディング・アプローチ』（芙蓉書房出版，2009年），『ホスピタリティの戦略論理：感情労働と接客対話の経営学』（小樽商科大学出版会，2025年）など。

サービスファースト！
——生産性を高める活動ベース戦略

2025年4月1日　第1版第1刷発行

著　者	内　田　純　一	
発行者	山　本　　　継	
発行所	㈱中 央 経 済 社	
発売元	㈱中央経済グループパブリッシング	

〒101-0051　東京都千代田区神田神保町1-35
電話　03 (3293) 3371 (編集代表)
　　　03 (3293) 3381 (営業代表)
https://www.chuokeizai.co.jp
印刷・製本／文唱堂印刷㈱

©2025
Printed in Japan